知っておきたい

身近な人が亡くなった後の
続き 届出 相続が
る本

成美堂出版

葬儀後の手続き・届出

一般的な流れ

（死亡から）7日以内

死亡届の提出 ➡ 18ページ

死亡診断書（死体検案書）の受け取り ➡ 18ページ

死亡届の記載事項証明書の受け取り ➡ 19ページ

死体火葬許可証交付申請書の提出 ➡ 24ページ

死亡届と併せて市区町村役場へ提出する

分骨証明書の受け取り ➡ 24、98ページ

10日以内

年金受給を停止する手続き ➡ 26ページ

未支給年金・未支払給付金請求書の提出 ➡ 27ページ

※国民年金は14日以内、厚生年金は10日以内

14日以内

健康保険の資格喪失手続き ➡ 32ページ

国民健康保険資格喪失届の提出 ➡ 32ページ

後期高齢者医療資格喪失届の提出 ➡ 34ページ

介護保険資格喪失届の提出 ➡ 34ページ

世帯主変更届の提出 ➡ 38ページ

1カ月以内

個人事業の開業・廃業等届出書の提出 ➡ 182ページ

3カ月以内

遺言書の有無の確認 ➡ 138ページ

遺言書検認の申し立て ➡ 138ページ

相続人と相続分の確認 ➡ 106ページ

相続放棄の申し立て ➡ 120ページ

相続では借金などマイナスの財産も受け継ぐ

相続の限定承認の申し立て ➡ 120ページ

遺産分割協議 ➡ 150ページ
遺産分割協議書の作成 ➡ 152ページ
遺産分割調停の申し立て ➡ 154ページ
相続財産の名義変更 ➡ 178～186ページ

4カ月以内

故人の所得税準確定申告 ➡ 90ページ

10カ月以内

相続税の申告・納付 ➡ 192ページ

相続税延納申請書の提出 ➡ 196ページ

相続税物納申請書の提出 ➡ 197ページ

1年以内

遺留分侵害額請求の申し立て ➡ 144ページ

不公平な分配に納得できないときの手続き

※相続の開始および遺留分の侵害を知ってから１年以内

2年以内

葬祭費・埋葬料支給の申請 ➡ 48ページ

高額療養費の一部払い戻し手続き ➡ 54ページ

死亡一時金請求の手続き ➡ 74ページ

3年以内

不動産の名義変更 ➡ 178ページ

※2024年4月から義務化

葬儀後の手続き・届出

期限別 書類チェックリスト

14日以内

- □死亡診断書（死体検案書）の受け取り➡18ページ
  ※用紙は死亡届と一対
- □死亡届の提出〈7日以内〉➡18ページ
- □死産証書（死胎検案書）の受け取り➡20ページ
- □死産届の提出〈7日以内〉➡20ページ
- □死体火葬許可証交付申請書の提出〈7日以内〉➡24ページ
- □死体火葬許可証の受け取り➡24ページ
- □分骨証明書の受け取り➡24、98ページ

火葬が終わると「埋葬許可証」になる

1カ月以内

- □個人事業の開業・廃業等届出書の提出➡182ページ

3カ月以内

- □家事審判申立書（相続の承認又は放棄の期間の伸長）の提出➡120ページ
- □相続放棄申述書の提出➡122ページ
- □家事審判申立書（相続の限定承認）の提出➡123ページ
- □特別代理人選任申立書の提出➡160ページ

- ☑ 年金受給権者死亡届の提出
  〈国民年金は14日以内、厚生年金は10日以内〉➡26ページ
- ☑ 未支給年金・
  未支払給付金請求書の提出➡27ページ
  ※年金受給権者死亡届と一綴り
- ☑ 国民健康保険資格喪失届の提出
  〈14日以内〉➡32ページ
- ☑ 後期高齢者医療資格
  喪失届の提出➡34ページ
- ☑ 介護保険資格喪失届の提出➡34ページ
- ☑ 健康保険・厚生年金保険被保険者
  資格喪失届の提出〈5日以内〉➡34ページ
- ☑ 世帯主変更届の提出
  〈14日以内〉➡38ページ
  ※住民異動届と同一の用紙を使用

通常は勤務先が事務処理をしてくれる

4カ月以内

- ☑ 所得税の準確定申告書の提出➡90ページ
  ※故人の所得税の申告・納付を相続人が行う

10カ月以内

- ☑ 相続税の申告書の提出➡192ページ
- ☑ 相続税延納
  申請書の提出➡196ページ
- ☑ 相続税物納
  申請書の提出➡197ページ

税理士などに依頼するのが確実

1年以内

- ☑ 遺留分侵害額請求書の送付➡144ページ
  ※相続の開始および遺留分の侵害を知ってから1年以内

2年以内

- ☑国民健康保険葬祭費支給申請書の提出➡48ページ
- ☑埋葬料（費）支給申請書の提出➡49ページ
- ☑高額療養費支給申請書の提出➡54ページ

3年以内（2024年4月から義務化）

- ☑固定資産評価証明書交付申請書の提出➡178ページ
- ☑登記申請書の提出➡178ページ
- ☑相続関係説明図の提出➡178ページ

5年以内

- ☑国民年金遺族基礎年金請求書の提出➡62ページ
- ☑国民年金寡婦年金請求書の提出➡70ページ
- ☐年金請求書（国民年金・厚生年金保険遺族給付）の提出➡76ページ

子供をかかえた遺族を支える制度

期限なし

*できるだけすみやかに行う

- ☑児童扶養手当認定請求書の提出➡86ページ
- ☑改葬許可申請書の提出➡96ページ
- ☑家事審判申立書（遺言書の検認）の提出➡138ページ
- ☑遺産分割協議書の作成➡152ページ
- ☑遺産分割調停申立書の提出➡154ページ
- ☑復氏届の提出➡164ページ
- ☑入籍届の提出➡164ページ
- ☑子の氏の変更許可申立書の提出➡164ページ
- ☑姻族関係終了届の提出➡170ページ

その他

- ☑家事審判申立書（失踪宣告）の提出➡117ページ
- ☑所得税の青色申告承認申請書の提出➡183ページ

葬儀後の手続き・届出 早わかりQ&A

死亡届

Q 身近な人が亡くなったとき、遺族として最初に行う手続きは？

A まずは「死亡届」の提出です。死亡の事実を知った日から7日以内の届け出が義務付けられています。

死亡届の用紙は死亡届と「死亡診断書（死体検案書）」が一対になっています。臨終に立ち会った医師に、死亡診断書に必要事項を記入してもらいます。役所への届け出は、24時間365日受け付けてもらえます。届け出後、その場で「死体火葬許可証」の交付を申請します。

発行された死体火葬許可証は、火葬の際に火葬場へ提出します。

↓18、24ページ

年金

Q 故人の年金はいつまでもらえる？

A 年金受給資格は、死亡した日の翌日に喪失します。

故人が亡くなった月の分まではもらえますが、それ以後の分は口座に振り込まれても返さなければなりません。そのため、給付を止める手続きが必要です。

↓26ページ

預貯金口座

Q 故人の金融機関の口座はどうなる？

A 金融機関に死亡を報告すると故人名義の口座は凍結されます。預貯金は相続財産になり、相続決定まで凍結は解除できません（一部を払い戻す制度もあります）。

故人の口座を公共料金の引き落としなどに使用していた場合は、口座の変更を行いましょう。

↓40、174ページ

遺言

Q 故人の遺言書が見つかったら？

A 遺産相続では原則として、被相続人の遺言が法定相続より優先され、その内容に従って遺産の相続分が決まります。

公正証書遺言や法務局に預けた自筆証書遺言は、原本が公証役場や法務局に保管されているので、破棄や隠匿（いんとく）、改竄（かいざん）の心配は不要です。

法務局で保管していない自筆証書遺言や秘密証書遺言は、偽造・変造防止のため、家庭裁判所で遺言書の検認を受ける必要があります。

⬇132、138ページ

遺産分割

Q 遺言書がなかったら？

A 遺言書がない場合、法定相続人が遺産分割協議で話し合って遺産の分け方を決めます。協議には、相続人全員が何らかの形で参加する必要があります。協議がまとまらないときは、家庭裁判所へ遺産分割調停を申し立てることになります。調停でも合意が得られないときは、そのまま審判の手続きへ移行します。

⬇150、154ページ

相続税

Q 課税遺産総額が基礎控除額を超えたら？

A 相続税の申告・納付が必要です。故人の死亡を知った日の翌日から10カ月以内に税額を算出し、申告書を作成して税務署へ提出します。期限内に現金で一括納付が原則です。

期限が過ぎてしまうと、翌日から延滞税が発生します。遺産に土地や建物が多い相続ケースでは、提出期限の10カ月のうちに、必要な納税資金の手当ても考えておく必要があります。

⬇192ページ

はじめに

身近な人がお亡くなりになるのは、とてもつらいことだと思います。しかし、いつまでも悲嘆に暮れているわけにもいきません。残された方々は、故人を見送るための葬儀の準備や手配であわただしい中、必ずしなければならないさまざまな事務手続きや届け出の煩雑さに直面します。

本書は、ご家族など身近な人が亡くなったときの手続きを掲載しています。多岐にわたる葬儀後の手続き・届け出について、何から始めるべきか、どこへ行きどのようにしたらよいのかを、ほぼ時系列に沿って取り上げています。たくさんの手続きがあるため、つい忘れがちなケースも掲載されています。

少なくともこれだけは知っておきたいという情報にフォーカスを絞り込み、気になる項目を読めば要点と手続きの流れが把握できる手引書になっています。また、一冊を通して読むと、どのような手続きがあるのか、どこに問い合わせればよいかがおわかりいただけると思います。

スムーズな手続きのために、本書をご活用いただければ幸いです。

特定社会保険労務士　伊藤綾子

CONTENTS

第2章 葬儀後、必要に応じて行う手続き・届出

第3章 遺産相続手続きの基本

第4章 相続と各種名義変更の手続き

第5章 相続税の申告・納付手続き

＊本書の情報は、原則として令和6年1月20日現在のものです。
手続き・届け出の際は、必ずご自身で官公庁等の発表する最新情報をご確認ください。
掲載した書類は地方自治体、組合等で書式の異なる場合もあります。

第1章

死後、すみやかに行う手続き・届出

1 死亡届を提出する

身近な人が亡くなったときに、遺族が最初に行う手続きが死亡届です。同時に、医師に書いてもらった死亡診断書（死体検案書）も提出します。

市区町村役場に7日以内に出す

身近な人が亡くなったら、**死亡届**を役所に提出しなければなりません。提出先は、以下の役所の担当窓口です。

▼死亡した場所の市区町村役場
▼亡くなった人の本籍地の市区町村役場
▼届出人の所在地の市区町村役場

届け出は、24時間365日受け付けてもらえます。夜間や休日など開庁時間以外に提出した場合、書類に不備がなければさかのぼって受理されます。

届け出後、その場で「死体火葬許可証」の交付を申請します（→24ページ）。発行された死体火葬許可証は、火葬の際に火葬場へ提出します。なお、遺体の火葬は亡くなってから24時間以上経過しないとできません。

死亡届は、戸籍法により死亡の事実を知った日から7日以内の届け出が義務付けられています（7日目が休日の場合は、その翌日まで）。ただ、死亡届を出さないと火葬の許可も下りないため、実際は亡くなった当日か翌日などできるだけ早く提出します。

なお、国外で亡くなった場合は、その事実を知った日から3カ月以内に届け出ます。

用紙は市区町村役場や病院でもらえる

死亡届の用紙は、市区町村役場の担当窓口でもらえますが、病院にも用意されています。A3判の用紙の左半分が死亡届、右半分が**死亡診断書（死体検案書）**になっています。まず、臨終に立ち会った医師や死亡を確認した医師に、死亡診断書に必要事項を記入してもらいます。自宅で亡くなった場合は、主治医、または死亡を確認した医師に書いてもらいます。

死亡から埋葬までの流れ

死亡届・死亡診断書（死体検案書）の手配

▼

医師に「死亡診断書（死体検案書）」を書いてもらう
※用紙の左半分が「死亡届」、右半分が「死亡診断書（死体検案書）」になっている

▼

市区町村役場に「死亡届」と「死体火葬許可証交付申請書」を提出する
※あらかじめ火葬場を決めてから「死亡届」を提出する（多くは「火葬許可交付申請書」に火葬場の記入が必要）

▼

市区町村役場から「死体火葬許可証」を受け取る

▼

火葬場の係員に「死体火葬許可証」を提出する

▼

火葬
※亡くなってから24時間以上経過しないと遺体の火葬はできない

▼

火葬場から「埋葬許可証」を発行してもらう
※火葬済みの証印をもらう
※分骨の予定がある場合は「分骨証明書」を発行してもらう

▼

墓地の管理者に「埋葬許可証」を提出する

▼

遺骨を納骨する

Memo

死亡届の記載事項証明書

手続きによっては、死亡届のコピーでの提出が認められないケースもあります。そのときは、死亡届の正式な写しである「死亡届の記載事項証明書」を発行してもらいましょう。必要になるケースは多いので、あらかじめ複数枚取得しておくことをおすすめします。

死亡届の写しは、法律による制限により原則非公開です。ただし、特別な理由がある場合（法令で認められた使用目的）に限り、一定の利害関係者は証明書を請求できます。

たとえば、遺族年金や厚生年金などの請求が該当します。

プラスα　事故死や突然死などの場合、医師や監察医による「死体検案」が行われ、「死体検案書」が交付される。死体検案書は死亡診断書と同じ書式である。

亡くなった場所が本籍地と異なる場合は、提出先の役所から本籍地の役所へ死亡届を送付するため、死亡届が2通必要になります。その他のケースに備え、コピーを何枚か取っておくとよいでしょう。

葬儀社が届け出を代行してくれる

死亡届の提出対象者は、次のような人たちです。

▼親族
▼親族以外の同居人
▼亡くなった人の家主、地主
▼亡くなった人の家屋または土地の管理人
▼後見人、保佐人、補助人、任意後見人（判断能力が不十分な人々を保護・支援する「成年後見制度」において、家庭裁判所から選任されたサポート役）

一般には、葬儀社が届け出を代行してくれます。その場合、届出人と代行者の印鑑が必要です。

死産の場合は死産届を提出する

妊娠第12週以降（4カ月以上）の胎児を死産した場合には「死産届」を出さなければなりません。また、人工妊娠中絶の場合も、4カ月以上であれば、同様に死産届の提出手続きが必要です。

届け先は、父母の住所地または分娩した場所の市区町村役場です。提出期限は、死産の日から7日以内です（7日目が休日の場合は、その翌日まで）。提出期間を過ぎると、理由書が必要になり、過料を取られるケースがあります。

届出人は原則として亡くなった胎児の父です。やむを得ない事情があれば母となります。父母共にやむを得ない事情があれば、同居人、死産に立ち会った医師なども可能です。ただし、婚姻していない場合は父としての届け出はできません。

死産届は「死産証書（死胎検案書）」と一対になっています。必要事項を医師に記入してもらいます。併せて「火（埋）葬許可証」の交付を受けます。

なお、妊娠24週以降の死産児は、24時間以上経過しないと火葬できません。また、出産後すぐに死亡したときは、出生届と死亡届を同時に提出する形になります。

死産の場合でも、母親が国民健康保険に加入している場合は、出産育児一時金や葬祭費の支給対象になります。市区町村役場に詳細を問い合わせてみてください。

Column

「終活」について

「終活」とは何か

近年、「人生の終わりのための活動」が略されて「終活」と呼ばれています。やがて必ず訪れる自分の死に備え、生前から様々な準備を行うことです。

死後にトラブルになるような原因を残さないよう、身の回りの整理をすることはもちろんですが、これまでの人生を振り返るとともに、残りの人生を見つめ、それを豊かにするためのものでもあります。

「終活」で何をするのか

具体的に何をどの順番で「終活」を進めればよいか分からない、という人も多いのではないでしょうか。

一般的に「終活」では、財産の整理、不要品の処分、残りの人生の資金計画、加入している保険の整理と見直し、遺言書の作成などが「するべきこと」としてあげられます。

葬儀やお墓の準備なども含まれます。

様々なことを一度に整理しようとしても、それは難しいことです。時間をかけて、家族や友人などに自分の希望を伝え、協力してもらいながら進めるのが理想です。

一人ひとりの人生が違うように、「終活」にも、誰にでも当てはまるやり方はありません。自分にふさわしい「終活」を探すところから始めましょう。

エンディングノートの活用

最近では、「終活」で使える「エンディングノート」が注目されています。

エンディングノートに何を書くかは自由です。普通のノートに自分なりに思い浮かんだことを書き込んでいってもよいのですが、「エンディングノート」と題され市販されているものもあります。葬儀やお墓、相続について記入する欄や、大切な人にメッセージを残しておく欄なども設けられており便利です。ただし、エンディングノートは、遺言書と異なり、法的な強制力はないので注意してください。

プラスα 旅行先など遠方で亡くなった場合は、現地の医師に死亡診断書を発行してもらい、死亡届と「火葬許可証交付申請書」を現地の市区町村役場へ提出する。

死亡診断書は医師が記入します

死亡診断書（死体検案書）

この死亡診断書（死体検案書）は、我が国の死因統計作成の資料としても用いられます。かい書で、できるだけ詳しく書いてください。

氏名		1 男 2 女	生年月日	大正 平成 昭和 令和 年 月 日 （生まれてから30日以内に死亡したときは生まれた時刻も書いてください） 午前・午後 時 分
死亡したとき	令和 年 月 日 午前・午後 時 分			

(12)(13) 死亡したところ及びその種別

死亡したところの種別	1 病院 2 診療所 3 介護医療院・介護老人保健施設 4 助産所 5 老人ホーム 6 自宅 7 その他
死亡したところ	番地 番 号
（死亡したところの種別1〜5）施設の名称	

(14) 死亡の原因

◆Ⅰ欄、Ⅱ欄ともに疾患の終末期の状態としての心不全、呼吸不全等は書かないでください

◆Ⅰ欄では、最も死亡に影響を与えた傷病名を医学的因果関係の順番で書いてください

◆Ⅰ欄の傷病名の記載は各欄一つにしてください

ただし、欄が不足する場合は（エ）欄に残りを医学的因果関係の順番で書いてください

Ⅰ	（ア）直接死因		発病（発症）又は受傷から死亡までの期間
	（イ）（ア）の原因		◆年、月、日等の単位で書いてください ただし、1日未満の場合は、時、分等の単位で書いてください（例：1年3か月、5時間20分）
	（ウ）（イ）の原因		
	（エ）（ウ）の原因		
Ⅱ	直接には死因に関係しないがⅠ欄の傷病経過に影響を及ぼした傷病名等		
手術	1 無 2 有 ｛部位及び主要所見｝	手術年月日	令和 平成 昭和 年 月 日
解剖	1 無 2 有 ｛主要所見｝		

(15) 死因の種類

1 病死及び自然死

外因死　不慮の外因死｛2 交通事故 3 転倒・転落 4 溺水 5 煙、火災及び火焔による傷害 6 窒息 7 中毒 8 その他｝

その他及び不詳の外因死（9 自殺 10 他殺 11 その他及び不詳の外因）

12 不詳の死

(16) 外因死の追加事項

◆伝聞又は推定情報の場合でも書いてください

傷害が発生したとき	平成・令和 年 月 日 午前・午後 時 分	傷害が発生したところ	都道府県 市 区 郡 町村
傷害が発生したところの種別	1 住居 2 工場及び建築現場 3 道路 4 その他（ ）		
手段及び状況			

(17) 生後1年未満で病死した場合の追加事項

出生時体重 グラム	単胎・多胎の別 1 単胎 2 多胎（ 子中第 子）	妊娠週数 満 週
妊娠・分娩時における母体の病態又は異状 1 無 2 有（ ） 3 不詳	母の生年月日 昭和 平成 年 月 日	前回までの妊娠の結果 出生児 人 死産児 胎（妊娠満22週以後に限る）

(18) その他特に付言すべきことがら

(19) 上記のとおり診断（検案）する

診断（検案）年月日 令和 年 月 日

本診断書（検案書）発行年月日 令和 年 月 日

（病院、診療所若しくは介護老人保健施設等の名称及び所在地又は医師の住所） 番地 番 号

（氏名） 医師

記入の注意

生年月日が不詳の場合は、推定年齢をカッコを付して書いてください。

夜の12時は「午前0時」、昼の12時は「午後0時」と書いてください。

「5老人ホーム」は、養護老人ホーム、特別養護老人ホーム、軽費老人ホーム及び有料老人ホームをいいます。

死亡したところの種別で「3介護医療院・介護老人保健施設」を選択した場合は、施設の名称に続けて、介護医療院、介護老人保健施設の別をカッコ内に書いてください。

傷病名等は、日本語で書いてください。
Ⅰ欄では、各傷病について発病の型（例：急性）、病因（例：病原体名）、部位（例：胃噴門部がん）、性状（例：病理組織型）等もできるだけ書いてください。

妊娠中の死亡の場合は「妊娠満何週」、また、分娩中の死亡の場合は「妊娠満何週の分娩中」と書いてください。
産後42日未満の死亡の場合は「妊娠満何週産後満何日」と書いてください。

Ⅰ欄及びⅡ欄に関係した手術について、術式又はその診断名と関連のある所見等を書いてください。紹介状や伝聞等による情報についてもカッコを付して書いてください。

「2 交通事故」は、事故発生からの期間にかかわらず、その事故による死亡が該当します。
「5 煙、火災及び火焔による傷害」は、火災による一酸化炭素中毒、窒息等も含まれます。

「1 住居」とは、住宅、庭等をいい、老人ホーム等の居住施設は含まれません。

傷害がどういう状況で起こったかを具体的に書いてください。

妊娠週数は、最終月経、基礎体温、超音波計測等により推定し、できるだけ正確に書いてください。
母子健康手帳等を参考に書いてください。

◆死亡届の記入例

死　亡　届

令和 ○○年　○月　○日 届出

東京都渋谷区 長 殿

受理 令和　年　月　日 第　号	発送 令和　年　月　日
送付 令和　年　月　日 第　号	長印

書類調査	戸籍記載	記載調査	調査票		

(1) (よみかた) 氏名	さとう 氏 佐藤　まさる 名 勝	☑男　□女
(3) 生年月日	昭和○○年　○月　○日 (生まれてから30日以内に死亡したときは生まれた時刻も書いてください。)	□午前 □午後　時　分
(4) 死亡したとき	令和 ○○年　○月　○日 ☑午前 □午後	0時　30分
(5) 死亡したところ	東京都渋谷区道玄坂3丁目31	番地 (番) 7号
(6) 住所 (住民登録をしているところ)	東京都渋谷区代々木6丁目69番2号	
	世帯主の氏名 佐藤　勝	
(7) 本籍 (外国人のときは国籍だけを書いてください)	東京都渋谷区代々木6丁目69	番地 (番)
	筆頭者の氏名 佐藤　勝	
(8)(9) 死亡した人の夫または妻	□いる（満　歳）　いない（□未婚 ☑死別 □離別）	
(10) 死亡したときの世帯のおもな仕事と	□1. 農業だけまたは農業とその他の仕事を持っている世帯 □2. 自由業・商工業・サービス業等を個人で経営している世帯 □3. 企業・個人商店等（官公庁は除く）の常用勤労者世帯で勤め先の従業者数が1人から99人までの世帯（日々または1年未満の契約の雇用者は5） □4. 3にあてはまらない常用勤労者世帯及び会社団体の役員の世帯（日々または1年未満の契約の雇用者は5） □5. 1から4にあてはまらないその他の仕事をしている者のいる世帯 ☑6. 仕事をしている者のいない世帯	
(11) 死亡した人の職業・産業	(国勢調査の年…　年…の4月1日から翌年3月31日までに届出をするときだけ書いてください) 職業 無職　産業	
その他		
届出人	□1. 同居の親族 ☑2. 同居していない親族 □3. 同居者 □4. 家主 □5. 地主 □6. 家屋管理人 □7. 土地管理人 □8. 公設所の長 □9. 後見人 □10. 保佐人 □11. 補助人 □12. 任意後見人 □13. 任意後見受任者	
	住所 東京都豊島区長崎7丁目50番3号	
	本籍 東京都渋谷区代々木6丁目69 番地(番)　筆頭者の氏名 佐藤　勝	
	署名（※押印は任意） 佐藤　勇　印　昭和○○年　○月　○日生	
事件簿番号		

字訂正 字加入 字削除

記入の注意

鉛筆や消えやすいインキで書かないでください。
死亡したことを知った日からかぞえて7日以内に出してください。
死亡者の本籍地でない役場に出すときは、2通出してください（札幌市内に提出する場合は、1通で結構です。）。2通の場合でも、死亡診断書は、原本1通と写し1通でさしつかえありません。

→ 「筆頭者の氏名」には、戸籍のはじめに記載されている人の氏名を書いてください。

→ 内縁のものはふくまれません。

□には、あてはまるものに☑のようにしるしをつけてください。

→ 死亡者について書いてください。

届け出られた事項は、人口動態調査（統計法に基づく基幹統計調査、厚生労働省所管）、がん登録等の推進に関する法律に基づく全国がん登録（厚生労働省所管）にも用いられます。

日中連絡のとれるところ
電話（ 03 ）0000－0000
(自宅) 勤務先 呼出（　　方）

右側の死亡診断書に医師が書いた内容通りに記入する

夜の12時は「午前0時」、昼の12時は「午後0時」と記入する

死亡した人の住所と世帯主名を記入する

届け出る人が記入のうえ、署名する（押印は任意）

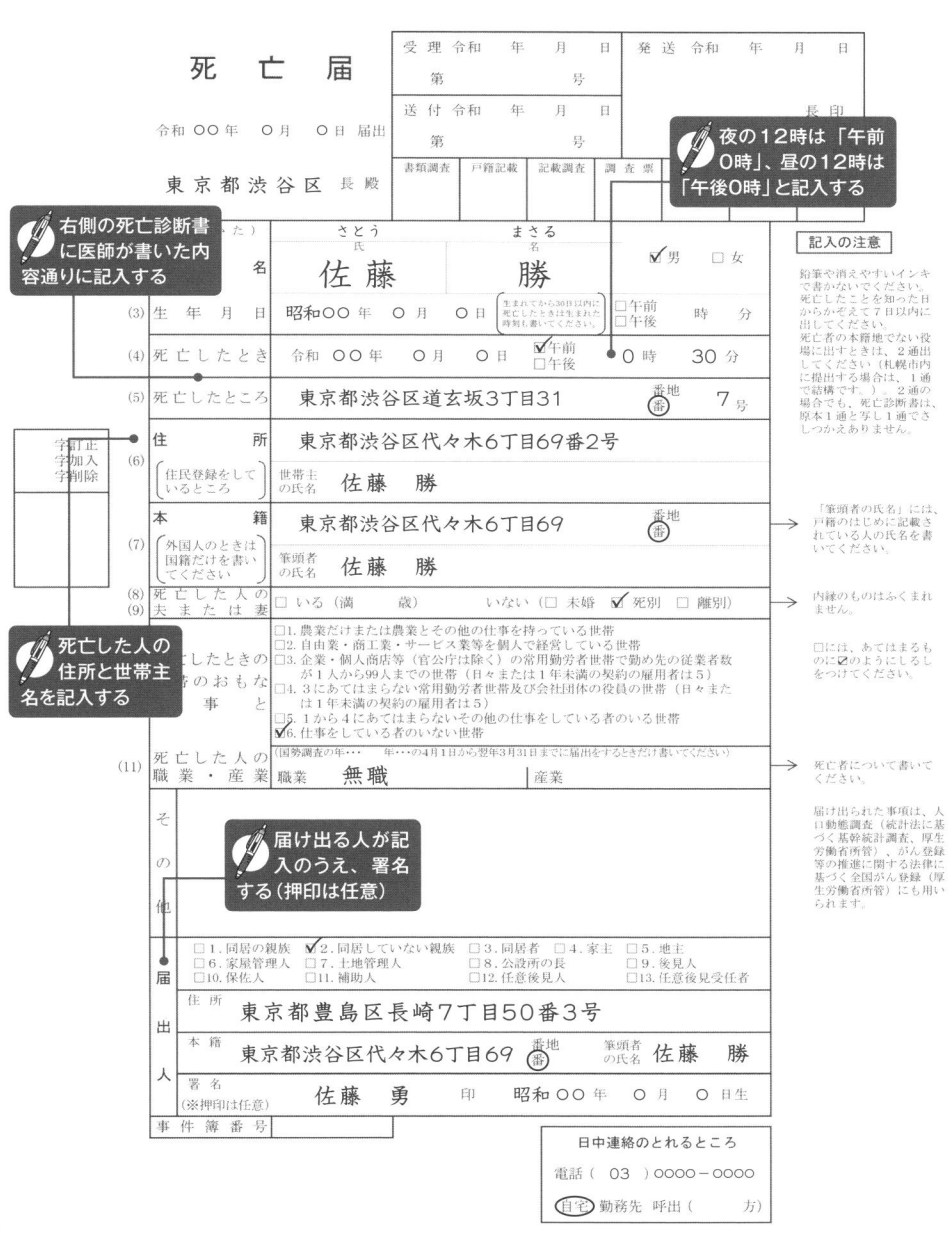

プラスα 国外で死亡した場合は、国によって手続きが異なるため現地の在外公館に相談する。現地の医師に死亡診断書を書いてもらい、3カ月以内に日本の在外公館に提出する。

2 火葬許可証交付申請書を提出する

遺体を火葬する際には、役所が発行した死体火葬許可証を火葬場へ提出します。火葬済みの証印が押された火葬許可証は、そのまま埋葬許可証になります。

死亡届と併せて市区町村役場に出す

死亡届（➡18ページ）を市区町村役場へ提出するとき、**死体火葬許可証交付申請書**も併せて提出します。多くの場合、事前に火葬場を決めておく必要があります。

死亡届が受理されると、火葬の許可が下りたことを証明する**死体火葬許可証**がその場で発行されます。この証明書がないと、火葬場で遺体の火葬を受け付けてもらえません。

「墓地、埋葬等に関する法律」により、死後24時間以内の火（埋）葬は禁じられています。ただし死因が法定伝染病の場合は、感染の広がりを防ぐため、例外的にすみやかな火葬が行われます。

火葬済みの証印が押されそのまま埋葬許可証に

遺体を火葬場に運び込んだら、係員に死体火葬許可証を提出します。火葬が終わると、遺骨を納めた骨壺（こつつぼ）とともに火葬済みの証印が押された火葬許可証が返却されます。これがそのまま**埋葬許可証**となります。納骨する際に必要になるので、骨壺と一緒にして保管しましょう。埋葬許可証は5年間の保存が義務付けられていますが、紛失時は再発行も可能です。

分骨の予定がある場合は火葬場で分骨証明書をもらう

また、分骨（➡98ページ）する予定があるなら、前もって火葬場の係員にその旨を告げ、必要な枚数の**分骨証明書**を発行してもらいます。納骨の際、墓地の管理者にこの分骨証明書を提出します。

分骨用の骨壺は、あらかじめ準備しておきます。荼毘（だび）に付されたお骨を骨壺に納める「骨揚げ（こつあげ）（収骨、拾骨とも言う）」のときに、火葬場の係員が分けてくれます。

◆死体火葬許可証交付申請書の記入例

注　意

1. 字はハッキリ楷書でお書きください。
2. 届出のとき、印鑑を忘れずに。

係員	係長	課長

第　　　　号

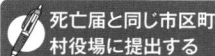

死亡届と同じ市区町村役場に提出する

死体火葬許可証交付申請書

令和○○年　○月　○日

東京都渋谷区長　殿

申請人
住所　東京都豊島区長崎7丁目50番3号
氏名　佐藤　勇　印
死亡者との続柄　子

死亡者の本籍	東京都渋谷区代々木6丁目69番		
死亡者の住所	東京都渋谷区代々木6丁目69番2号		
死亡者の氏名 性別 出生年月日	氏名 佐藤　勇	性別 ①男 2. 女	大正 (昭和) 平成　○○年　○月　○日生 令和
死因	1. 一類感染症等　②その他		
死亡年月日時	令和○○年　○月　○日　午(前)後　0時　30分		
死亡の場所	東京都渋谷区道玄坂3丁目31番7号		
火葬の場所	○○区　○○斎場		

(注)死因欄中第1条第4号に規定する感染症の際は「一類感染症等」に○印を付すこと。そうでないときは「その他」に○印を付すること。

死亡診断書（検案書）に記載された死亡の原因を記入する。「感染症法」の一類、二類、三類感染症など以外は「その他」に丸印を付ける

様式や記載事項は市区町村により異なります

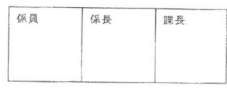

プラスα 一類感染症とはエボラ出血熱、ペスト、マールブルグ病、ラッサ熱など。二類感染症とは重症急性呼吸器症候群、鳥インフルエンザなど。三類感染症とはコレラなど。

3

故人の年金受給を停止する手続き

年金受給者が亡くなったら、できるだけ早く支給を止める手続きをしましょう。未支給の年金があるときは、併せて未払い分を請求できます。

死亡翌日に年金受給資格喪失

国民年金や厚生年金など公的年金を受け取っていた人が死亡すると、年金を受ける権利がなくなります。そのため、給付を止める手続きが必要です。

年金受給資格は、死亡した日の翌日に喪失します。故人が亡くなった月の分まではもらえますが、それ以後の分は口座に振り込まれても返さなければなりません。

受給停止手続きを怠ると、故人の年金は翌月以降もそのまま支給されます。のちに死亡の事実がわかった時点で、過払い分を一括して返還しなければならず手続きも複雑です。年金受給者が亡くなったときは、できるだけ早い段階で支給を停止する手続きを済ませましょう。

年金事務所に年金受給権者死亡届を出す

国民年金は死後14日以内、厚生年金は死後10日以内に、年金事務所（日本年金機構の出先機関）または年金に関する相談窓口の「街角の年金相談センター」へ**年金受給権者死亡届**を提出してください。

これは、市区町村に提出する「死亡届」（⬇18ページ）とは別の届け出になります。なお、日本年金機構に故人の個人番号（マイナンバー）が登録されていれば、原則としてこの年金受給権者死亡届を提出する必要はありません。

年金受給権者死亡届と一緒に提出する書類は、次の通りです。

▼故人（年金の受給権者）の年金証書

▼死亡の事実を明らかにできる書類（住民票の除票、戸籍謄本または戸籍抄本、死亡診断書のコピーまたは死亡届の記載事項証明書〈⬇19ページ〉など）

年金証書が見つからないときは、

Memo

街角の年金相談センター

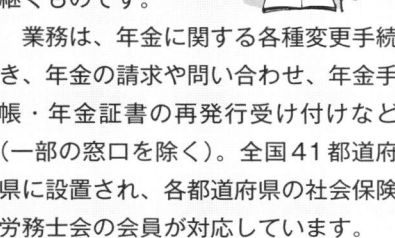

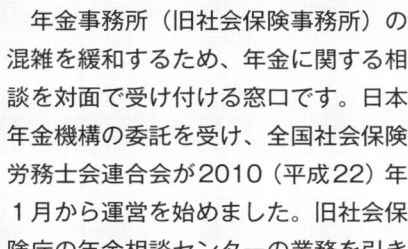

年金事務所（旧社会保険事務所）の混雑を緩和するため、年金に関する相談を対面で受け付ける窓口です。日本年金機構の委託を受け、全国社会保険労務士会連合会が2010（平成22）年1月から運営を始めました。旧社会保険庁の年金相談センターの業務を引き継ぐものです。

業務は、年金に関する各種変更手続き、年金の請求や問い合わせ、年金手帳・年金証書の再発行受け付けなど（一部の窓口を除く）。全国41都道府県に設置され、各都道府県の社会保険労務士会の会員が対応しています。

年金受給権者死亡届にその理由を記入します。「住民票の除票」とは、死亡や転出などにより、住民登録が抹消された住民票です。除票となってから5年間保存されるので、その間は通常の住民票と同じように市区町村役場へ除票の写しを請求できます。

未払い分の年金があるときは請求手続きも同時に

年金の支給は2カ月ごと。原則として年6回に分け、偶数月の15日に支払われます。後払い形式のため、受け取る年金は支払い月の前々月分と前月分です。

また、年金は亡くなった日の属する月まで支給されます。例えば10月1日に死亡しても、10月31日に死亡しても、10月分までの年金がもらえます。ただ、受給できるのは、1カ月半以上先の12月の支給日です。そのため、亡くなった日までの直近の支給分が未払いになる（未支給年金）ケースが生じます。

故人と生計を同じくしていた遺族には、未支給年金を請求できる資格があります。

年金受給権者死亡届と**未支給年金・未支払給付金請求書**の用紙は一綴りになっているので、受給停止の手続きと同時に、年金事務所または「街角の年金相談センター」へ提出してください。

未支給年金を受け取れる遺族の範囲

未支給年金の請求書と一緒に提出する書類は、年金受給権者死亡届に加え、その他に次のものを用意します。

▼未支給年金を振り込む金融機関の預貯金通帳
▼故人と届出人の身分関係を証明できる市区町村長の証明書または戸籍謄本（とうほん）・抄本（しょうほん）
▼故人の住民票の除票と届出人の世帯全員の住民票の写し（除票は世帯全員の住民票の写しに含まれていれば不要。また、マイナンバーを記入すれば、住民票の写しは省略できる）
▼故人と届出人の住所が異なっているときは、第三者の証明書または生計同一関係を証明する書類など

未支給年金を請求できる遺族の優先順位は、次のようになります。

❶配偶者
❷子
❸父母
❹孫

年金制度のしくみ

日本の公的年金制度は、2階建てになっているといわれています。その1階部分の役割を担っている公的年金が「国民年金（基礎年金）」です。

国民年金は、20歳から60歳までの国民全員に加入が義務付けられています。65歳から年金を受け取れますが、原則として10年以上の保険料の支払い期間が必要です（希望すれば60歳から年金をもらうことも可能）。

国民年金の加入者（被保険者）は、職業などにより次の3種に分かれます。

▼第1号被保険者…自営業者、学生、アルバイト、フリーランスなど
▼第2号被保険者…民間の会社員、公務員など
▼第3号被保険者…第2号被保険者に扶養される配偶者（いわゆる専業主婦。保険料を個別に納める必要がない）

2階部分は所得比例年金

2階部分にあたる年金は、民間の会社員や公務員が加入する「厚生年金」です。保険料は所得・報酬によって変動し、支給額も加入期間の平均報酬額によって変わります。また、保険料の支払いは勤務先と折半し、勤務先を通じて納めます。

ここまでが、2階構造になっている日本の公的年金です。

さらに、独自に運営する「企業年金」を、上乗せで用意している会社もあります。また、企業年金のない会社員や専業主婦、

❺祖父母
❻兄弟姉妹
❼その他（❶～❻以外の３親等内の親族）

❼の「３親等内の親族」とは、具体的には次の通りです。

▼１親等
子の配偶者、配偶者の父母

▼２親等
孫の配偶者、兄弟姉妹の配偶者、配偶者の祖父母、配偶者の兄弟姉妹

▼３親等
曽孫（ひ孫）、曽祖父母（ひいおじいさん・ひいおばあさん）、曽孫の配偶者、甥・姪、おじ・おば、甥・姪の配偶者、おじ・おばの配偶者、配偶者の曽祖父母、配偶者の甥・姪、配偶者のおじ・おば

Column

日本の公的年金制度は2階建て

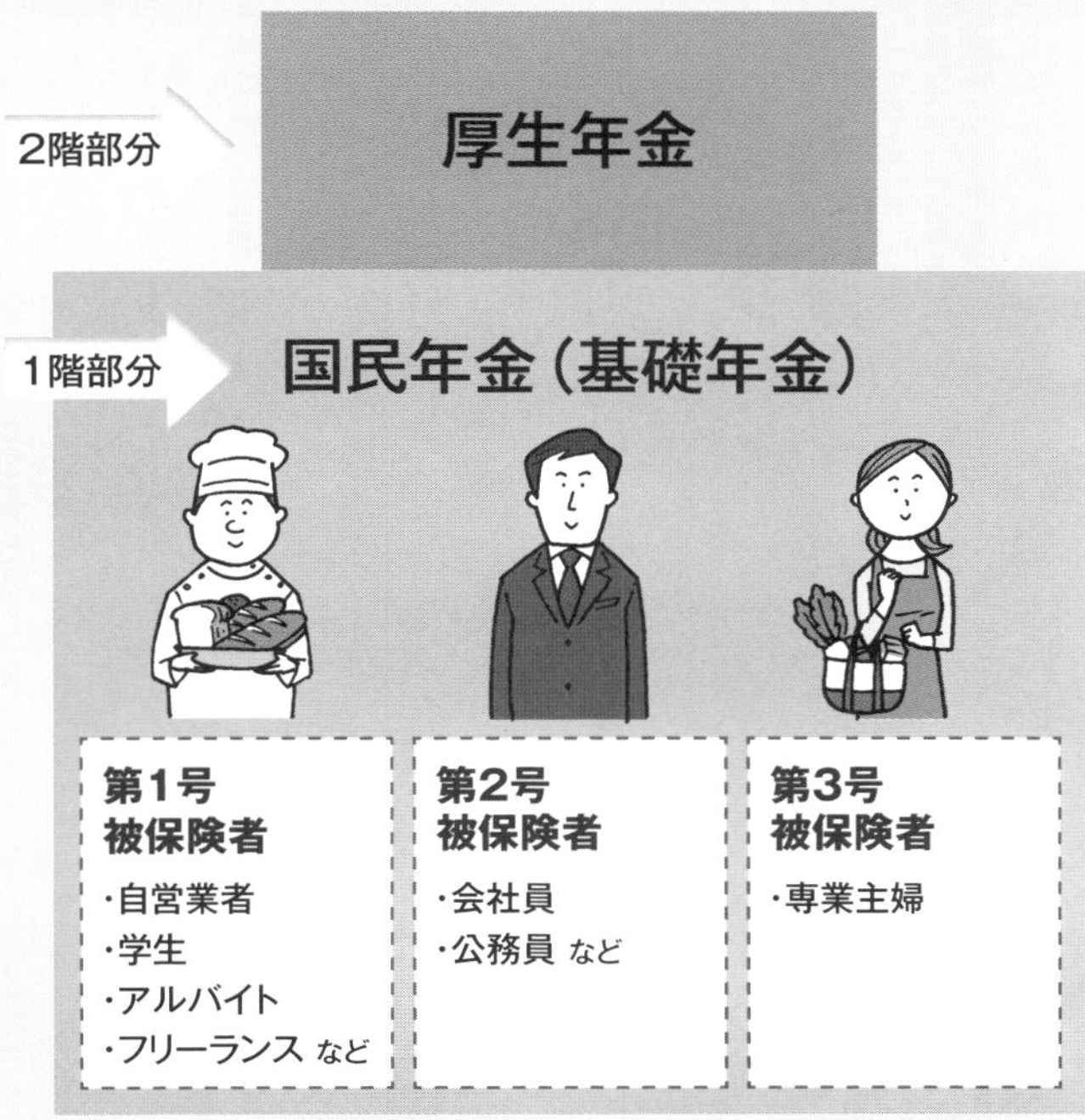

自営業者などが加入して年金資産を増やせる個人型確定拠出年金「iDeCo（イデコ）」もあります。これらを含めると、３階構造になります。

２０１５（平成27）年10月から、厚生年金と共済年金は一元化されました。共済年金に加入していた公務員も、厚生年金に統合され、新たに「年金払い退職給付」が設定されます。

プラスα 厚生年金と共済年金の一元化以前に複数の年金を受ける権利が発生していた場合は、日本年金機構や共済組合などいずれか１カ所に未支給請求書を提出する。

◆年金受給権者死亡届の記入例

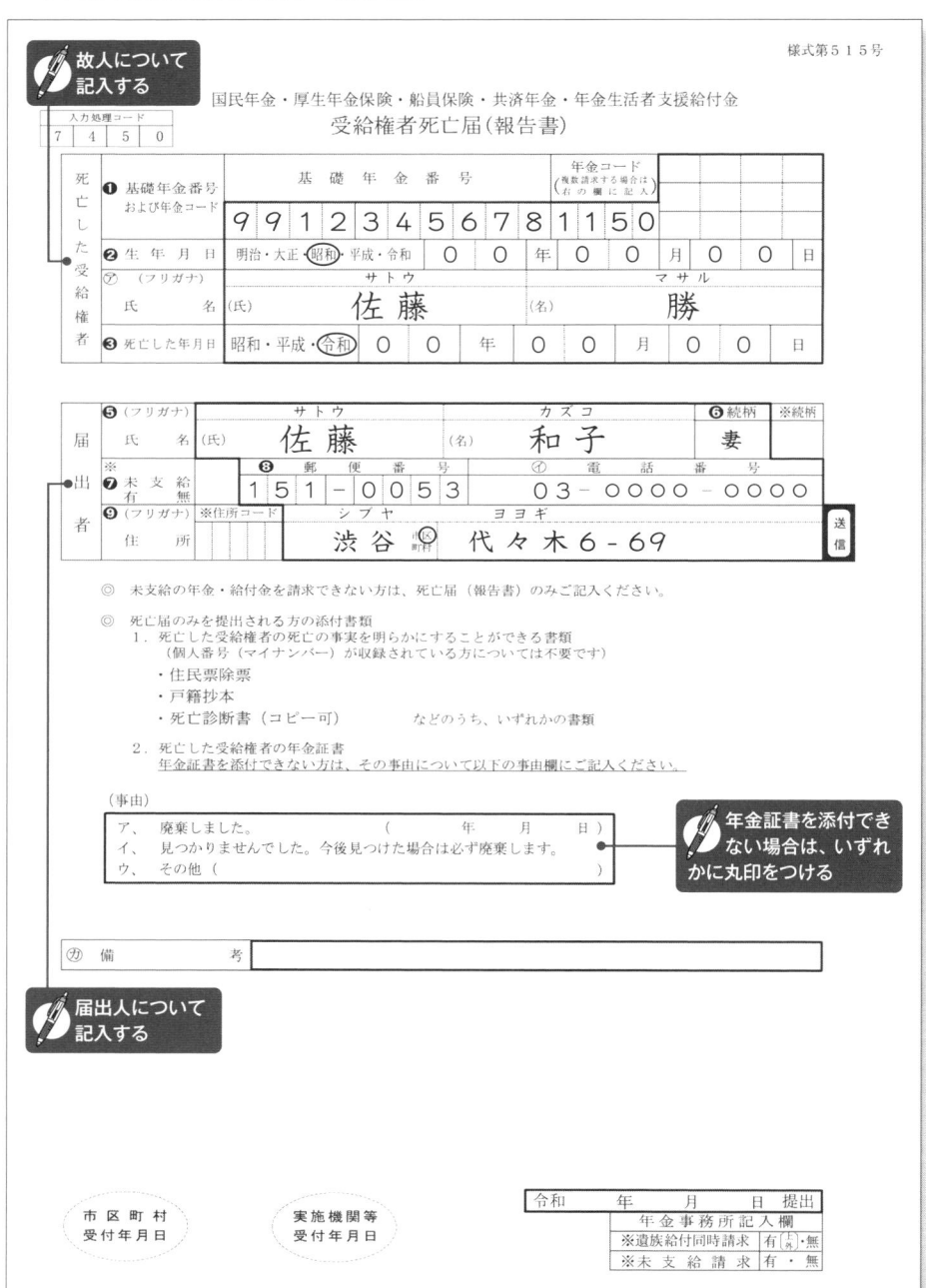

故人について記入する

様式第５１５号

入力処理コード 7 4 5 0

国民年金・厚生年金保険・船員保険・共済年金・年金生活者支援給付金
受給権者死亡届（報告書）

死亡した受給権者		
	❶ 基礎年金番号および年金コード	基礎年金番号 9912345678 ／ 年金コード（複数請求する場合は右の欄に記入） 1150
	❷ 生年月日	明治・大正・(昭和)・平成・令和 00年00月00日
	㋐（フリガナ）	サトウ ／ マサル
	氏名	（氏）佐藤 （名）勝
	❸ 死亡した年月日	昭和・平成・(令和) 00年00月00日

届出者				
	❺（フリガナ）	サトウ ／ カズコ	❻ 続柄	※続柄
	氏名	（氏）佐藤 （名）和子	妻	
	※❼ 未支給 有 無	❽ 郵便番号 151-0053	㋑ 電話番号 03-0000-0000	
	❾（フリガナ）	※住所コード	シブヤ ヨヨギ	
	住所		渋谷 (区) 代々木6-69	送信

届出人について記入する

◎　未支給の年金・給付金を請求できない方は、死亡届（報告書）のみご記入ください。

◎　死亡届のみを提出される方の添付書類

1．死亡した受給権者の死亡の事実を明らかにすることができる書類
（個人番号（マイナンバー）が収録されている方については不要です）
- 住民票除票
- 戸籍抄本
- 死亡診断書（コピー可）　　などのうち、いずれかの書類

2．死亡した受給権者の年金証書
年金証書を添付できない方は、その事由について以下の事由欄にご記入ください。

（事由）

ア、　廃棄しました。　　　　（　　年　　月　　日）
イ、　見つかりませんでした。今後見つけた場合は必ず廃棄します。
ウ、　その他（　　　　　　　　　　　　　　）

年金証書を添付できない場合は、いずれかに丸印をつける

㋕ 備考	

市区町村受付年月日

実施機関等受付年月日

令和　　年　　月　　日 提出	
年金事務所記入欄	
※遺族給付同時請求	有（上・外）・無
※未支給請求	有・無

◆未支給年金・未支払給付金請求書の記入例

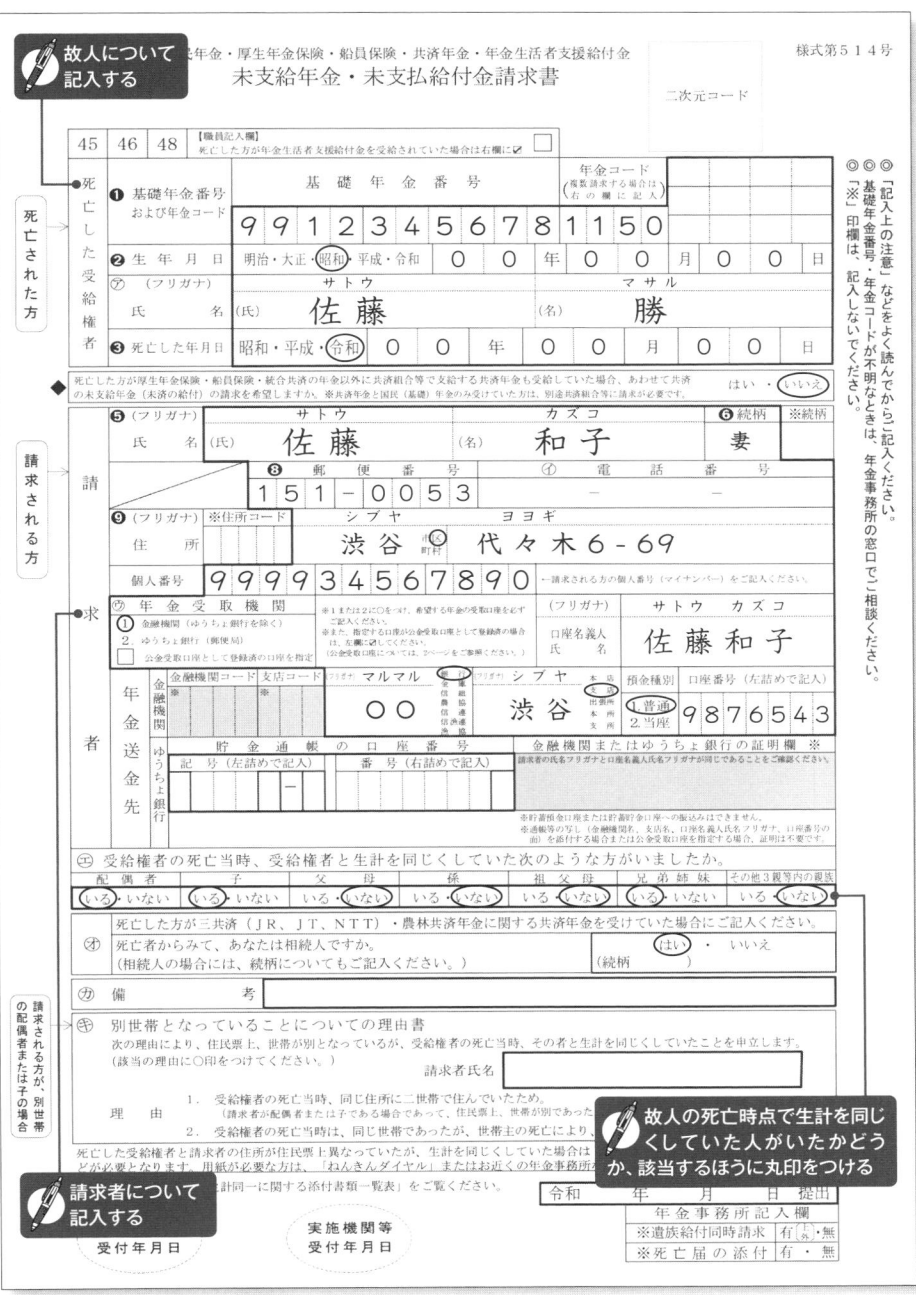

故人について記入する

国民年金・厚生年金保険・船員保険・共済年金・年金生活者支援給付金
未支給年金・未支払給付金請求書

様式第５１４号

二次元コード

45	46	48	【職員記入欄】 死亡した方が年金生活者支援給付金を受給されていた場合は右欄に☑

死亡した受給権者（死亡された方）

❶ 基礎年金番号 および年金コード	基礎年金番号	年金コード（複数請求する場合は右の欄に記入）
	9 9 1 2 3 4 5 6 7 8	1 1 5 0
❷ 生年月日	明治・大正・(昭和)・平成・令和	0 0 年 0 0 月 0 0 日
㋐（フリガナ）	サトウ	マサル
氏名	(氏) 佐藤	(名) 勝
❸ 死亡した年月日	昭和・平成・(令和)	0 0 年 0 0 月 0 0 日

◆ 死亡した方が厚生年金保険・船員保険・統合共済の年金以外に共済組合等で支給する共済年金も受給していた場合、あわせて共済の未支給年金（未済の給付）の請求を希望しますか。※共済年金と国民（基礎）年金のみ受けていた方は、別途共済組合等に請求が必要です。　はい・(いいえ)

請求者（請求される方）

❺（フリガナ）	サトウ	カズコ	❻ 続柄
氏名	(氏) 佐藤	(名) 和子	妻
	❽ 郵便番号 151－0053	㋑ 電話番号 　－　－	※続柄
❾（フリガナ）	※住所コード	シブヤ　ヨヨギ	
住所		渋谷 (区)・市町村 代々木6－69	
個人番号	9 9 9 9 3 4 5 6 7 8 9 0	←請求される方の個人番号（マイナンバー）をご記入ください。	

㋒ 年金受取機関
(1) 金融機関（ゆうちょ銀行を除く）
2. ゆうちょ銀行（郵便局）
□ 公金受取口座として登録済の口座を指定

※1または2に○をつけ、希望する年金の受取口座を必ずご記入ください。
※また、指定する口座が公金受取口座として登録済の場合は、左欄に☑してください。
（公金受取口座については、2ページをご参照ください。）

（フリガナ） サトウ　カズコ
口座名義人氏名 佐藤和子

年金送金先

金融機関コード	支店コード	(フリガナ) マルマル	(フリガナ) シブヤ	預金種別	口座番号（左詰めで記入）
※	※	○○ (銀行)・金庫・信組・農協・信連・信漁連・漁協	渋谷 本店・(支店)・出張所・本所・支所	(1. 普通)・2. 当座	9 8 7 6 5 4 3

ゆうちょ銀行

貯金通帳の口座番号 記号（左詰めで記入）	番号（右詰めで記入）	金融機関またはゆうちょ銀行の証明欄 ※
－		請求者の氏名フリガナと口座名義人氏名フリガナが同じであることをご確認ください。

※貯蓄預金口座または貯蓄貯金口座への振込みはできません。
※通帳等の写し（金融機関名、支店名、口座名義人氏名フリガナ、口座番号の面）を添付する場合または公金受取口座を指定する場合、証明は不要です。

㋓ 受給権者の死亡当時、受給権者と生計を同じくしていた次のような方がいましたか。

配偶者	子	父母	孫	祖父母	兄弟姉妹	その他3親等内の親族
(いる)・いない	(いる)・いない	いる・(いない)	いる・(いない)	いる・(いない)	(いる)・いない	いる・(いない)

故人の死亡時点で生計を同じくしていた人がいたかどうか、該当するほうに丸印をつける

㋔ 死亡した方が三共済（JR、JT、NTT）・農林共済年金に関する共済年金を受けていた場合にご記入ください。
死亡者からみて、あなたは相続人ですか。（相続人の場合には、続柄についてもご記入ください。）　(はい)・いいえ（続柄　　）

㋕ 備考

請求される方が、別世帯の配偶者または子の場合

㋖ 別世帯となっていることについての理由書
次の理由により、住民票上、世帯が別となっているが、受給権者の死亡当時、その者と生計を同じくしていたことを申立します。
（該当の理由に○印をつけてください。）
請求者氏名

理由
1. 受給権者の死亡当時、同じ住所に二世帯で住んでいたため。
（請求者が配偶者または子である場合であって、住民票上、世帯が別であった…
2. 受給権者の死亡当時は、同じ世帯であったが、世帯主の死亡により、…

死亡した受給権者と請求者の住所が住民票上異なっていたが、生計を同じくしていた場合は…どが必要となります。用紙が必要な方は、「ねんきんダイヤル」またはお近くの年金事務所…計同一に関する添付書類一覧表」をご覧ください。

請求者について記入する

受付年月日

実施機関等受付年月日

令和　年　月　日提出

年金事務所記入欄	
※遺族給付同時請求	有（上・外）・無
※死亡届の添付	有・無

◎「記入上の注意」などをよく読んでからご記入ください。
◎基礎年金番号・年金コードが不明なときは、年金事務所の窓口でご相談ください。
◎「※」印欄は、記入しないでください。

4 故人の健康保険の資格喪失手続き

健康保険に加入していた人が死亡すると、被保険者としての資格を失います。健康保険証も翌日から使えなくなるので、資格喪失の手続きをします。

健康保険証は被保険者の死亡翌日から使えず

健康保険は、次の二つに大別されます。

▼各市区町村が保険者となり運営する国民健康保険（国保）

▼大企業などが独自に運営する組合管掌健康保険（組合健保）や、中小企業の従業員が加入する全国健康保険協会管掌健康保険（協会けんぽ）など国保以外の健康保険。いわゆる被用者保険

国民は、このいずれかの健康保険に加入しなければなりません。

健康保険に加入していた人が亡くなると、被保険者としての資格を失うため、健康保険証（被保険者証）は死亡した翌日から使えなくなります。故人の健康保険証は、すみやかに資格喪失の手続きをして返却する必要があります。

なお、それぞれの健康保険には、葬儀費用として一定の給付金が「葬祭費」や「埋葬料（費）」などの名目で支給される制度があります（48ページ）。

国保の資格喪失手続きは14日以内に市区町村役場で

国保では、喪失に関する手続きを、遺族自らしなければなりません（代理人を立てる場合は委任状が必要）。国保の被保険者が亡くなったときは、14日以内に市区町村役場へ**国民健康保険資格喪失届**を提出し、保険証を返却します。

提出の際に用意するものは次の通りです。

▼戸籍謄本や死亡届のコピーなど死亡を証明するもの

▼世帯主の印鑑（認め印）

▼国民健康保険の保険証

▼運転免許証やマイナンバーカードなど届出人の本人確認書類

市区町村によっては、住民の死亡届と連動処理するため、喪失の届け出が不要なところもあります。

Column

マイナ保険証と故人のマイナンバーカード

マイナ保険証への一本化

マイナンバーカードは2016（平成28）年1月から交付が開始され、身分証明書や行政のオンライン手続きなどで広く活用されています。

マイナンバーカードの健康保険証利用（マイナ保険証）は2021（令和3）年10月から本格運用が始まりました。

2023（令和5）年4月には、全ての医療機関がマイナ保険証に対応できるよう、オンライン資格確認の導入が原則義務化されています。

政府はマイナ保険証の利用促進を呼びかけていますが、別人の情報が紐づけられるなどのトラブルが相次いでおり、2023（令和5）年12月現在で、利用率が5%を下回るなど、国民の間に浸透しているとは言いがたい状況です。

しかし、2024（令和6）年12月には、現行の紙やプラスチックの保険証は原則廃止され、マイナ保険証に一本化されることも決まっています。

マイナンバーカードをもっていない人や、カードと保険証を紐づけしていない人、高齢者や子どもなど取得が難しい人には、保険証の代わりとなる「資格確認書」が無料で発行されますが、マイナ保険証を利用した場合よりも受診料が高く設定される方針です。

故人のマイナンバーカード

故人の健康保険証は返納の手続きが必要ですが、マイナンバーカードは死亡届の提出とともに自動的に失効されます。そのため返納の義務はありませんが、悪用されるのが不安な場合は、役所に返納することもできます。また、故人の家族などが裁断するなどして破棄することも可能です。

故人のマイナンバーは、死亡後も、税金や死亡保険金などの手続きで必要になることがあります。そのため、相続などの諸手続きが終わるまでマイナンバーカードは保管しておいたほうがよいでしょう。

その場合、死亡日が国保の喪失日になります。ただし、保険証は返却しなければなりません。

後期高齢者・介護認定者の資格喪失手続き

故人が75歳以上（65〜74歳で障害のある人を含む）の後期高齢者だった場合は、14日以内に市区町村役場へ**後期高齢者医療資格喪失届**を提出し、併せて保険証と「国民健康保険高齢受給者証」を返す手続きを取ります。

また、故人が65歳以上で介護保険に加入していた第1号被保険者だったなら、14日以内に市区町村役場へ**介護保険資格喪失届**の提出とともに「介護保険被保険者証」を返却します。

なお、故人が40歳以上65歳未満で要介護認定を受けていた場合（第2号被保険者）は、「介護保険負担限度額認定証」も併せて返却します。

被用者保険の資格喪失手続き

亡くなった人が被用者保険に加入していた場合は、**健康保険・厚生年金保険被保険者資格喪失届**を年金事務所に提出する必要があります。

この手続きは、勤め先の会社（または協会けんぽ）で事務処理を代行してくれるケースがほとんどです。遺族は、保険証を返却するとともに、勤務先に詳細を確認してください。

被用者保険の被保険者遺族は新たに国保へ加入を

国保では、加入者一人ひとりが被保険者になります。一方、被用者保険では本人のみが被保険者であり、その家族は「被扶養者」となります。

したがって、被保険者が死亡した翌日から、遺族も被扶養者の資格を失います。そのため、遺族は新たに国保等に加入する必要があります。

保険証を返却すると、勤務先から**健康保険資格喪失証明書**が発行されます。死亡した日の翌日から14日以内に、この証明書と本人確認の書類を市区町村役場へ提出し、国保加入を申請します。

無保険状態が続くと、医療費が全額自己負担になります。また、国保に加入する届け出が遅れると、その間の保険料を最長2年間さかのぼって請求されるため、なるべく早めに申請しましょう。

◆国民健康保険資格喪失届の記入例

マイナンバーを記入する

国民健康保険資格喪失届

※太線の枠内だけご記入ください

世帯主	佐藤　勝
住所	東京都渋谷区代々木6丁目 69

記号番号	
喪失の事由発生日	4：令和
資格喪失日	4：令和

↓喪失する人の氏名（全員分）をご記入ください

	氏名・フリガナ・個人番号	性別	生年月日	続柄
1	フリガナ サトウ　マサル 佐藤　勝 個人番号 123456789012	(男)・女	(昭)・平・令〇〇年〇〇月〇〇日	(主)・配偶者・子 （　）
2	フリガナ 個人番号	男・女	昭・平・令　年　月　日	主・配偶者・子 （　）
3	フリガナ 個人番号	男・女	昭・平・令　年　月　日	主・配偶者・子 （　）
4	フリガナ 個人番号	男・女	昭・平・令　年　月　日	主・配偶者・子 （　）

喪失事由
1. 転出
2. 社会保険加入
3. 国保組合加入
4. 生活保護開始・停止解除
5. 死亡
6. その他（　）
7. 後期高齢加入

届出人	住所：東京都渋谷区代々木6丁目 69 氏名：佐藤　和子 電話：03（0000）0000

本人確認書類	
運転免許証	
パスポート	
マイナンバー	
その他（　）	

備考欄

確認先

電話番号　　担当者名

添付書類				担当者名	受付審査	入力	確認
取得証明書							
保険証写し							

様式や記載事項は市区町村により異なります

◆健康保険・厚生年金保険被保険者資格喪失届の記入例

様式コード
2201

健康保険
厚生年金保険
被保険者資格喪失届
厚生年金保険
70歳以上被用者不該当届

令和　年　月　日提出

健康保険証に記してある事業所整理番号を記入する

提出者記入欄	
事業所整理記号	00－ケイト　事業所番号 00123
	届書記入の個人番号に誤りがないことを確認しました。
事業所所在地	〒160－0000 東京都新宿区新小川町10－29－1
事業所名称	○○○○株式会社
事業主氏名	代表取締役　鈴木太郎　㊞
電話番号	03（0000）0000

在職中に70歳に到達された方の厚生年金保険被保険者喪失届は、この用紙ではなく『70歳到達届』を提出してください。

受付印

社会保険労務士記載欄
氏名等　㊞

被保険者1

① 被保険者整理番号	000
② 氏名	（フリガナ）サトウ　マサル （氏）佐藤　（名）勝
③ 生年月日	⑤昭和（○）・7.平成・9.令和　000000
④ 個人番号［基礎年金番号］	999912345678
⑤ 喪失年月日	9.令和　000000
⑥ 喪失（不該当）原因	4. 退職等（令和○○年○○月○○日退職等） 5. 死亡（○）（令和　年　月　日死亡） 7. 75歳到達（健康保険のみ喪失） 9. 障害認定（健康保険のみ喪失）
⑦ 備考	該当する項目を○で囲んでください。 1. 二以上事業所勤務者の喪失　3. その他 2. 退職後の継続再雇用者の喪失〔　〕 保険証回収　添付 1 枚　返不能　枚
⑧ 70歳不該当	□ 70歳以上被用者不該当（退職日または死亡日を記入してください） 不該当年月日　9.令和　年　月　日

健康保険証に記してある被保険者整理番号を記入する

被保険者2

① 被保険者整理番号	
② 氏名	（フリガナ） （氏）　（名）
③ 生年月日	5.昭和・7.平成・9.令和　年　月　日
④ 個人番号［基礎年金番号］	
⑤ 喪失年月日	9.令和　年　月　日
⑥ 喪失（不該当）原因	4. 退職等（令和　年　月　日退職等） 5. 死亡（令和　年　月　日死亡） 7. 75歳到達（健康保険のみ喪失） 9. 障害認定（健康保険のみ喪失）
⑦ 備考	該当する項目を○で囲んでください。 1. 二以上事業所勤務者の喪失　3. その他 2. 退職後の継続再雇用者の喪失〔　〕 保険証回収　添付　枚　返不能　枚
⑧ 70歳不該当	□ 70歳以上被用者不該当（退職日または死亡日を記入してください） 不該当年月日　9.令和　年　月　日

被保険者3

① 被保険者整理番号	
② 氏名	（フリガナ） （氏）　（名）
③ 生年月日	5.昭和・7.平成・9.令和　年　月　日
④ 個人番号［基礎年金番号］	
⑤ 喪失年月日	9.令和　年　月　日
⑥ 喪失（不該当）原因	4. 退職等（令和　年　月　日退職等） 5. 死亡（令和　年　月　日死亡） 7. 75歳到達（健康保険のみ喪失） 9. 障害認定（健康保険のみ喪失）
⑦ 備考	該当する項目を○で囲んでください。 1. 二以上事業所勤務者の喪失　3. その他 2. 退職後の継続再雇用者の喪失〔　〕 保険証回収　添付　枚　返不能　枚
⑧ 70歳不該当	□ 70歳以上被用者不該当（退職日または死亡日を記入してください） 不該当年月日　9.令和　年　月　日

被保険者4

① 被保険者整理番号	
② 氏名	（フリガナ） （氏）　（名）
③ 生年月日	5.昭和・7.平成・9.令和　年　月　日
④ 個人番号［基礎年金番号］	
⑤ 喪失年月日	9.令和　年　月　日
⑥ 喪失（不該当）原因	4. 退職等（令和　年　月　日退職等） 5. 死亡（令和　年　月　日死亡） 7. 75歳到達（健康保険のみ喪失） 9. 障害認定（健康保険のみ喪失）
⑦ 備考	該当する項目を○で囲んでください。 1. 二以上事業所勤務者の喪失　3. その他 2. 退職後の継続再雇用者の喪失〔　〕 保険証回収　添付　枚　返不能　枚
⑧ 70歳不該当	□ 70歳以上被用者不該当（退職日または死亡日を記入してください） 不該当年月日　9.令和　年　月　日

様式や記載事項は市区町村により異なります

Column

変わる葬儀のかたち

葬儀の簡略化が進む

近年、少子高齢化や核家族化が進んだことや、都市部への人の流入が増えたことで、地縁・血縁関係や近所づきあいが希薄になってきました。こういった社会構造の変化により、葬儀のかたちも変わりつつあります。

親族やごく親しい知人だけで故人を弔う家族葬もめずらしくなくなり、「一日葬」や「直葬」といった葬儀のかたちを選ぶ人も増えてきました。

さらに、新型コロナウイルスの流行もあり、大勢が集まる大規模な葬儀よりも、シンプルで簡単なものが求められる傾向はますます強くなっています。

一日葬と直葬

一日葬とは、通夜を行わないで、告別式と火葬を一日で行うものです。初七日の法要を同時に済ませることも可能です。

直葬は、通夜や葬儀、告別式といった形式的な儀式を全て省き、火葬のみで済ませるスタイルです。

家族葬も含め、これらの葬儀は身近な人だけで行います。そのため、参列者へ気遣いをする必要がなくなり、その分、故人と向き合い、別れを惜しむ時間をつくることができます。

大がかりな準備も不要となり、経済的な負担も抑えられるメリットがあります。

簡略化した葬儀での注意点

こうした簡略化した葬儀では、親族やごく親しい人に会葬者が限られるため、あとから「葬儀に参加したかった」と言ってくる人があるかもしれません。場合によっては、失礼にならないよう、関係者に事前に連絡し、理解を求めておく必要があるでしょう。

また、仏式の葬儀では、お通夜、葬儀・告別式という流れが正式なものです。お寺によっては一日葬や直葬に難色を示すこともありますので、あらかじめ菩提寺と相談しておくのがよいでしょう。

5

世帯主変更届を提出する

世帯主が亡くなったら、新しい世帯主を決めて変更を届け出ます。ただし、新たに世帯主になる人が明白なケースでは届け出の必要はありません。

世帯主とは名実ともに世帯の代表者

「世帯」とは、日常の住居と生計を同じくする人の集まりで、社会生活上の単位です。世帯を構成する人たちが「世帯員」、主として世帯の生計を維持する立場にあり、その世帯を代表すると社会通念上認められる人が「世帯主」です。

世帯主だった人が亡くなり、残された世帯員に15歳以上の者が2人以上いるときは、だれが新たな世帯主になるのかを明確にする必要があります。

例えば、夫婦に成人した息子がいる3人家族だった場合、世帯主の夫が亡くなった後、息子の収入で生計を維持するなら、息子が新世帯主になります。しかし、息子に収入はなく、妻の収入で生計を維持するなら、世帯主になるのは妻です。

14日以内に市区町村役場に新しい世帯主が出す

新たな世帯主が決まったら、亡くなった日から14日以内に、住民票のある市区町村役場へ**世帯主変更届**を提出します。この手続きにより、住民票に記載された世帯主の名が変更されます。

届出人は、新たに世帯主となる本人です。手続きの際には、次のようなものを持参します。

▼届出人の本人確認書類（運転免許証、パスポート、マイナンバーカードなど官公署発行の写真付き身分証明書）

▼印鑑

写真付きの本人確認書類がない場合、不正取得を防ぐために健康保険証や年金手帳、年金証書、介護保険証など複数の書類を要求されます。

また、代理人が届け出る場合は、委任状と代理人の本人確認用書類（世帯主の場合と同様）が必要です。

世帯主変更届の記入用紙は、市区町村役場の窓口に備え付けてあります。多くの場合、引っ越しなどによる転入・転出の際に提出する**住民異動届**と同一の用紙を使います。

世帯主変更届が不要な場合もある

亡くなった人が世帯主であった場合でも、世帯主変更届を出す必要がないケースもあります。

例えば、夫婦2人の世帯で夫が亡くなった場合、残された妻が必然的に世帯主になります。

また、残された世帯員が妻（母）と幼稚園児というように新しい世帯主が明白な場合、死亡届を出した段階で、住民票の記載内容が変更されます。

◆世帯主変更届の記入例

世帯主変更を選ぶ

通常は、届け出の際に本人確認が行われる

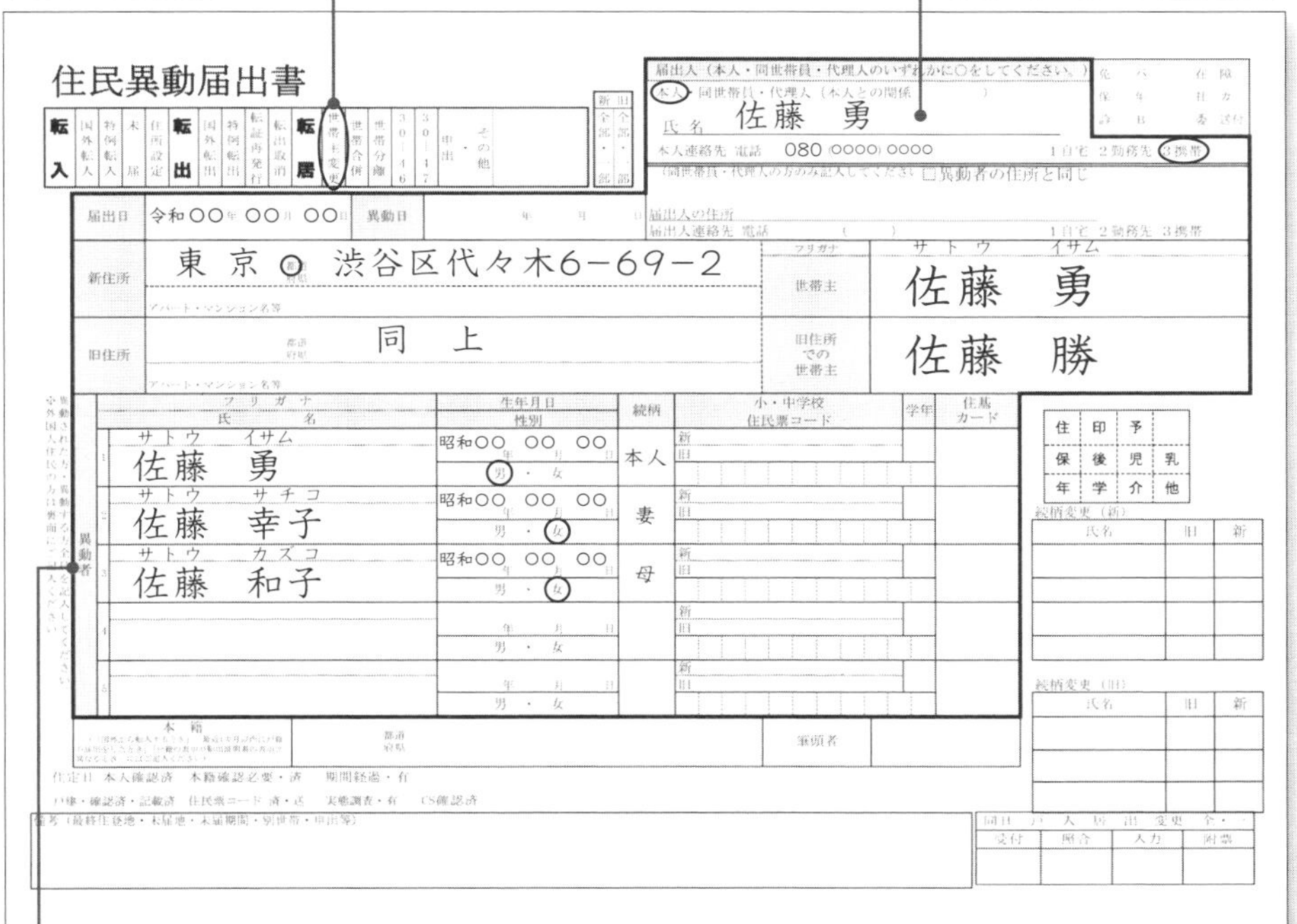

世帯員全員を記入する

様式や記載事項は市区町村により異なります

プラスα 市区町村の住民票は世帯ごとに編成されている。住民票には、世帯主についてはその旨、世帯主でない者については世帯主との続柄が記載される。

6

葬儀の費用をどうする？

金融機関が故人の死亡を知ると、口座は凍結されお金が引き出せなくなります。葬儀費用を支払う段階になって困らないように手だてを考えておきましょう。

葬儀にかかる費用についてあらかじめ考えておこう

葬儀にかかる費用は、大きく分けて次の3つになります。

❶葬儀本体の費用（葬儀一式の費用）

❷寺院費用（僧侶に読経してもらう謝礼であるお布施、戒名を付けてもらう戒名料など）

❸飲食接待費用（通夜ぶるまい、精進落とし、香典返しなど）

葬儀社が出す見積書は、❶の葬儀本体の費用だけで、通常は❷の寺院費用や❸の飲食接待費用は含まれていません。つまり、葬儀社の見積金額がそのまま葬儀費用の総額になるわけではなく、❶＋❷＋❸の合計額が葬儀にかかる実際の費用です。

一般的な葬儀を執り行えば、かなりの金額になると考えてよいでしょう。ある調査では、葬儀費用の総額は全国平均で約200万円という結果が出ています。

故人名義の銀行口座は凍結！支払いをどうする？

死亡による相続の発生を遺族が金融機関へ連絡したり、銀行員が訪問先で亡くなったことを聞きつけたりすると、故人の預貯金口座は即座に凍結されます。入金・出金ができなくなるため、葬儀代の支払いなどに使えず、困る遺族もいました。

凍結した口座を解除するには、相続人全員の意見をまとめて**遺産分割協議書**（➡152ページ）を作成するなど煩雑な手続きをしなければなりません。相続人全員の印鑑証明書も必要です。

そのため、死亡届（➡18ページ）の提出と、金融機関が死亡の事実を知るタイムラグ（時間差）を利用して、早い段階でまとまった金額を故人名義の口座から引き出す人もいるようです。しかし、こう

Memo

相続信託・相続型信託

これは、死後の相続発生時に遺族が一時金をすぐに受け取れるサービスがついた金銭信託（利用者に代わって信託銀行がお金を管理・運用する）です。故人の預金口座が凍結されても、葬儀費用として一時金が活用できるため、人気金融商品となっています。例えば、三菱UFJ信託銀行「ずっと安心信託」の場合、最低預入金額200万円から始めることができ（最高預入金額は3000万円）、信託期間は５年以上、30年以内です。預金保険制度の対象商品で元本保証が付き、管理報酬（手数料）は無料です。

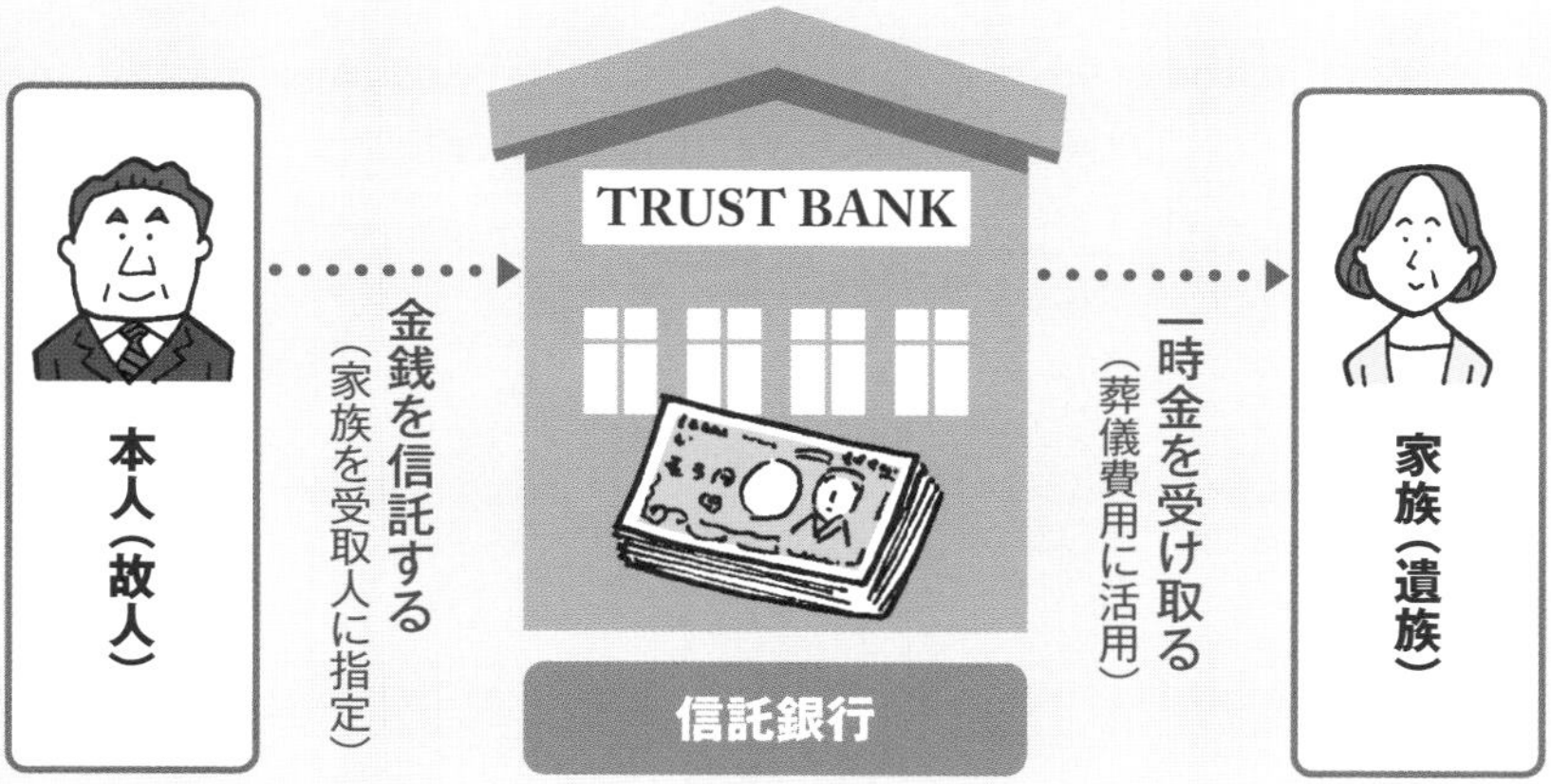

した行為は遺族間でのトラブルを引き起こす恐れがあります。

こうした問題を解決するため、２０１９（令和元）年７月から、亡くなった人の相続預貯金を遺産分割前でも引き出せる払戻制度が設けられました。

この制度では、故人の口座残高の３分の１の範囲で、相続人は自らの法定相続分を引き出すことができます（同一金融機関での上限は、１人１５０万円まで）。

次の書類を金融機関に提示して申し込みます。

▼被相続人の除籍謄本、戸籍謄本または全部事項証明書
▼相続人全員の戸籍謄本または全部事項証明書
▼払戻す人の印鑑証明書

比較的時間と費用が節約できるので利用してもよいでしょう。

プラスα 口座が凍結されると、公共料金の引き落としなどもできなくなる。市町村や電力会社、ガス会社などへの連絡と引き落とし口座の変更もすみやかに行っておきたい。

7

手続きに必要な書類の取得

故人に関する手続きでは、添付しなければならない様々な書類があります。提出機会が多い代表的な書類と、その取得方法を確認しておきましょう。

必要分の取得は一度に時間と費用を多めに見込む

亡くなった人に関する様々な手続きをする際に、各種の書類を添付しなければならない場面があります。中には、提出する機会が多いため1通では足りない書類もあるので、あらかじめ必要な枚数を確認して一度に発行してもらいましょう。

相続で古い戸籍をたどる必要が生じるなど、遠方の市区町村役場に足を運ばなければならないケースもあります。郵送での請求は入手までに1週間から10日は必要です。取り寄せにかかる時間と費用は、多めに見込んでおいたほうがよいでしょう。

本人確認が厳格化されている

戸籍・住民登録関係の書類請求や届け出には、本人と確認ができる書類の提示が義務付けられています。不正取得や虚偽申請を防ぐため法律によって厳格化され、窓口での本人確認実施がルールになりました。

官公署発行の写真付き証明書なら1点、それ以外の証明書は2種類以上（いずれも有効期限内）の提示が必要になります。

マイナンバーの記載がない住民票の写しを取得する

住民票には、氏名、住所、生年月日、性別などの事項が記載されています。私たちが一般に「住民票」と呼んでいるものは、住民登録をしている人についての証明書であり、正しくは**住民票の写し**です。請求する際には、世帯全員分が載っている写し（謄本）と、必要な人のみ記載された世帯一部の写し（抄本）のどちらが必要なのかを確認しましょう。

なお、住民票の写しには、請求

本人の確認ができる書類

1種類の提示で確認できるもの		□自動車運転免許証 □旅券（パスポート） □マイナンバーカード □写真付き住民基本台帳カード □国・地方公共団体機関発行の写真付き身分証明書 □身体障害者手帳 □療育手帳 □写真付き精神障害者保健福祉手帳（障害者手帳） □宅地建物取引士証 □船員手帳 □海技免状 □小型船舶操縦免許証 □猟銃・空気銃所持許可証 □戦傷病者手帳 □電気工事士免状 □無線従事者免許証 □認定電気工事従事者認定証 □特種電気工事資格者認定証 □耐空検査員の証 □航空従事者技能証明書 □運航管理者技能検定合格証明書 □動力車操縦者運転免許証 □教習資格認定証 □運転経歴証明書（平成24年4月1日以後に交付されたものに限る） □警備業法第23条第4項に規定する合格証明書 □在留カードまたは特別永住者証明書（在留カード等へ切り替える前の方は外国人登録証明書） □一時庇護許可書 □仮滞在許可書	
2種類以上の提示が必要なもの	[A]	□国民健康保険、健康保険、船員保険、介護保険の被保険者証 □共済組合員証 □国民年金手帳 □国民年金、厚生年金保険、船員保険の年金証書 □写真なしの住民基本台帳カード □共済年金・恩給の証書 □後期高齢者医療証 □その他市区町村長が適当と認める書類	[A]欄から2点、または[A]欄と[B]欄から1点ずつの提示が必要
	[B]	□学生証 □法人が発行した身分証明書（国または地方公共団体の機関が発行したものを除く） □国、地方公共団体の機関が発行した資格証明書で顔写真付きのもの □その他市区町村長が適当と認める書類 （例：課税通知書、国保・年金保険料賦課通知書、生活保護開始〈終了〉決定通知書、生活保護受給証明書、保育所入所承諾書、保育実施解除通知書など）	

プラスα 上表の通り、マイナンバーカードも運転免許証などと同様本人確認書類として利用できる。マイナンバーカードの有効期限は発行の日から10回目の誕生日まで。

すればマイナンバーを記載できますが、提出先は社会保障、税、災害対策など法律で定められた事務に限定されています。そのため、通常はマイナンバーが記載されていない住民票の写しを請求します。

一方、転出や死亡により住民登録が抹消された住民票が**除票**です。また、住民票に記載されている事項のうち一部の項目について証明するものが**住民票記載事項証明書**です。

これらは、住民登録をしている市区町村役場に請求します。取得手数料は、いずれも1通３００円前後です。

印鑑登録証明書を取得する方法

遺産相続に関する手続きにおいて、各種書類に押印するとき**印鑑登録証明書**の提出を求められます。押された印鑑の印影が、印鑑登録証明書の印影と一致するか確認する必要があるからです。

印鑑登録証明書の請求先は、住民登録をしている市区町村役場です。もちろん、事前に**印鑑登録**を済ませておく必要があります。

印鑑登録とは、個人の印鑑を公的に証明するため市区町村役場に登録することで、1人1個に限られます。登録した印鑑は、**実印**として認められます。

登録を済ませると、**印鑑登録証**（カード）が発行されます。必要に応じて市区町村役場に提示すれば、印鑑登録証明書が取得できます。その際、印鑑自体を持参する必要はありません。

印鑑を登録する手数料は50円前後、印鑑登録証明書の発行手数料

Memo

法定相続情報証明制度

相続の手続きでは、故人との相続関係を証明するために、戸籍謄本や除籍謄本など、たくさんの書類が必要となります。その問題を解決するため、2017（平成29）年５月から法定相続情報証明制度が始まりました。

相続人の戸籍謄抄本、被相続人の戸除籍謄本、被相続人の住民票の除票、「法定相続情報一覧図」（相続人が作成した、相続関係を表す図）などを法務局に提出すれば（郵送も可）、登記官が認証文を付けた一覧図の写しを発行してくれます。これは役所や金融機関などで戸籍謄本の代わりとして使えます。

は1通300円前後です。

戸籍の証明書を取得する方法

戸籍は、国民の親族的な身分関係を登録（証明）する公簿です。戸籍の所在地が**本籍**で、その地の市区町村役場に戸籍簿が保管されています。本籍地は、どこでも自由に定めることができます。したがって、現住所や出生地がそのまま本籍地になるとは限りません。

戸籍に関する証明が必要な場合は、本籍地の市区町村役場に請求します。なお、本籍がどこにあるか分からない場合は、住民票または除票を「本籍表示あり」と指定して請求してみましょう。本籍地の欄に本籍が表示されています。

戸籍には、氏名や生年月日をはじめ父母との続柄、出生、結婚、離婚、死亡など重要な個人情報が記載されています。そのため、請求資格のある人は法的に制限されています。

戸籍の名前の欄に記載がある人（本人）には、もちろん請求資格があります。さらに同一戸籍の名前の欄に記載がある人（妻や子）なら、本人として請求できます。また、直系尊属（そんぞく）（父母や祖父母）や直系卑属（ひぞく）（子や孫）は、戸籍などの資料で本人との親族関係が確認できれば請求できます。

住民票と同じように、戸籍にも謄本と抄本があります。**戸籍謄本**は、戸籍原本をそのまま写したものので、世帯員全員が記載されています。一方、戸籍原本のうち必要とする人だけを写したものが**戸籍抄本**です。

現在では、多くの市区町村で戸籍事務がコンピューター処理されています。それに伴い、戸籍謄本は**戸籍全部事項証明**、戸籍抄本は**戸籍個人事項証明**と呼ばれるようになりました。取得手数料は共に1通450円です。

結婚や死亡によって全員が抜けて空白になった戸籍は、戸籍簿から外され除籍簿として保管されます。除籍簿に記載された全員分を写したものが**除籍謄本**（除籍全部事項証明）です。一方、除籍簿にある特定の人の記載だけを写したものは**除籍抄本**（除籍個人事項証明）です。取得手数料は共に1通750円です。故人名義の保険金の受け取り、故人名義の預貯金口座の名義変更など、手続きによっては除籍のほうが必要になるケースがあります。

プラスα 住民票の写し、印鑑登録証明書、戸籍謄本、戸籍抄本はマイナンバーカードを利用すればコンビニで取得できる。手数料は100円程度安くなる。

Column

代理人の請求には委任状が必要

住民票や印鑑登録証明書、戸籍関連の書類を取得したいけれど役所へ行く時間が取れない場合、本人に代わる代理人を立てることができます。その際は、代理人の身分を確認する資料を窓口で提示します。

さらに、本人から依頼されたことが分かる「委任状」の提出が必要です。親子など親族でも同一世帯でない場合は、同様に委任状を持参します。

委任状は原則として、書式や用紙は自由ですが、「全文を本人が手書きして署名したもの」だけが有効となります。なお自治体によっては、ホームページから書式をダウンロードして書けたり、さらにウェブ上で必要事項の入力までできたりするところもあります。

印鑑登録では、本人なら確認書類と登録用印鑑を持参すれば即日登録され、その場で印鑑登録証明（カード）が発行されます。一方、代理人が申請する場合、本人宛に照会書（回答書）が郵送されるため、即日交付はできません。

委任状

私は、
東京都新宿区新小川町10丁目29番1号
田中博
昭和〇〇年〇月〇日生
を代理人と定め、下記の権限を委任します。

1．委任事項
・住民票の写しの請求　1通
2．使用目的
・銀行の住所変更手続き

令和〇〇年〇月〇日

東京都豊島区長崎7丁目50番3号
佐藤幸子 ㊞
昭和〇〇年〇月〇日生
電話　03（〇〇〇〇）〇〇〇〇

住民票の写しを請求する際の委任状の例

第2章

葬儀後、必要に応じて行う手続き・届出

1

葬祭費・埋葬料支給制度を利用する

公的な健康保険の加入者が亡くなった場合、一定の給付金が支給されます。申告制なので、期限内に申請しなければもらえない点に注意が必要です。

国保、後期高齢者医療制度に加入していた場合

国民健康保険（国保）に加入していた人（被保険者）または後期高齢者医療制度の被保険者が亡くなったときには、国保から葬儀を行った人（喪主、またはそれに準ずる人）に対して**葬祭費**が支給されます。

申請用紙は、死亡届（➡18ページ）を市区町村役場の窓口で提出する際に渡してくれたり、後日郵送してくれるところが多いようです。葬儀を執り行った日から2年が過ぎると時効になり、申請できません。忘れないためにも、故人の国保の資格喪失手続き（➡32ページ）と同時に申請するとよいでしょう。

支給額は、市区町村により幅があります。例えば札幌市は3万円、那覇市は2万5000円、東京23区は7万円支給されます。市区町村によっては別の給付が上乗せされる場合もあるので、窓口で確認してください。

申請には次のものが必要です。

▼故人の国民健康保険被保険者証または後期高齢者医療被保険者証
▼葬儀を行った人の印鑑（朱肉を使用するもの）
▼申請者の本人確認書類
▼喪主名および葬儀の日を確認できるもの（会葬礼状、葬儀費用の領収書など）
▼給付金を振り込む金融機関の口座番号がわかるもの（喪主名義の預貯金通帳など）

印鑑は必要でない市区町村もあります。また、会葬礼状や葬儀費用の領収書は写しでも可能な場合があります。

なお、通夜や葬儀を執り行わず、火葬だけを行う「直葬」の場合、葬祭費の支給を認めない市区町村もあります。事前に確認しておきま

埋葬料（費）の支給要件 ※協会けんぽの場合

亡くなった人	支給対象（申請者）	支給額	
被保険者	1 被保険者と生計を同じくしていた人	埋葬料	5万円 
	2 1の対象者がいない場合は、実際に埋葬を行った人	埋葬費	5万円の範囲内で埋葬に要した実費相当分
被扶養者	被保険者	家族埋葬料	5万円

しょう。

国保に加入していても葬祭費が支給されないケース

大企業などが独自に運営する組合管掌健康保険（組合健保）や、中小企業の従業員が加入する全国健康保険協会管掌健康保険（協会けんぽ）など国保以外の健康保険（いわゆる**被用者保険**）にも、**埋葬料**（または**埋葬費**）を支給する制度があります。国保の葬祭費との重複受給はできず、どちらか一方からの給付になります。

死亡時に国保に加入していても次のようなケースでは、以前に加入していた被用者保険から埋葬料が支給されます。

❶死亡前3カ月以内に、以前に加入していた被用者保険に被保険者本人として加入していた

❷死亡時または死亡前3カ月以内に、以前に加入していた被用者保険から傷病手当金の継続給付を受けていた

❸死亡時または死亡前3カ月以内に、以前に加入していた被用者保険から出産手当金の継続給付を受けていた

受給の可否については、以前に加入していた被用者保険に確認してください。

勤務先の被用者保険の加入者だった場合

被用者保険の被保険者が、業務外の事由により亡くなったとき、または被保険者が資格喪失後でも前述❶～❸のケースでは、「埋葬料」として5万円が支給されます。支給対象者（申請者）は、被保険者と生計を同じくしていた人です。

プラスα 葬祭費の申請などに必要な葬儀費用関連の領収書をなくしてしまうケースは多い。領収書は全て喪主が管理し、取っておくことが望ましい。

ちなみに業務上の死亡には、労災保険から葬祭料（葬祭給付）が遺族に支給されます。

一方、被保険者の家族（被扶養者）が亡くなった場合にも、**家族埋葬料**として5万円が被保険者本人に支給されます。ただし、被保険者の資格喪失後に被扶養者が死亡しても、家族埋葬料は支給されません。

この他、被用者保険の中には独自の付加給付を設けているところもあります。被保険者の勤務先で手続きを代行してくれるケースが多いので、相談してみるとよいでしょう。

被保険者に家族がなく友人・知人が埋葬した場合

被保険者が独り身であるなど、埋葬料を申請できる人がいない場合、友人や知人など実際に葬儀を執り行い費用を負担した人に「埋葬費」が支給されます。支給額は、埋葬料（5万円）の範囲内で、霊柩(れいきゅう)車代や火葬料などの実費相当分です。

なお「埋葬料」の支給において、実際に埋葬を行ったかどうかは要件となりません。仮埋葬や葬儀を行わない場合でも、死亡の事実（またはその確認）があれば支給されます。それに対して「埋葬費」は、実際に埋葬を行った事実が必要です。したがって、葬儀が終わった後でなければ請求できない点に注意が必要です。

申請に必要な書類は、下の表の通りです。請求期間は、「埋葬料」が死亡日の翌日から2年以内、「埋葬費」が埋葬を行った日の翌日から2年以内です。

埋葬料（費）の申請時の添付書類　※協会けんぽの場合

全て	■事業主の証明　※事業主の証明が受けられない場合は、下記のいずれか一つ ■埋葬許可証のコピー　■火葬許可証のコピー ■死亡診断書のコピー　■死体検案書のコピー　■検視調書のコピー ■亡くなった人の戸籍（除籍）謄本または抄本　■住民票
被扶養者以外の家族が埋葬料を申請する場合	■住民票（亡くなった被保険者と申請者が記載されているもの） ■被保険者が住居が別の申請者の公共料金などを払ったと分かる領収書 ■定期的な仕送りの事実が分かる預貯金通帳や現金書留封筒の写し など
埋葬費を申請する場合	■埋葬に要した費用の領収書　■埋葬に要した費用の明細書

◆国民健康保険葬祭費支給申請書の記入例

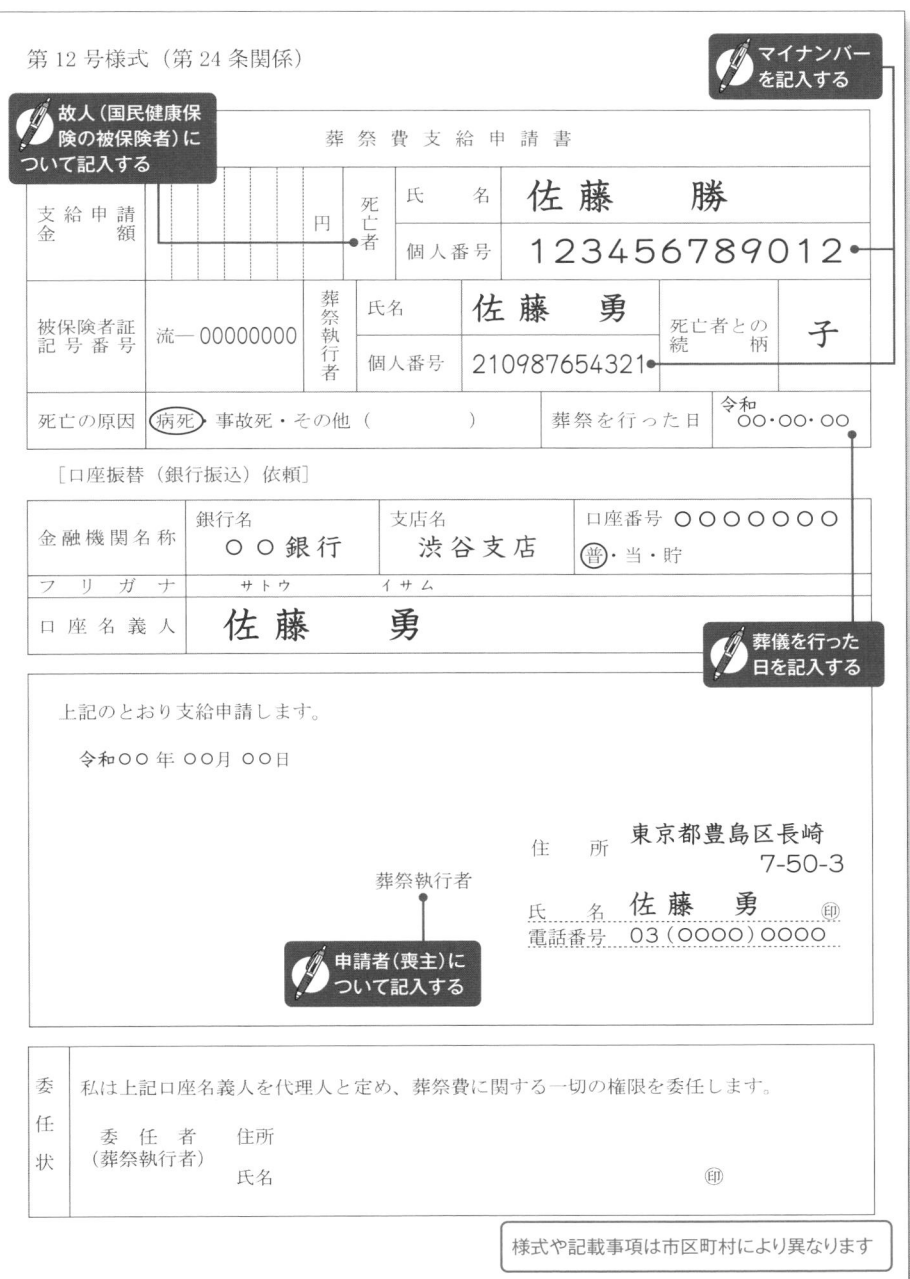

第12号様式（第24条関係）

故人（国民健康保険の被保険者）について記入する

マイナンバーを記入する

葬祭費支給申請書

支給申請金額	円	死亡者	氏名	佐藤　勝	
			個人番号	123456789012	
被保険者証記号番号	流－00000000	葬祭執行者	氏名	佐藤　勇	死亡者との続柄：子
			個人番号	210987654321	
死亡の原因	(病死)・事故死・その他（　　）	葬祭を行った日	令和00・00・00		

［口座振替（銀行振込）依頼］

金融機関名称	銀行名 ○○銀行	支店名 渋谷支店	口座番号 ○○○○○○○ (普)・当・貯
フリガナ	サトウ　イサム		
口座名義人	佐藤　勇		

葬儀を行った日を記入する

上記のとおり支給申請します。

令和00年 00月 00日

葬祭執行者
住所　東京都豊島区長崎7-50-3
氏名　佐藤　勇　㊞
電話番号　03（0000）0000

申請者（喪主）について記入する

委任状	私は上記口座名義人を代理人と定め、葬祭費に関する一切の権限を委任します。 委任者（葬祭執行者）　住所 氏名　㊞

様式や記載事項は市区町村により異なります

◆埋葬料（費）支給申請書の記入例（協会けんぽの場合）❶

健康保険 被保険者・家族 埋葬料（費）支給申請書

1 2 ページ　埋　被保険者記入用

加入者がお亡くなりになり、埋葬料（費）を受ける場合にご使用ください。なお、記入方法および添付書類等については「記入の手引き」をご確認ください。

被保険者（申請者）情報

被保険者証	記号（左づめ）00000000　番号（左づめ）00　生年月日 1（1.昭和 2.平成 3.令和）00年00月00日
氏名（カタカナ）	サトウ カズコ 姓と名の間は1マス空けてご記入ください。濁点（゛）、半濁点（゜）は1字としてご記入ください。
氏名	佐藤　和子 申請者について ①被保険者がお亡くなりになった場合 ⇒被保険者により生計維持されていた方／埋葬を行った方 ②被扶養者がお亡くなりになった場合 ⇒被保険者
郵便番号（ハイフン除く）	1500000　電話番号（左づめハイフン除く）03000000000
住所	東京都 渋谷区代々木6-69-2

振込先指定口座

振込先指定口座は、上記申請者氏名と同じ名義の口座をご指定ください。

金融機関名称	○○（銀行）金庫 信組 農協 漁協 その他（　）	支店名	渋谷（支店）本店 代理店 出張所 本店営業部 本所 支所
預金種別	1 普通預金	口座番号（左づめ）	0000000

ゆうちょ銀行の口座へお振り込みを希望される場合、支店名は3桁の漢数字を、口座番号は振込専用の口座番号（7桁）をご記入ください。
ゆうちょ銀行口座番号（記号・番号）ではお振込できません。

「被保険者・事業主記入用」は2ページ目に続きます。

被保険者証の記号番号が不明の場合は、被保険者のマイナンバーをご記入ください。
（記入した場合は、本人確認書類等の添付が必要となります。）▶

記号・番号は被保険者証に記載されている

以下は、協会使用欄のため、記入しないでください。

MN確認（被保険者）	1. 記入有（添付あり） 2. 記入有（添付なし） 3. 記入無（添付あり）		
添付書類	死亡証明書 1. 添付 2. 不備	生計維持確認書類 1. 添付 2. 不備	
	領収書内訳書 1. 添付 2. 不備	埋葬費用 円	
	戸籍（法定代理） 1. 添付	口座証明 1. 添付	
	その他 1. その他 （理由）	枚数	受付日付印

6311101

(2022.12)

全国健康保険協会 協会けんぽ

1 / 2

◆埋葬料（費）支給申請書の記入例（協会けんぽの場合）❷

1 **2** ページ

健康保険 被保険者 家族 埋葬料（費）支給申請書

（被保険者・事業主記入用）

被保険者氏名	佐藤　勝

①	①－1 死亡者区分	1	1. 被保険者 ➡ ①－2では「1. 埋葬料」もしくは「2. 埋葬費」をご選択ください。 2. 家族（被扶養者） ➡ ①－2では「3. 家族埋葬料」をご選択ください。
	①－2 申請区分	1	1. 埋葬料（被保険者の死亡かつ、生計維持関係者による申請） 2. 埋葬費（被保険者の死亡かつ、生計維持関係者以外による申請） 3. 家族埋葬料（家族（被扶養者）の死亡かつ、被保険者による申請）
②	②－1 死亡した方の氏名（カタカナ）	サトウ　マサル	姓と名の間は1マス空けてご記入ください。濁点（゛）、半濁点（゜）は1字としてご記入ください。
	②－2 死亡した方の生年月日	1	1.昭和 2.平成 3.令和　00年　00月　00日
	②－3 死亡年月日		令和　00年　00月　00日
	②－4 続柄（身分関係）		➡「被保険者が死亡」した場合は、被保険者と申請者の身分関係をご記入ください。 「家族が死亡」した場合は、被保険者との続柄をご記入ください。
③	③－1 死亡の原因	1	1. 仕事中以外（業務外）での傷病 2. 仕事中（業務上）での傷病 3. 通勤途中での傷病　➡ ③－2へ
	③－2 労働災害、通勤災害の認定を受けていますか。		1. はい 2. 請求中 3. 未請求
④	傷病の原因は第三者の行為（交通事故やケンカ等）によるものですか。	2	1. はい 2. いいえ 「1. はい」の場合、別途「第三者行為による傷病届」をご提出ください。
⑤	同一の死亡について、健康保険組合や国民健康保険等から埋葬料（費）を受給していますか。	2	1. 受給した 2. 受給していない
⑥	「①-2申請区分」が「2. 埋葬費」の場合のみご記入ください。 ※埋葬費の場合は、別途埋葬に要した費用の領収書と明細書も添付してください。		
	⑥－1 埋葬した年月日		令和　　年　　月　　日
	⑥－2 埋葬に要した費用の額		円

申請内容

『健康保険埋葬料（費）支給申請書記入の手引き』をご確認ください。

被保険者と生計を同じくしていた人が申請するときは記入する必要はない。それ以外の人が埋葬を行って「埋葬費」を申請する場合は必ず記入する

事業主証明欄

死亡した方の氏名（カタカナ）	サトウ　マサル 姓と名の間は1マス空けてご記入ください。濁点（゛）、半濁点（゜）は1字としてご記入ください。
死亡年月日	令和　00年　00月　00日

上記のとおり相違ないことを証明します。　令和　00年　00月　00日

事業所所在地　神奈川県川崎市川崎区宮本町9-35-4

事業所名称　○○○○株式会社

事業主氏名　渡辺勝利

電話番号　044-0000-0000

6 3 1 2 1 1 0 1

事業主に証明を受けられない場合は、死亡したことが分かる書類の添付が必要

（全国）健康保険協会
協会けんぽ

（2／2）

2

高額療養費の一部払い戻し手続き

医療費の自己負担額が高額になった場合は、払い戻しを受けることができます。亡くなった後でも請求できるので、故人の医療費が当てはまるか確認しましょう。

一定額を超えた医療費が後から払い戻される制度

病気やけがで入院・手術をする事態になったり、長期通院が必要になると、医療費の負担が重くのしかかってきます。**高額療養費**は、国民健康保険（国保）、後期高齢者医療制度、被用者保険の加入者が同一月に支払った医療費が一定の金額（**自己負担限度額**）を超えて高額になった場合、後でその分の払い戻しを請求できる制度です。

高額療養費は、本人の死亡後でも請求できる制度です。もし故人の医療費が高額だった場合は、自己負担分が払い戻しの対象になるか確認してみましょう。

支給の対象となるのは、保険適用の診療に対して実際に支払った自己負担額で、暦月（1日から月末まで）で計算されます。

同じ医療機関でも、入院、外来（通院）、歯科入院、歯科外来は分けて計算します。医療機関の処方箋で調剤した薬を購入した場合は、支払った自己負担額を処方箋を発行した医療機関に含めて計算します。なお、保険外の投薬治療や差額ベッド代、入院中の食事代などは支給の対象となりません。

自己負担限度額は、年齢や所得

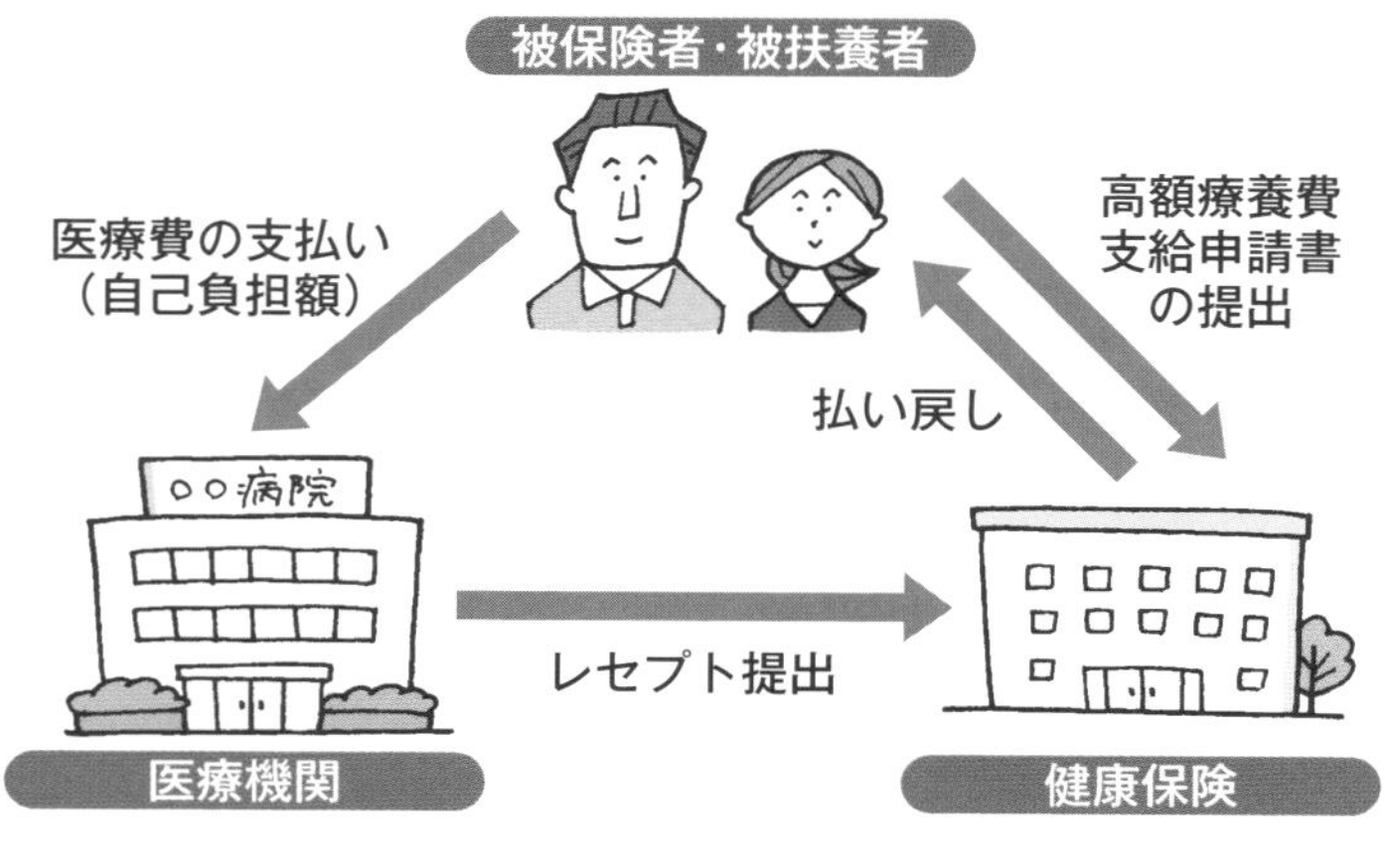

自己負担限度額（70歳未満）

所得区分[※1]	自己負担限度額（月額。年3回目まで）	多数該当（年4回目以降の限度額）
901万円超（標準報酬月額83万円以上の人）	252,600円＋（総医療費−842,000円）×1%[※2]	140,100円
600万円超～901万円以下（標準報酬月額53万～79万円の人）	167,400円＋（総医療費−558,000円）×1%[※3]	93,000円
210万円超～600万円以下（標準報酬月額28万～50万円の人）	80,100円＋（総医療費−267,000円）×1%[※4]	44,400円
210万円以下（標準報酬月額26万円以下の人）	57,600円	44,400円
住民税非課税世帯	35,400円	24,600円

※1 総所得金額などから基礎控除額43万円を引いた額
※2 総医療費が84万2000円を超えた場合は、超えた分の1%を加算する
※3 総医療費が55万8000円を超えた場合は、超えた分の1%を加算する
※4 総医療費が26万7000円を超えた場合は、超えた分の1%を加算する

■高額療養費の計算例

●総医療費100万円、自己負担3割の場合
自己負担額は30万円（1,000,000×0.3=300,000）
高額療養費支給額＝自己負担額−自己負担限度額

所得区分	自己負担限度額	高額療養費支給額
901万円超	252,600円＋（100万円−842,000円）×1% ＝254,180円	30万円−254,180円 ＝**45,820**円
600万円超～901万円以下	167,400円＋（100万円−558,000円）×1% ＝171,820円	30万円−171,820円 ＝**128,180**円
210万円超～600万円以下	80,100円＋（100万円−267,000円）×1% ＝87,430円	30万円−87,430円 ＝**212,570**円
210万円以下	57,600円	30万円−57,600円 ＝**242,400**円
住民税非課税世帯	35,400円	30万円−35,400円 ＝**264,600**円

プラスα 生命保険には、医療費の自己負担分や入院費、差額ベッド代などを補助してくれる特約がつく場合がある。生命保険に入っていたら、その契約内容も確認しておきたい。

Memo

限度額適用認定証

高額療養費では、審査があるため、自己負担限度額を超えた分が口座に振り込まれるまでに、医療費を支払ってから通常３カ月以上かかります。

70歳未満の人で、医療費が高額になりそうなときは、限度額適用認定証の制度を利用できます。窓口で保険証と併せて提示すると、１カ月（暦月）にかかった支払いが自己負担限度額までとなります。

なお、70～74歳の人は高齢受給者証を、75歳以上の人は後期高齢者医療被保険者証を提示すれば、窓口での支払いは自己負担限度額までとなります。

状況などに応じていくつかの適用区分に分かれています。70歳未満は5つの区分が、70歳以上（75歳以上の後期高齢者医療制度加入者も含む）では6つの区分が設けられています。

世帯合算の利用と多数該当の適用について

同一月（暦月）に1人で2カ所以上の医療機関で診療を受けたり、同じ世帯の複数の家族が受診した場合、**世帯合算**を利用できます。高額療養費の自己負担額に達しなくても、同月内に2万1000円以上の自己負担が複数あるときは、合算して自己負担限度額を超えた分の払い戻しを請求できるしくみです。同じ医療機関でも入院、外来は別計算します。70～74歳の人がいる世帯では、算定方法が異なります。また、後期高齢者医療制度の対象となる75歳以上の人は合算できません（75歳以上同士なら合算可）。

一方、同じ世帯で診療月を含めた直近12カ月の間に3回以上自己負担限度額を超えて高額療養費を支給された場合は、4回目からの自己負担額が大幅に軽減され、一定の金額になります。これが高額療養費の**多数該当**です。ただし、同一被保険者で適用されるため、退職して被保険者から被扶養者に変わった場合などは、多数該当の月数に通算されません。

本人が死亡した後でも2年以内に請求できる

自己負担が払い戻しの対象になると、通常は医療費を支払った2～4カ月後に、加入している健康

自己負担限度額（70歳以上）

区分		自己負担限度額（月額） 外来（個人ごと）	自己負担限度額（月額） 入院＋外来（世帯単位）
現役並み所得者	区分Ⅲ（標準報酬月額83万円以上）	252,600円＋(医療費－842,000)×1% 多数該当:140,100円	
	区分Ⅱ（標準報酬月額53〜79万円）	167,400円＋(医療費－558,000)×1% 多数該当:93,000円	
	区分Ⅰ（標準報酬月額28〜50万円）	80,100円＋(医療費－267,000)×1% 多数該当:44,400円	
一般（標準報酬月額26万円以下）		18,000円 （年間上限:144,000円）	57,600円 多数該当:44,400円
低所得者	区分Ⅱ※1	8,000円	24,600円
	区分Ⅰ※2		15,000円

※1 住民税非課税の世帯に属する人で、区分Ⅰ以外の人

※2 住民税非課税の世帯で、家族全員の収入から必要経費・控除額を引いた後の所得がない場合

保険組合から**高額療養費支給申請書**を同封した通知書が送られてきます。申請書に必要事項を記入したら、国保と後期高齢者医療制度は市区町村役場の担当部署へ、被用者保険はそれぞれの健康保険組合に提出します。申請できる人は法定相続人または遺言書で指定された受遺者です。

提出の際には、次のようなものを用意します。

▼自己負担した医療費の領収書
▼健康保険証（被保険者証）
▼振込先金融機関の口座番号・口座名義人が確認できるもの
▼亡くなった人の高額療養費を申請する場合は、戸籍謄本など故人との続柄が分かる書類

場合によっては印鑑も必要です。

手続きの期限は、診療を受けた翌月の１日から２年以内です。

◆高額療養費支給申請書の記入例（協会けんぽの場合）❶

1 2 ページ

健康保険 被保険者 被扶養者 世帯合算 **高額療養費** 支給申請書 （高）

※給付金のお支払いまで、診療月後3か月以上かかります。

医療機関に支払った１か月分の自己負担額が高額になり、自己負担額を超えた額の払い戻しを受ける場合にご使用ください。なお、記入方法および添付書類等については「記入の手引き」をご確認ください。

被保険者（申請者）情報

被保険者証	記号（左づめ）00000000　番号（左づめ）00　生年月日 1（1.昭和 2.平成 3.令和）00年 00月 00日
氏名（カタカナ）	サトウ カスﾞコ 姓と名の間は1マス空けてご記入ください。濁点（ﾞ）、半濁点（ﾟ）は1字としてご記入ください。
氏名	佐藤　和子 ※申請者はお勤めされている（いた）被保険者です。被保険者がお亡くなりになっている場合は、相続人よりご申請ください。
郵便番号（ハイフン除く）	1500000
電話番号（左づめハイフン除く）	03000000000
住所	東京 (都) 道 府 県　渋谷区代々木6-69-2

1

振込先指定口座

振込先指定口座は、上記申請者氏名と同じ名義の口座をご指定ください。

金融機関名称	○○　(銀行) 金庫 信組 農協 漁協 その他（　）	支店名	渋谷　本店 (支店) 代理店 出張所 本店営業部 本所 支所
預金種別	1 普通預金	口座番号（左づめ）	0000000

ゆうちょ銀行の口座へお振り込みを希望される場合、支店名は３桁の漢数字を、口座番号は振込専用の口座番号（７桁）をご記入ください。
ゆうちょ銀行口座番号（記号・番号）ではお振込できません。

2ページ目に続きます。 ≫≫

被保険者証の記号番号が不明の場合は、被保険者のマイナンバーをご記入ください。
（記入した場合は、本人確認書類等の添付が必要となります。） ▶

社会保険労務士の
提出代行者名記入欄

上の枠と同様に、被保険者が亡くなり相続人が申請する場合は、申請する人の振込口座を記入する

被保険者が亡くなり相続人が申請する場合は、申請する人の氏名・住所・電話番号を記入する。ただし、生年月日の欄には被保険者（故人）の生年月日を記入する

記入しないでください。

MN確認（被保険者）						
添付書類	所得証明 □ 1.添付 2.不備	戸籍（法定代理） □ 1.添付	口座証明 □ 1.添付			
		その他 □ 1.その他	（理由）	枚数		

受付日付印

64111101

(2022.12)

全国健康保険協会
協会けんぽ

1 / 2

※　国保と後期高齢者医療制度の手続きではマイナンバーを記入します。

◆高額療養費支給申請書の記入例（協会けんぽの場合）❷

1 **2** ページ

健康保険 被保険者 被扶養者 世帯合算 高額療養費 支給申請書

※給付金のお支払いまで、診療月後3か月以上かかります。

被保険者氏名	佐藤　勝

> 1日から末日までの1カ月（暦月）ごとに計算する。月をまたいだり、複数月分を記入した申請はできない

医療機関等から協会へ請求のあった診療報酬明細書（レセプト）により確認できた、本申請の支給（合算）対象となる診療等の

申請内容

① 診療年月　令和 00 年 04 月 → 高額療養費は月単位でご申請ください。左記年月に診療を受けたものについて、下記項目をご記入ください。

受診者氏名			
② 受診者生年月日	1. 昭和 2. 平成 3. 令和　年　月　日	1. 昭和 2. 平成 3. 令和　年　月　日	1. 昭和 2. 平成 3. 令和　年　月　日
③ 医療機関（薬局）の名称	○○病院		
③ 医療機関（薬局）の所在地	東京都渋谷区○○		
④ 病気・ケガの別	1（1. 病気 2. ケガ）	1. 病気 2. ケガ	1. 病気 2. ケガ
⑤ 療養を受けた期間	09 日 から 18 日	日 から 日	日 から 日
⑥ 支払額（右づめ）	21000 円	円	円

> 保険診療分の金額。差額ベッド代や入院時の食事代などは除いて記入する

「①診療年月」以前1年間に、高額療養費に該当する月が3か月以上ある場合、「①診療年月」以外の直近3か月

⑦ 診療年月　1 令和　年　月　2 令和　年　月　3 令和　年　月

> 申請する診療月以前の1年間に、高額療養費に該当する月が3回以上ある場合、直近の3カ月分を記入する

情報照会

⑧ 非課税等　□　被保険者が非課税である等　左記に ☑ を入れてください。

「⑧非課税等」に☑された方は、高額療養費算出のため、マイナンバーを利用した情報照会を行いますので、以下に当てはまる郵便番号をご記入ください。
診療月が1月～ 7月の場合：前年1月1日時点の被保険者の住民票住所の郵便番号
診療月が8月～12月の場合：本年1月1日時点の被保険者の住民票住所の郵便番号
詳しくは「記入の手引き」をご確認ください。

⑨ 被保険者郵便番号（ハイフン除く）

> 家族（被扶養者）の分があるときは、受診者ごとに分けて記入する

⑩ 希望しない　記に ☑ を入れてください。
希望しない場合には、非課税証明書等の必要な証明書類を添付してください。

6 4 1 2 1 1 0 1

全国健康保険協会
協会けんぽ

2 / 2

3

支払い、解約、返却が必要な手続き

故人の口座から引き落として支払っていたものは、すみやかに変更します。契約変更、解約・退会、返却すべきものを分けて整理しましょう。

故人の口座から引き落としにしていた各種支払いは、契約口座を変更したり、解約するなどの手続きが必要になります。

電気、ガス、水道など ライフラインの契約名義変更

電気、ガス、水道などライフラインの契約変更手続きは、所轄の営業所やカスタマーセンターに届け出れば、契約名義を変更できます。電話やインターネットからの手続きも可能です。また、ＮＨＫ受信料の変更手続きも同様です。

故人の口座を引き落としに利用していた場合には、支払い方法の変更手続きが必要です。口座変更の書類を取り寄せ、次回からの引き落としに使う口座の口座番号を記入し、銀行届出印を押します。

引き落とし口座変更の事務手続きには、通常１～２カ月かかります。その間は、現金納付用の請求書が届くので、銀行や郵便局、コンビニエンスストアで支払うことになります。

ＮＴＴの固定電話の継続使用

固定電話の加入権は、相続財産の一つです。そのため、遺族が引き続き使う場合は承継手続きが必要です。ＮＴＴ営業所で「加入権等承継・改称届出書」を入手（ダウンロードして印刷も可）して押印のうえ、死亡の事実と相続関係が確認できる故人および相続人の戸籍（除籍）謄本などと併せてＮＴＴへ提出します（郵送可）。

なお、他の財産は遺産相続が決定するまで名義変更できませんが、電話加入権だけは例外的にすぐ承継手続きが可能です。

携帯電話、インターネット、クレジットカードの解約

携帯電話は、販売会社のショップ窓口で解約手続きができます。

解約の際には、故人の携帯電話端末、死亡届や除籍謄本など（コピーも可）、解約手続きをする人の本人確認書類を持参します。

また、**インターネットプロバイダー**は、書類の郵送による解約手続きが必要なところもあります。各社に電話などで問い合わせてみましょう。

クレジットカードの解約は発行会社により異なります。通常は、電話で解約したいと連絡すれば、退会手続きの方法と必要書類を教えてくれるはずです。百貨店やショップが発行する会員カードの退会も同様です。

カードには使用期限が設定されているので、使わなければそのまま失効します。しかし最近は公共料金の支払いもクレジットカード経由にしている人が増えているので、故人の使用状況をカード発行会社に確認してみましょう。

運転免許証、パスポートの返却

運転免許証は更新しなければ自然失効になります。遺族が返納する義務はありませんが、悪用される危険性もあるため、返納するのが一般的です。返納は最寄りの警察署で受け付けてくれます。

その際は、免許証と併せて、死亡届、戸籍謄本など故人と届出人の関係が分かる書類、届出人の身分証明書を持参します。

一方、有効期限が残っている**パスポート**は、都道府県の旅券課またはパスポートセンターに返却します。このとき、パスポートの名義人が死亡した事実が分かる戸籍（除籍）謄本などが必要です。

契約変更、解約、返却などの手続きが必要なもの

内　容	チェック	窓　口
電気、ガス、水道		各社営業所・カスタマーセンター
NTTの固定電話		NTT 営業所
携帯電話		各社ショップ窓口
インターネット		各社
クレジットカード		各社
運転免許証		警察署
パスポート		都道府県の旅券課、パスポートセンター

プラスα 固定電話加入権の名義を、相続の一環として変更する場合を「承継」という。これに対して、まだ存命中に名義を変更する場合は「譲渡」となる。

4

遺族基礎年金を請求する手続き

国民年金のみに加入していた人の遺族で、母（父）子家庭か遺児に支給されます。子の年齢や人数により受給金額が決まるので、要件をよく確認しましょう。

残された家族を金銭面で支える遺族年金

公的年金に加入していた人（被保険者）が亡くなると、一定の要件下で、残された家族（遺族）は遺族年金を受給できます。故人が第1号から第3号のうちどの被保険者であったかによって、もらえる遺族年金の種類と遺族の範囲は異なります。

遺族年金は、働き手（世帯の生計の担い手）を失ったとき、生活に困らないように金銭面で支えるしくみです。そのため、故人により生計を維持されていた遺族であることが支給の前提になります。

遺族基礎年金の受給要件を確認しよう

自営業など**国民年金**（⬇28ページ）のみに加入していた第1号被保険者が亡くなった場合、遺族は**遺族基礎年金**がもらえます。受給のためには、死亡日において故人が次のいずれかに該当している必要があります。

❶国民年金の被保険者の間に死亡
❷国民年金の被保険者だった60歳以上65歳未満の人で、日本国内に住んでいた人が死亡
❸老齢基礎年金を受給できる人または受給資格期間を満たしている人が死亡

❶と❷に該当する場合は、保険料納付済みの期間（免除期間を含む）が加入期間の3分の2以上あることが要件です。

ただし、２０２６（令和8）年3月31日までの経過措置として、65歳未満で死亡月の前々月までの1年間に保険料の未納がなければ、納付期間を満たしていなくても受給できます。

支給対象は「子のある配偶者」または「子」

支給の対象は、故人によって生

計を維持されていた「子のある配偶者」または「子（遺児）」です。

この場合の「生計を維持されていた」とは、故人の死亡当時、故人と生計を同一にしていた（生活を共にしていた）人で、年収850万円以上の収入を将来にわたって得られない人を意味します。ただ、死亡当時に年収が850万円あったとしても、その先おおむね5年以内に850万円を切ると認められる人は対象者となります。

一方、「子」とは次のような未婚の子供をいいます。

▼18歳未満の子、または18歳になってから最初の3月31日までの間にある子

▼20歳未満で、国民年金の障害等級1級または2級に該当する程度の障害がある子

子が対象年齢に達すると受給権は消滅し、その翌月から支給は打ち切られます（⬇66ページ）。

父子家庭でも受給できるようになった

2014（平成26）年4月から父子家庭も支給対象になっています。それまでは「子のある妻」に限定されていましたが「子のある夫」にも拡大されました。ただし適用は同年4月1日以後に死亡したケースで、それ以前にさかのぼって支給されない点に注意が必要です。また、故人の死亡が妻の妊娠中だった場合、その子は出生と同時に遺族基礎年金を受給できる「子」と見なされます。

一方、事実上の子（配偶者の連れ子で故人と養子縁組していない子など）は「子」に含まれません。故人の法律上の子（血縁関係のある実子、養子縁組した子、認知された子）に限られます。

このように、遺族基礎年金の給付対象者は「子」であり、要件に該当する子供のいない配偶者は遺族基礎年金を受給できません。そのため、せっかく納めた保険料が掛け捨てにならないような救済的

プラスα 年収850万円の収入は、所得ベースだと、年6,555,000円となる。給与所得は給与収入から給与所得控除額を引いて求めることができる。

給付として、**寡婦年金**（⬇70ページ）や**死亡一時金**（⬇74ページ）の制度が用意されています。

受給額は子の人数で変動する

受け取れる金額は、子の人数によって変動します。

「子のある配偶者」の場合、2023（令和5）年度の年間基本額は、1956（昭和31）年4月2日以後に生まれた人で79万5000円、1956（昭和31）年4月1日以前に生まれた人で79万2600円となっています。これに、子ども一人あたり22万8700円が加算されます。ただし、3人目以降は1人につき、7万6200円です。

「子」が受け取る場合、一人なら年間基本額は79万5000円になります。2人なら、基本額に22万8700円が加算され、3人目以降は加算額が1人当たり7万6200円となります。この合計額を子の数で割ったものがそれぞれに支給されます。

年金事務所などに添付書類を問い合わせる

受給手続きには**年金請求書（国民年金遺族基礎年金）**が必要です。年金事務所、街角の年金相談センター（⬇27ページ）、住所地の市区町村役場の年金窓口で入手できます。また、請求書を提出する際、次のものを用意します。

▼基礎年金番号通知書、もしくは年金手帳などの基礎年金番号がわかる書類

▼故人と遺族の身分関係を確認する書類（戸籍謄本や法定相続情報一覧図の写し）

▼死亡診断書（死体検案書）のコピー

▼故人の住民票の除票

▼年金が振り込まれる金融機関の預貯金通帳（請求書に金融機関の証明を受けた場合は不要）

次の書類は、マイナンバーを記入すれば、添付は不要です。

▼世帯全員の住民票

▼請求者の収入が確認できる書類（所得証明書、課税証明書など）

▼子の収入が確認できる書類（義務教育終了前は不要）

死亡原因や世帯構成などにより添付書類が異なるので、事前に年金事務所、街角の年金相談センターや市区町村役場年金課に問い合わせてみましょう。

なお、手続きの期限は死亡日から5年以内です。

子のある配偶者が遺族基礎年金を受け取る場合

基本額 年額795,000円（2023年度）＋子の加算額
〔1956（昭和31）年4月2日以後に生まれた人の場合〕

※基本額と子の数に応じて加算した額を受け取れる

配偶者
年額**795,000円**
（月額66,250円）

＋

1人目
1人につき 年額**228,700円**
（月額19,058円）

2人目

3人目以降
1人につき 年額**76,200円**
（月額6,350円）

子の数	基本額	加算額	年額（月額）
1人	795,000円	228,700円	1,023,700円（85,308円）
2人		457,400円	1,252,400円（104,366円）
3人		533,600円	1,328,600円（110,716円）
4人目以降		1人につき76,200円を加算	

子が遺族基礎年金を受け取る場合

基本額 年額795,000円（2023年度）＋子の加算額
子の数

※基本額と子の数に応じて加算した額を、年金を受給する子の数で割った額をそれぞれ受け取れる

1人目
年額**795,000円**
（月額66,250円）

＋

2人目
1人につき 年額**228,700円**
（月額19,058円）

3人目以降
1人につき 年額**76,200円**
（月額6,350円）

子の数	基本額	加算額	年額	1人当たりの額
1人	795,000円	0円	795,000円	795,000円
2人		228,700円	1,023,700円	511,850円
3人		304,900円	1,099,900円	366,633円
4人目以降		1人につき76,200円を加算		

遺族基礎年金はいつから支給される?

遺族基礎年金は、故人の死亡日の属する月の翌月分から支給が開始され、権利が消滅するまで受給できる。※

[例] 故人の死亡日が10月15日の場合、11月分から遺族基礎年金を受給できる。

※通常は偶数月の15日に支払い月の前々月分と前月分が入金される。

遺族基礎年金はいつまで受給できる?

故人の配偶者(子のある妻・子のある夫)および子の状況の変化によって受給できなくなる場合がある。

下記のケースのいずれかに該当したときは受給権を失い、その翌月から支給が打ち切られる。

[配偶者の状況]

1	配偶者が死亡したとき
2	配偶者が結婚したとき(事実婚を含む)
3	配偶者が直系血族および直系姻族以外の人の養子になったとき
4	子が死亡したとき
5	子が結婚したとき(事実婚を含む)
6	子が直系血族および直系姻族以外の人の養子になったとき
7	子が、離縁によって、故人の子でなくなったとき
8	子が18歳になってから最初の3月31日を過ぎたとき(国民年金の障害等級1級または2級に該当する障害がある子は20歳に達したとき※)
9	子が18歳になってから最初の3月31日の後、20歳未満で国民年金の障害等級1級または2級に該当する障害の状態に該当しなくなったとき

[子の状況]

1	死亡したとき
2	結婚したとき(事実婚を含む)
3	直系血族および直系姻族以外の人の養子になったとき
4	離縁によって、故人の子でなくなったとき
5	18歳になってから最初の3月31日を過ぎたとき(国民年金の障害等級1級または2級に該当する障害がある子は20歳に達したとき※)
6	18歳になってから最初の3月31日の後、20歳未満で国民年金の障害等級1級または2級に該当する障害の状態に該当しなくなったとき

※ 20歳に達したとき=20歳誕生日の前日

◆年金請求書（国民年金遺族基礎年金）の記入例 ❶

様式第108号

年金請求書（国民年金遺族基礎年金）

受付登録コード 1 7 3 2
入力処理コード 6 3 0 0 0 3
年金コード 6 4 5

○□のなかに必要事項をご記入ください。（◆印欄には、なにも記入しないでください。）
○黒インクのボールペンでご記入ください。鉛筆や、摩擦に伴う温度変化等により消色するインクを用いたペンまたはボールペンは、使用しないでください。
○フリガナはカタカナでご記入ください。
○この請求書は市区町村役場またはお近くの年金事務所にご提出ください。

❽ ★市区町村 受付年月日　　年金事務所 受付年月日

❺記録不要制度			❻作成原因	❼進 達 番 号
(厚年)	(船員)	(国年)	01	
(国共)	(地共)	(私学)	02	

❾別紙区分 ❿重 ⓫未保 ⓬支保 ⓭受数 ⓮長期 ⓯沖縄

死亡した方

❶基礎年金番号	9 9 7 8 9 0 1 2 3 4
❷生年月日	明1・大3・昭⑤・平7・令9　000000
⓰氏名	(フリガナ) サトウ イサム　(氏) 佐藤 (名) 勇　性別 ①男 2.女

※基礎年金番号（10桁）で届出する場合は左詰めでご記入ください。

請求者

❸個人番号（または基礎年金番号）	9 9 9 9 3 4 5 6 7 8 9 0
❹生年月日	明1・大3・昭⑤・平7・令9　000000
⓱氏名	(フリガナ) サトウ サチコ　(氏) 佐藤 (名) 幸子
⓲続柄	◆妻
性別	1.男 ②.女
⓳住所の郵便番号	1700000
⓴住所	住所コード◆　(フリガナ) トシマ ナガサキ　豊島 市 ㊀区 町村　長崎7丁目50番3号

二次元コード

死亡した方

過去に加入していた年金制度の年金手帳の記号番号で、基礎年金番号と異なる記号番号があるときは、その記号番号をご記入ください。

厚生年金保険		国民年金	
船員保険			

請求者

❸欄を記入していない方は、つぎのことにお答えください。（記入した方は回答の必要はありません。）
過去に厚生年金保険、国民年金または船員保険に加入したことがありますか。○で囲んでください。　ある　ない
「ある」と答えた方は、加入していた制度の年金手帳の記号番号をご記入ください。

厚生年金保険		国民年金	
船員保険			

㉑年金受取機関 ※

①金融機関（ゆうちょ銀行を除く）
2.ゆうちょ銀行（郵便局）
□公会受取口座として登録済の口座を指定

※1または2に○をつけ、希望する年金の受取口座を下欄に必ずご記入ください。
※また、指定する口座が公金受取口座として登録済の場合は、左欄に☑してください。

口座名義人氏名 (フリガナ) サ トウ サチ コ　佐藤幸子

年金送金先

金融機関	
㉒金融機関コード	◆
㉓支店コード	◆
(フリガナ) マルマル	○○ ㊀銀行 金庫 信組 農協 信連 信漁連 漁協
(フリガナ) イケブクロ	池袋 本店 ㊀支店 出張所 本所 支所
㉔預金種別	1.普通 2.当座
㉕口座番号（左詰めで記入）	0000000

ゆうちょ銀行　㉖貯金通帳の口座番号　記号（左詰めで記入）　番号（右詰めで記入）

金融機関またはゆうちょ銀行の証明欄　※貯蓄預金口座または貯蓄貯金口座への振込みはできません。
※請求者の氏名フリガナと口座名義人氏名フリガナが同じであることをご確認ください。

※通帳等の写し（金融機関名、支店名、口座名義人氏名フリガナ、口座番号の面）を添付する場合または公金受取口座を指定する場合、証明は不要です。

「ある」の場合には、診断書の提出が必要

㋐加算額の対象者

氏名	(フリガナ) サトウ ススム　(氏) 佐藤 (名) 進	㉗生年月日	平⑦ 令9　000000
個人番号	2 1 0 9 8 7 6 5 4 3 2 1	障害の状態に	ある・㊀ない
氏名	(フリガナ) (氏)	㉘生年月日	平7 令9
個人番号		障害の状態に	ある・ない

注意事項2参照

生計を同一にしている子がいる場合に記入する

◆㉙診　X線フィルムの送付 有・無 枚　X線フィルムの返送 年 月 日

＊３人目以降は余白等にご記入ください。

プラスα 遺族基礎年金をもらっていた配偶者が再婚した場合、受給は打ち切りとなる。その後離婚した場合も、遺族基礎年金が再びもらえることはない。

◆年金請求書（国民年金遺族基礎年金）の記入例 ❷

亡くなった人が住んでいた住所を記入する

㋔ 必ずご記入ください。

(1)死亡した方の生年月日・住所	昭和○年　○月　○日	住所	〒170-0000　豊島区長崎7-50-3
(2)死亡年月日	(3)死亡の原因である傷病または負傷の名称	(4)傷病または負傷の発生した日	
令和○○年　○○月　○○日	心筋梗塞	令和○○年　○○月　○○日	
(5)傷病または負傷の初診日	(6)死亡の原因である傷病または負傷の発生原因	(7)死亡の原因は第三者の行為によりますか。	
年　月　日		1 はい　②いいえ	
(8)死亡の原因が第三者の行為により発生したものであるときは、その者の氏名および住所	氏名		
	住所		
(9)請求する方は、死亡した方の相続人になれますか。		①はい　2 いいえ	

(10)死亡した方はつぎの年金制度の被保険者、組合員または加入者となったことがありますか。あるときは番号を○で囲んでください。

①国民年金法　②厚生年金保険法　3 船員保険法（昭和61年4月以後を除く）
4 廃止前の農林漁業団体職員共済組合法　5 国家公務員共済組合法　6 地方公務員等共済組合法
7 私立学校教職員共済法　8 旧市町村職員共済組合法　9 地方公務員の退職年金に関する条例　10 恩給法

(11)死亡した方は、(10)欄に示す年金制度から年金を受けていましたか。	1 はい ②いいえ	受けていたときは、その制度名と年金証書の基礎年金番号および年金コード等をご記入ください。	制度名	年金証書の基礎年金番号および年金コード等

㋕

(1)死亡した方がつぎの年金または恩給のいずれかを受けることができたときはその番号を○で囲んでください。

1 地方公務員の恩給　2 恩給法(改正前の執行官法附則第13条において、その例による場合を含む。)による普通恩給
3 日本製鉄八幡共済組合の老齢年金または養老年金　4 旧外地関係または旧陸海軍関係共済組合の退職年金給付

(2)死亡した方が昭和61年3月までの期間において国民年金に任意加入しなかった期間または任意加入したが、保険料を納付しなかった期間が、つぎに該当するときはその番号を○で囲んでください。

1 死亡した方の配偶者が㋔の(10)欄(国民年金法を除く)に示す制度の被保険者、組合員または加入者であった期間
2 死亡した方の配偶者が㋔の(10)欄(国民年金法を除く)および(1)欄に示す制度の老齢年金または退職年金を受けることができた期間
3 死亡した方または配偶者が㋔の(10)欄(国民年金法を除く)に示す制度の老齢年金または退職年金の受給資格期間を満たしていた期間
4 死亡した方または配偶者が㋔の(10)欄(国民年金法を除く)および(1)欄に示す制度から障害年金を受けることができた期間
5 死亡した方または配偶者が戦傷病者戦没者遺族等援護法の障害年金を受けることができた期間
6 死亡した方が㋔の(10)欄(国民年金法を除く)および(1)欄に示す制度から遺族に対する年金を受けることができた期間
7 死亡した方が戦傷病者戦没者遺族等援護法の遺族年金または未帰還者留守家族手当もしくは特別手当を受けることができた期間
8 死亡した方または配偶者が都道府県議会、市町村議会の議員および特別区の議会の議員ならびに国会議員であった期間
9 死亡した方が都道府県知事の承認を受けて国民年金の被保険者とされなかった期間

(3)死亡した方が国民年金に任意加入しなかった期間または任意加入したが、保険料を納付しなかった期間が、上に示す期間以外でつぎに該当するときはその番号を○で囲んでください。

1 死亡した方が日本国内に住所を有さなかった期間
2 死亡した方が日本国内に住所を有していた期間であって日本国籍を有さなかったため国民年金の被保険者とされなかった期間
3 死亡した方が学校教育法に規定する高等学校の生徒または大学の学生であった期間
4 死亡した方が昭和61年4月以後の期間において下に示す制度の老齢または退職を事由とする年金給付を受けることができた期間
ただし、エからサに示す制度の退職を事由とする年金給付であって年齢を理由として停止されている期間は除く。

ア 厚生年金保険法　イ 船員保険法(昭和61年4月以後を除く)　ウ 恩給法
エ 国家公務員共済組合法　オ 地方公務員等共済組合法(ケを除く)　カ 私立学校教職員共済法
キ 廃止前の農林漁業団体職員共済組合法　ク 国会議員互助年金法　ケ 地方議会議員共済法
コ 地方公務員の退職年金に関する条例　サ 改正前の執行官法附則第13条

(4)死亡した方は国民年金に任意加入した期間について特別一時金を受けたことがありますか。	1 はい　②いいえ
(5)昭和36年4月1日から昭和47年5月14日までの間に沖縄に住んでいたことがありますか。	1 はい　②いいえ

(6)死亡の原因は業務上ですか。	(7)労災保険から給付が受けられますか。	(8)労働基準法による遺族補償が受けられますか。
1 はい　②いいえ	1 はい　②いいえ	1 はい　②いいえ

◆年金請求書（国民年金遺族基礎年金）の記入例 ❸

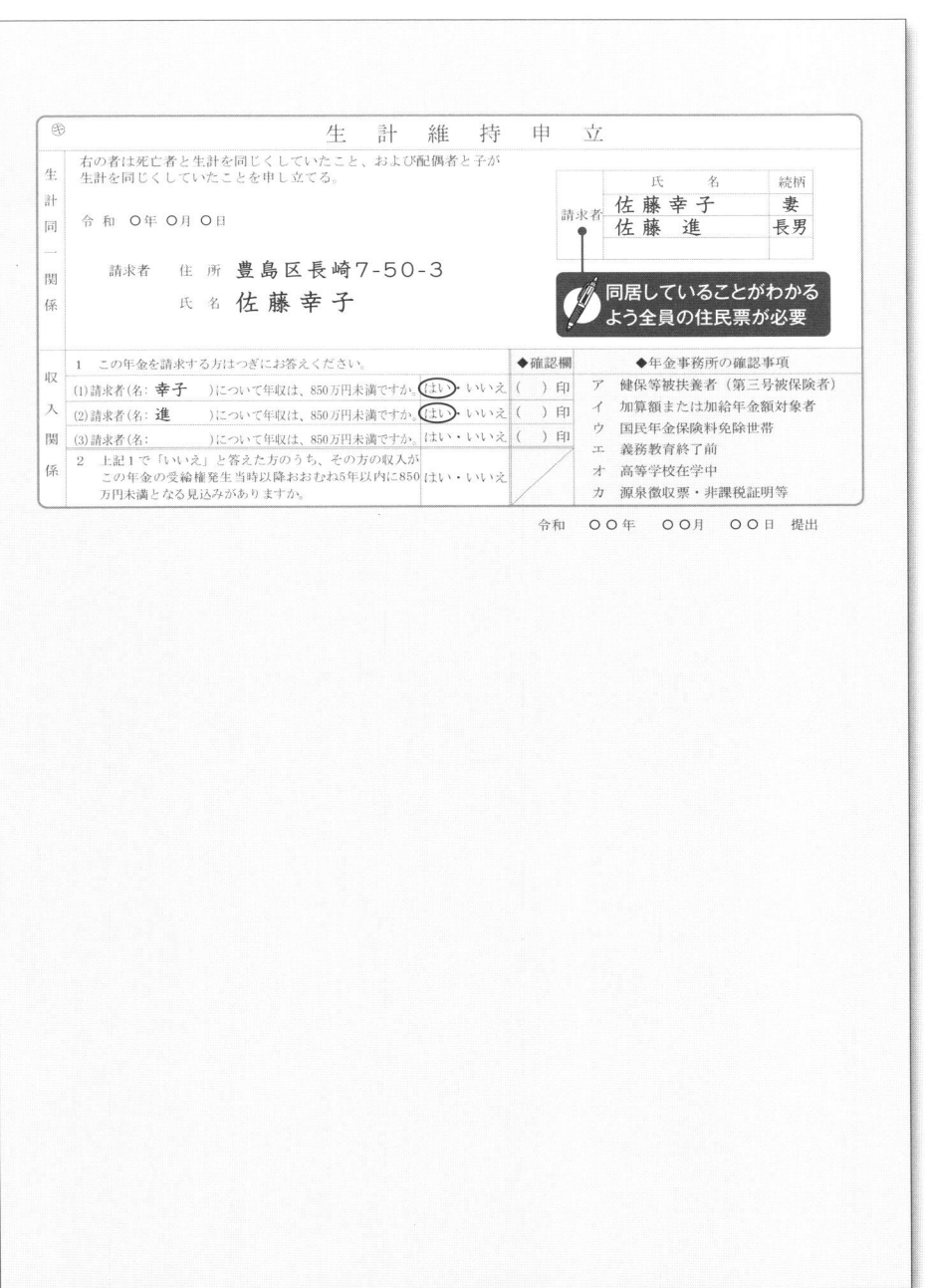

㊕ 生　計　維　持　申　立

生計同一関係

右の者は死亡者と生計を同じくしていたこと、および配偶者と子が生計を同じくしていたことを申し立てる。

令和　〇年　〇月　〇日

請求者　住　所　豊島区長崎7-50-3
　　　　氏　名　佐藤幸子

	氏　名	続柄
請求者	佐藤幸子	妻
	佐藤　進	長男

同居していることがわかるよう全員の住民票が必要

収入関係

1　この年金を請求する方はつぎにお答えください。		◆確認欄
(1)請求者(名: 幸子　)について年収は、850万円未満ですか。	(はい)・いいえ	(　)印
(2)請求者(名: 進　)について年収は、850万円未満ですか。	(はい)・いいえ	(　)印
(3)請求者(名:　)について年収は、850万円未満ですか。	はい・いいえ	(　)印
2　上記1で「いいえ」と答えた方のうち、その方の収入がこの年金の受給権発生当時以降おおむね5年以内に850万円未満となる見込みがありますか。	はい・いいえ	

◆年金事務所の確認事項

ア　健保等被扶養者（第三号被保険者）
イ　加算額または加給年金額対象者
ウ　国民年金保険料免除世帯
エ　義務教育終了前
オ　高等学校在学中
カ　源泉徴収票・非課税証明等

令和　〇〇年　〇〇月　〇〇日　提出

※ これらの記入例のほかに、請求者本人の公的年金の受給状況について記載する書類が付きます。

5 寡婦年金を請求する手続き

夫が何の年金も受け取らないうちに死亡したとき、残された妻に支給されます。遺族基礎年金の受給要件に該当しない妻が、期間限定で受給できます。

残された妻の年金の空白を埋める制度

寡婦年金は、夫の死亡後も再婚しないでいる女性（寡婦）に支給される**国民年金**独自の給付です。遺族基礎年金（➡62ページ）を受給する権利のない妻が、自身の老齢基礎年金を受け取れる65歳になるまで、年金の空白（何ももらえない期間）を埋めるために用意された制度です。

受給には、次のような要件を満たしている必要があります。

▼故人（夫）が国民年金第1号被保険者として、保険料を納めていた期間が10年以上ある（免除期間を含む）
▼夫が老齢基礎年金または障害基礎年金を受けずに亡くなった
▼夫の死亡時、妻は65歳未満
▼妻は夫によって生計を維持され、10年以上継続して婚姻関係（いわゆる内縁の妻は10年以上の同居関係）にあった
▼夫の死亡時点で、妻が老齢基礎年金の繰り上げ受給を受けていない

受給期間は60歳から65歳になるまでの5年間

寡婦年金が支給される期間は、妻が60歳から65歳になるまでの5年間です。

ただ、夫の死亡後すぐ受け取れるわけではありません。夫の死亡時に妻が60歳未満だったときは、寡婦年金の受給期間は妻が60歳に達した日（60歳の誕生日前日）の属する月の翌月から、65歳に達する月までになります。

一方で妻が60歳を過ぎてから夫が亡くなった場合、寡婦年金の受給資格が発生しても65歳までの支給という限定条件は動きません。夫が死亡した日の属する月の翌月から支給が始まり、受給期間が5年に届かなくても妻が65歳に達し

た月で支給は終了します。

死亡一時金と両方は受給できない

妻が受け取れる寡婦年金は「夫が受け取ることができた老齢基礎年金の4分の3（75％）」にあたる金額になります。

寡婦年金を受ける時は、役場の年金窓口、年金事務所、街角の年金事務センターのいずれかに**年金請求書（国民年金寡婦年金）**を提出します。夫の基礎年金番号通知書など書類が必要になりますので、事前に問い合わせましょう。

なお、国民年金独自の給付として**死亡一時金**（➡74ページ）もありますが、寡婦年金と両方を受給することはできないため一方を選択しなければなりません。どちらか有利なほうを選びましょう。

寡婦年金はいつから受け取れる？

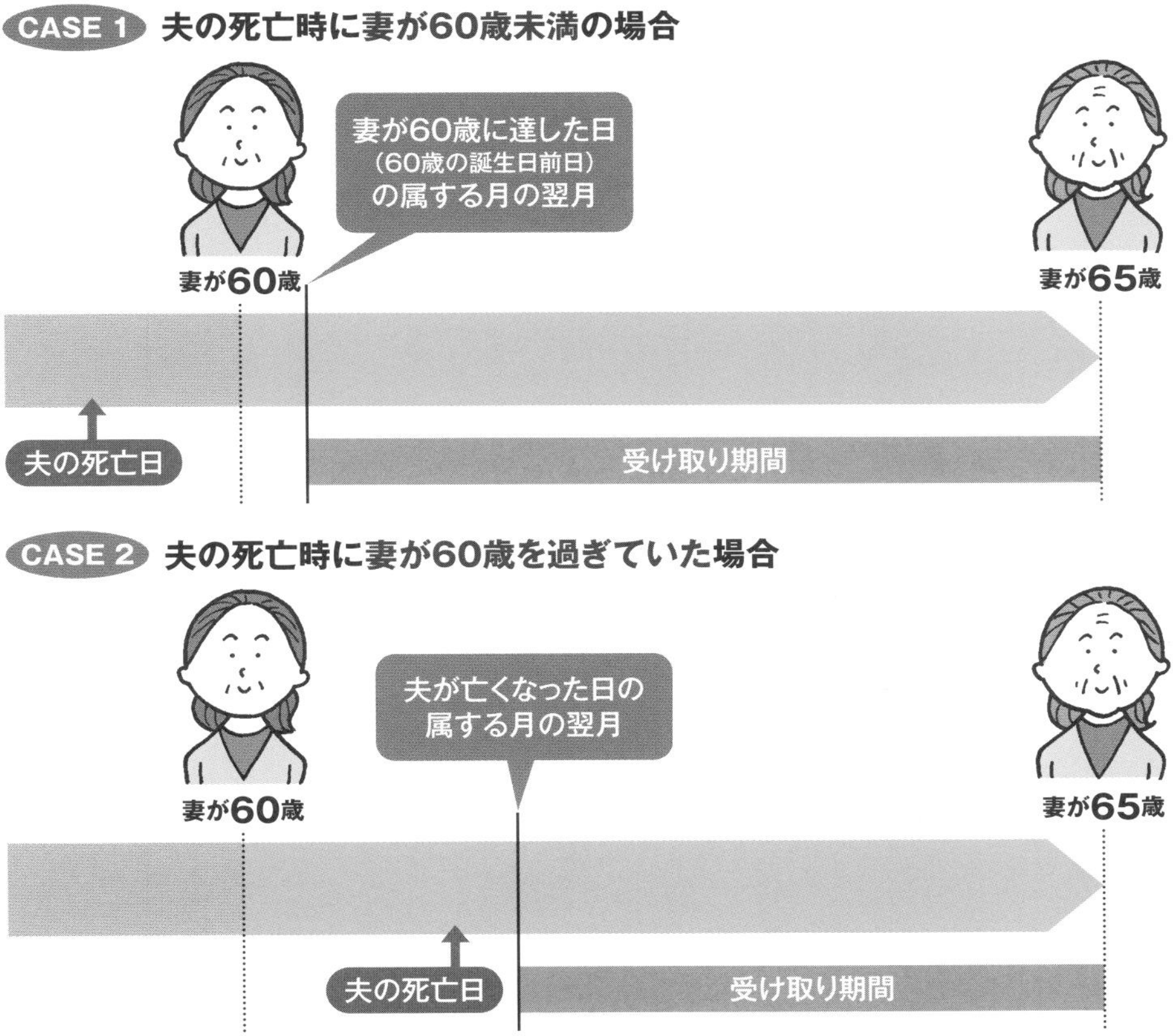

プラスα 寡婦年金申請の際に必要な書類は、故人の基礎年金番号通知書、戸籍謄本、世帯全員の住民票の写し、請求者の収入が確認できる書類、金融機関の通帳、年金証書などがある。

◆年金請求書（国民年金寡婦年金）の記入例 ❶

年金請求書（国民年金寡婦年金）

様式第109号

受付登録コード
1 7 4 1

入力処理コード
6 3 0 0 0 4

年金コード
5 9 5

二次元コード

○[　　]のなかに必要事項をご記入ください。
（◆印欄には、なにも記入しないでください。）
○黒インクのボールペンでご記入ください。
○フリガナはカタカナでご記入ください。

死亡した人（夫）		
❶基礎年金番号	9978901234	
❷生年月日	明・大・昭・平（1 3 ⑤ 7）	000000
⓫氏名	（フリガナ）サトウ（氏）佐藤	（フリガナ）マサル（名）勝

※基礎年金番号(10桁)で届出する場合は左詰めでご記入ください。

❼ ★市区町村 受付年月日　　年金事務所 受付年月日

❺作成原因	❻進達番号		
0 1			
❽重無	❾未保	❿支保	

請求者		
❸個人番号（または基礎年金番号）	9999345678 90	
❹生年月日	明・大・昭・平（1 3 ⑤ 7）	000000
⓬氏名	（フリガナ）サトウ（氏）佐藤	（フリガナ）カズコ（名）和子
⓭住所の郵便番号	1500000	
⓮住所	住所コード ◆	（フリガナ）シブヤ　ヨヨギ　渋谷 市・㊁・町村 代々木6-69-2

死亡した方（夫）			
※過去に加入していた年金制度の年金手帳の記号番号で、基礎年金番号と異なる記号番号があるときは、その記号番号をご記入ください。			
厚生年金保険		国民年金	
船員保険			

請求者			
❸欄を記入していない方は、つぎのことにお答えください。（記入した方は、回答の必要はありません。） 過去に厚生年金保険、国民年金または船員保険に加入したことがありますか。○で囲んでください。　ある・ない 「ある」と答えた方は、加入していた制度の年金手帳の記号番号をご記入ください。			
厚生年金保険		国民年金	
船員保険			

⓯年金受取機関 ※			
①金融機関（ゆうちょ銀行を除く） 2. ゆうちょ銀行（郵便局） □ 公金受取口座として登録済の口座を指定	※1または2に○をつけ、希望する年金の受取口座を下欄に必ずご記入ください。 ※また、指定する口座が公金受取口座として登録済の場合は、左欄に☑してください。	（フリガナ） 口座名義人氏名	サトウ カズコ 佐藤 和子

年金送金先					
金融機関	⓰金融機関コード ◆	⓱支店コード ◆	（フリガナ）マルマル ○○（銀行）・金庫・信組・農協・信連・信漁連・漁協	（フリガナ）シブヤ 渋谷　本店・（支店）・出張所・本所・支所	⓲預金種別 ①普通 2. 当座　⓳口座番号（左詰めで記入） 0000000
ゆうちょ銀行	⓳貯金通帳の口座番号 記号（左詰めで記入）	番号（右詰めで記入）	金融機関またはゆうちょ銀行の証明欄 ※貯蓄預金口座または貯蓄貯金口座への振込みはできません。 ※請求者の氏名フリガナと口座名義人氏名フリガナが同じであることをご確認ください。		

※通帳等の写し（金融機関名、支店名、口座名義人氏名フリガナ、口座番号の面）を添付する場合または公金受取口座を指定する場合、証明は不要です。

連絡欄

◆年金請求書（国民年金寡婦年金）の記入例 ❷

亡くなった人が住んでいた住所を記入する

請求者の電話番号	（03）－（0000）－（0000）

④ 必ずご記入ください。	(1)死亡した方の生年月日	昭和 ○年 ○月 ○日	住所 〒150-0000 渋谷区代々木6-69-2		
	(2)死亡年月日		(3)死亡の原因である傷病または負傷の名称	(4)傷病または負傷の発生した日	
	令和○○ 年 ○○ 月 ○○ 日		心筋梗塞	令和○○ 年 ○○ 月 ○○ 日	
	(5)傷病または負傷の初診日		(6)死亡の原因である傷病または負傷の発生原因	(7)死亡の原因は第三者の行為によりますか。	
	令和○○ 年 ○○ 月 ○○ 日			1.はい ②いいえ	
	(8)死亡の原因が第三者の行為により発生したものであるときは、その者の氏名および住所		氏名		
			住所		
	(9)死亡の原因は業務上ですか。		(10)労災保険から給付が受けられますか。	(11)労働基準法による遺族補償が受けられますか。	
	1.はい ②いいえ		1.はい ②いいえ	1.はい ②いいえ	
	(12)死亡した方は国民年金に任意加入した期間について特別一時金を受けたことがありますか。			1.はい ②いいえ	
	(13)死亡した方が次の年金を受けていましたか。（※）		ア．老齢基礎年金 イ．障害基礎年金（旧国民年金法による障害年金（障害福祉年金を除く）を含む）	1.はい ②いいえ	
	(14)死亡一時金を受け取ることができますが寡婦年金を選択しますか。			①はい 2.いいえ	

（※）死亡年月日が令和3年3月31日以前のときは、死亡した方が障害基礎年金の支給を受けていたことがなくても受け取る権利があった場合（障害基礎年金の受給権発生月に死亡した場合）は、年金を受けていた方に含まれます。

⑦ 生計維持申立

生計同一関係	請求者は死亡者と生計を同じくしていたことを申し立てる。 令和 ○年 ○月 ○日 請求者 住所 渋谷区代々木6-69-2 氏名 佐藤和子			
収入関係	1．この年金を請求する方はつぎにお答えください。		◆確認欄	◆年金事務所の確認事項
	年収は、850万円未満ですか。	㊀はい・いいえ		ア．健保等被扶養者（第三号被保険者） イ．加算額または加給年金額対象者 ウ．国民年金保険料免除世帯 エ．源泉徴収票・非課税証明等
	2．上記1で「いいえ」と答えた方で、収入がこの年金の受給権発生当時以降おおむね5年以内に850万円未満となる見込みがありますか。	はい・いいえ		

令和 ○○年 ○○月 ○○日提出

※これらの記入例のほかに、請求者本人の公的年金の受給状況について記載する書類が付きます。

6 死亡一時金を請求する手続き

遺族の中に「遺族基礎年金」を受給する該当者がいない場合に支給されます。金額はあまり多くありませんが、受給対象者の範囲が広くなっています。

配偶者から兄弟姉妹まで受給対象者の範囲は広い

死亡一時金は、保険料を3年以上納めた人が何の年金も受け取らずに亡くなったとき、遺族基礎年金（⬇62ページ）の受給対象者がいない遺族に支給される**国民年金**独自の給付です。受給には、次のような要件があります。

▼故人が国民年金第1号被保険者として、保険料を納めていた期間が3年以上ある（免除期間を含む）

▼故人が老齢基礎年金または障害基礎年金を受けずに亡くなった

▼死亡日の時点で、遺族は故人と生計を同じくしていた

死亡一時金を受給できる遺族の範囲と優先順位は❶配偶者、❷子、❸父母、❹孫、❺祖父母、❻兄弟姉妹で、年齢制限はありません。

なお、**寡婦年金**（かふ）（⬇70ページ）を受け取る場合、死亡一時金の受給権を失います。また、死亡後2年を経過すると時効になり、一時金の受給はできなくなります。

市区町村役場の年金窓口で手続きを行う

死亡一時金の額は、国民年金第1号被保険者として保険料を納めていた死亡月の前月までの月数に応じて定められています。免除期間がある場合、「保険料の4分の1免除を受けていた月数は、その月数の4分の3を納付月数に算入」します。同様に、「半額免除の月数は、2分の1を算入」「4分の3免除の月数は、4分の1を算入」します。

死亡一時金の申請は、市区町村役場の年金窓口へ**国民年金死亡一時金請求書**を提出して行います。年金事務所、街角の年金事務センターでも手続きが可能です。故人の基礎年金番号通知書など添付する書類がいくつか必要になります。

死亡一時金請求後の流れ

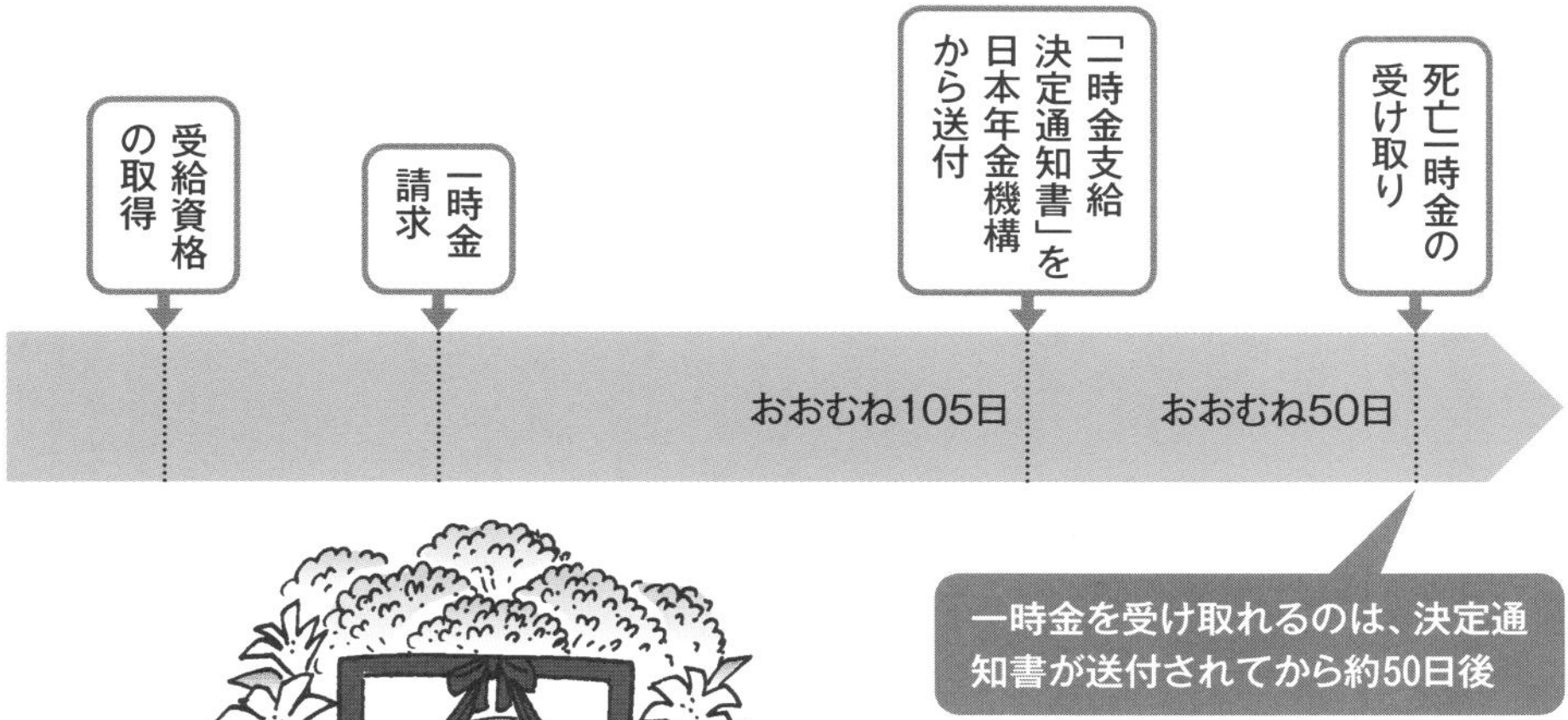

死亡一時金はいくら受け取れる?

国民年金第1号被保険者として保険料を納めた期間	金額（2023年度）
3年以上15年未満（36カ月以上180カ月未満）	120,000円
15年以上20年未満（180カ月以上240カ月未満）	145,000円
20年以上25年未満（240カ月以上300カ月未満）	170,000円
25年以上30年未満（300カ月以上360カ月未満）	220,000円
30年以上35年未満（360カ月以上420カ月未満）	270,000円
35年以上（420カ月以上）	320,000円

※「一時金」であるため、受け取れるのは1回限り
付加保険料を3年以上納めていた場合は、8,500円が加算される

プラスα 死亡一時金と寡婦年金、両方の受給権を得た場合は、どちらか一方の給付が行われる。一般的には、再婚の予定がない場合、寡婦年金を選択したほうが有利と言われている。

7 遺族厚生年金を請求する手続き

故人が厚生年金に加入していたら、遺族基礎年金に上乗せして受け取れます。遺族基礎年金に比べ受給できる遺族の範囲が広く、金額も一律ではありません。

国民年金（↓28ページ）に加え、民間の会社員や公務員など**厚生年金**に加入していた第2号被保険者が亡くなった場合、遺族は**遺族厚生年金**がもらえます。受給のためには、故人と受給できる遺族それぞれに要件があります。

まず故人について該当要件を確認しよう

亡くなった人については、次のうちいずれかの要件に当てはまる必要があります。

❶厚生年金の被保険者の間に死亡
❷厚生年金の被保険者である間に初診日があるけがや病気が原因で、その初診日から起算して5年以内に死亡
❸障害等級1級または2級の障害厚生年金を受けていた人が死亡
❹老齢厚生年金の受給権者または受給資格期間（25年）を満たしている人が死亡

❶と❷に該当する場合は、死亡日の前日までの被保険者期間のうち、国民年金の保険料納付期間（厚生年金の被保険者期間を含む）と保険料免除期間を合わせて加入期間の3分の2以上あることが要件です。ただし、2026（令和8）年3月31日までの経過措置として、65歳未満で死亡日の前日において死亡月の前々月までの1年間に保険料の未納がなければ、納付期間を満たしていなくても受給できます。

受給できる遺族の範囲と優先順位を知ろう

遺族厚生年金を受け取れる人は、故人によって生計を維持されていた遺族です。「生計を維持されていた」とは、故人の死亡当時、故人と生計を同一にしていた（生活を共にしていた）人で、年収850万円以上の収入を将来にわたって得られない人を意味します。ただ、死亡当時に年収が850万円であ

遺族厚生年金を受け取れる遺族

優先順位	遺　族	遺族年金の種類
[1]	子のある妻、 子のある55歳以上の夫	遺族厚生年金 ＋ 遺族基礎年金
	子	遺族厚生年金 ＋ 遺族基礎年金
	子のない妻※	遺族厚生年金 ＋ 中高齢寡婦加算
	子のない55歳以上の夫	遺族厚生年金
[2]	55歳以上の父母	遺族厚生年金
[3]	孫	遺族厚生年金
[4]	55歳以上の祖父母	遺族厚生年金

※ 30歳未満で子のない妻は、遺族厚生年金のみ5年間の有期給付になる
子のない40歳未満の妻は、遺族厚生年金のみ
子のない40歳以上の妻は、一定の要件が整えば中高齢寡婦加算を受給できる

プラスα 遺族厚生年金は「遺族」である限り、支給が続く。夫が死亡し、妻が遺族厚生年金を受給しているような場合、再婚すると受給の権利は失われる。

っても、その先おおむね5年以内に850万円を切ると認められる人は対象者となります。

遺族の範囲は次の通りです。優先順位も❶→❷→❸→❹と決まっており、上位順位者がいれば下位の人は受給できません。

❶妻、55歳以上の夫、子
❷55歳以上の父母
❸孫
❹55歳以上の祖父母

30歳未満で子のない妻は、5年間の有期給付になります。なお、40歳以上65歳未満で子のない妻は、一定の要件が整えば「中高齢寡婦（かふ）加算」という加算制度の対象になります（⬇84ページ）。

「55歳以上」とは、故人の死亡時に55歳以上であることを指します。また、年金の支給開始は60歳からになります。ただし❶の夫については、遺族基礎年金（⬇62ページ）を受給中の場合に限り、55歳未満でも遺族厚生年金を併せて受給できます。

「子」と「孫」は、未婚者で「18歳になってから最初の3月31日までの間にある」または「20歳未満で、国民年金の障害等級1級、2級に該当する程度の障害がある」ことが条件です。

支給金額は故人の生前の給与の額で変わる

遺族厚生年金の支給金額は、故人が生前もらっていた給与（報酬月額）により変わります。さらに年金の加入期間や扶養家族の人数など、いくつかの要件を加味して決定されます。

原則として、故人が受給できるはずだった老齢厚生年金の報酬比例部分の4分の3に相当する金額になります。詳しい金額を知りたいときは、年金事務所や街角の年金相談センター（⬇27ページ）に確認してみるとよいでしょう。

請求手続きは、**年金請求書（国民年金・厚生年金保険遺族給付）**に必要事項を記入して申請します。ただ、提出時に必要な書類はそれぞれのケースで異なるため、年金事務所や街角の年金相談センターに相談してください。

選択次第で2つ以上の年金を受給できるケースも

公的年金には「1人1年金」の原則があります。支給事由が異なる2つ以上の年金の受給権があるときには、本人がいずれか1つを選択しなければなりません（国民年金と厚生年金は同じ事由で支給

2つ以上の年金を受け取れる特例

CASE 1 遺族基礎年金と遺族厚生年金を受給していた人が、65歳になって新たに老齢基礎年金の受給権を得た場合

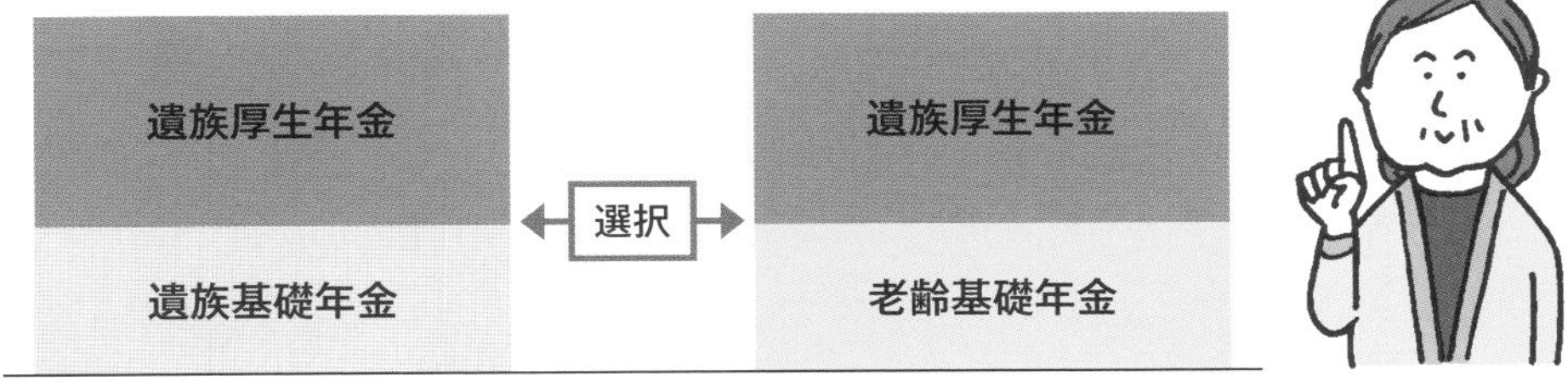

CASE 2 65歳以上で遺族厚生年金と老齢厚生年金のどちらも受け取る権利がある場合

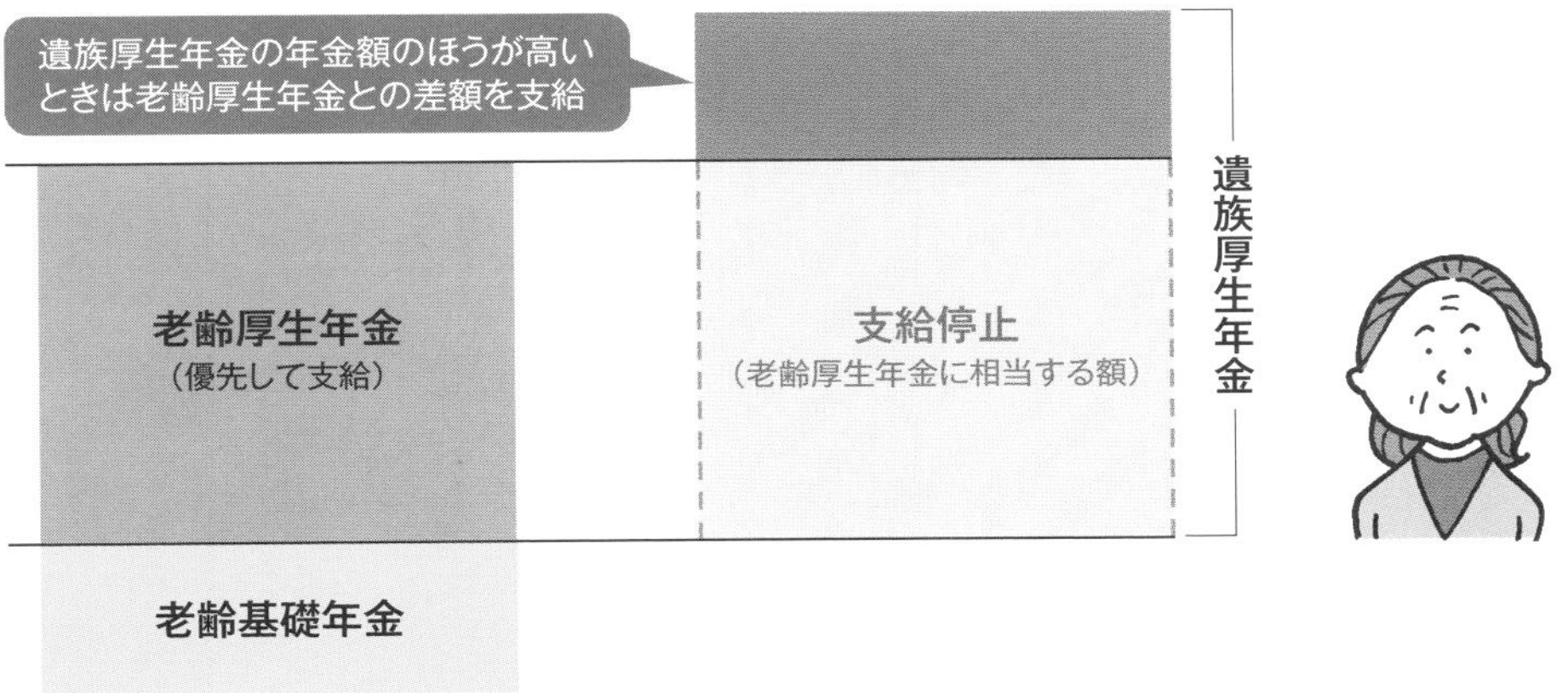

されるため1つと見なされる）。

ただ、特例として2つ以上の年金を受け取れるケースもあります。

例えば遺族基礎年金と遺族厚生年金を受給している人が、65歳になって新たに老齢基礎年金の受給権を得たとき、「遺族基礎年金と老齢基礎年金」の2つを併せて受け取ることはできません。しかし「老齢基礎年金と遺族厚生年金」の形なら、併せて受給可能です。

一方、65歳以上で「遺族厚生年金と老齢厚生年金」のどちらも受け取る権利がある人は、老齢基礎年金に加え、老齢厚生年金が優先して支給されます。遺族厚生年金からは、老齢厚生年金よりも年金額が高い場合にその差額が支払われます。もし老齢厚生年金の年金額が高いときは、遺族厚生年金は全額支給停止となります。

◆年金請求書（国民年金・厚生年金保険遺族給付）の記入例 ❶

受付登録コード
1 7 3 1

入力処理コード
4 3 0 0 0 3

年金コード
1 4

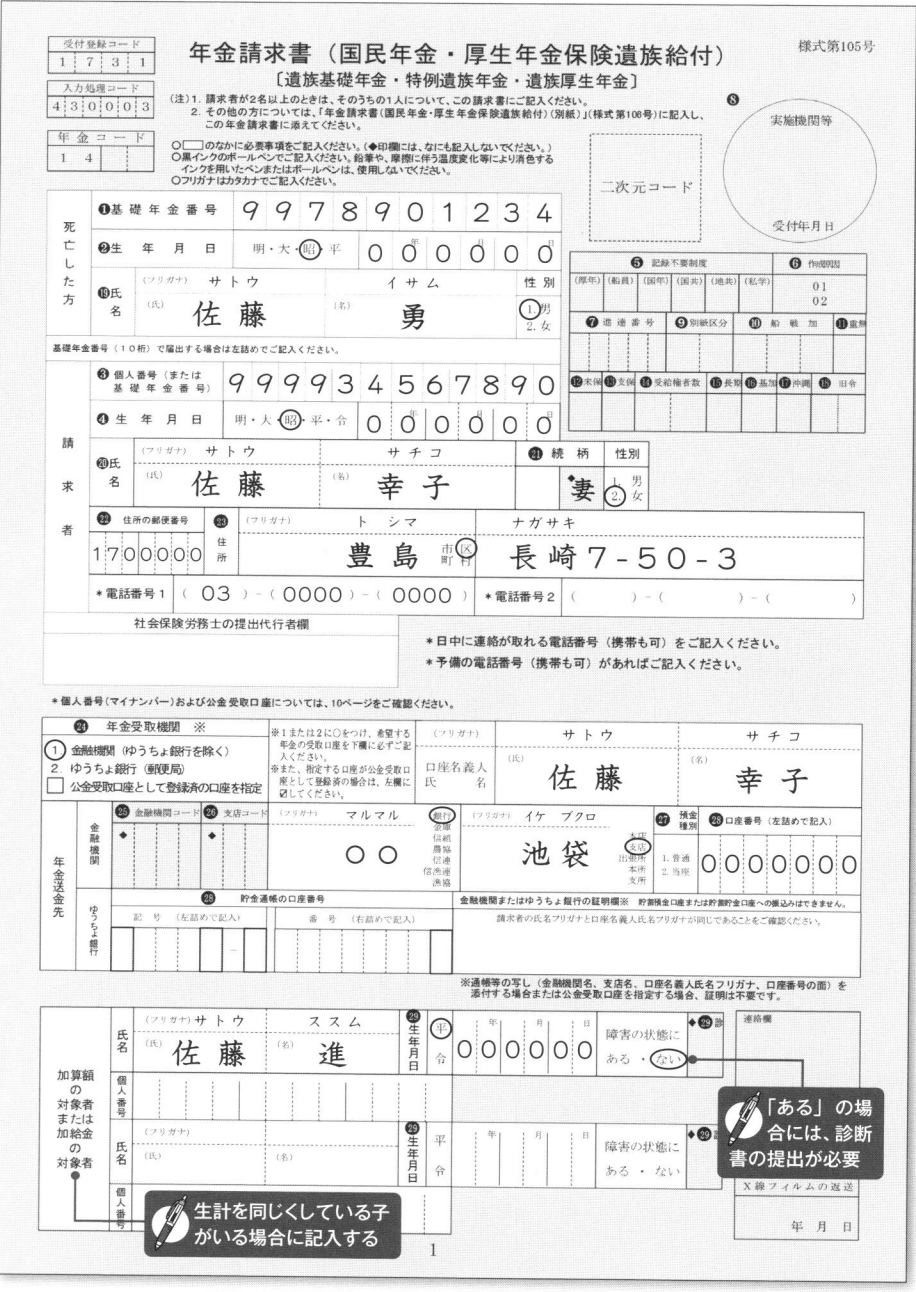

年金請求書（国民年金・厚生年金保険遺族給付）

様式第105号

〔遺族基礎年金・特例遺族年金・遺族厚生年金〕

(注) 1. 請求者が2名以上のときは、そのうちの1人について、この請求書にご記入ください。
2. その他の方については、「年金請求書（国民年金・厚生年金保険遺族給付）（別紙）」（様式第106号）に記入し、この年金請求書に添えてください。

○□のなかに必要事項をご記入ください。（◆印欄には、なにも記入しないでください。）
○黒インクのボールペンでご記入ください。鉛筆や、摩擦に伴う温度変化等により消色するインクを用いたペンまたはボールペンは、使用しないでください。
○フリガナはカタカナでご記入ください。

二次元コード

❽ 実施機関等 受付年月日

死亡した方

❶基礎年金番号	9 9 7 8 9 0 1 2 3 4
❷生年月日	明・大・㊐昭・平　0 0（年）0 0（月）0 0（日）
⑲氏名	（フリガナ）サトウ　イサム （氏）佐藤　（名）勇
性別	①男　2.女

基礎年金番号（10桁）で届出する場合は左詰めでご記入ください。

❺記録不要制度						❻作成原因
（厚年）	（船員）	（国年）	（国共）	（地共）	（私学）	01 02

❼重複番号	❾別紙区分	❿船戦加	⓫重無

⓬未保	⓭支保	⓮受給権者数	⓯長期	⓰基加	⓱沖縄	⓲旧令

請求者

❸個人番号（または基礎年金番号）	9 9 9 9 3 4 5 6 7 8 9 0
❹生年月日	明・大・㊐昭・平・令　0 0（年）0 0（月）0 0（日）
⑳氏名	（フリガナ）サトウ　サチコ （氏）佐藤　（名）幸子
㉑続柄	◆妻
性別	1.男　②女
㉒住所の郵便番号	1 7 0 0 0 0 0
㉓住所	（フリガナ）トシマ　ナガサキ 豊島　市・㊐区・町・村　長崎7-50-3
＊電話番号1	（03）－（0000）－（0000）
＊電話番号2	（　）－（　）－（　）

社会保険労務士の提出代行者欄

＊日中に連絡が取れる電話番号（携帯も可）をご記入ください。
＊予備の電話番号（携帯も可）があればご記入ください。

＊個人番号（マイナンバー）および公金受取口座については、10ページをご確認ください。

㉔年金受取機関 ※

①金融機関（ゆうちょ銀行を除く）
2. ゆうちょ銀行（郵便局）
□ 公金受取口座として登録済の口座を指定

※1または2に○をつけ、希望する年金の受取口座を下欄に必ずご記入ください。
※また、指定する口座が公金受取口座として登録済の場合は、左欄に☑してください。

口座名義人氏名	（フリガナ）サトウ　サチコ （氏）佐藤　（名）幸子

年金送金先

金融機関 ㉕金融機関コード	◆
㉖支店コード	◆
金融機関名	（フリガナ）マルマル ○○　㊐銀行・金庫・信組・農協・信連・信漁連・漁協
支店名	（フリガナ）イケブクロ 池袋　本店・㊐支店・出張所・本所・支所
㉗預金種別	1.普通　2.当座
㉘口座番号（左詰めで記入）	0 0 0 0 0 0 0
ゆうちょ銀行 ㉘貯金通帳の口座番号	記号（左詰めで記入）　番号（右詰めで記入）

金融機関またはゆうちょ銀行の証明欄※　貯蓄預金口座または貯蓄貯金口座への振込みはできません。

請求者の氏名フリガナと口座名義人氏名フリガナが同じであることをご確認ください。

※通帳等の写し（金融機関名、支店名、口座名義人氏名フリガナ、口座番号の面）を添付する場合または公金受取口座を指定する場合、証明は不要です。

加算額の対象者または加給金の対象者

氏名	㉙生年月日	障害の状態に	◆㉙診
（フリガナ）サトウ　ススム （氏）佐藤　（名）進	㊐平・令　0 0（年）0 0（月）0 0（日）	ある・㊐ない	
個人番号			
（フリガナ） （氏）　（名）	平・令　年　月　日	ある・ない	◆㉙
個人番号			

連絡欄

X線フィルムの返送　年　月　日

1

「ある」の場合には、診断書の提出が必要

生計を同じくしている子がいる場合に記入する

◆年金請求書（国民年金・厚生年金保険遺族給付）の記入例 ❷

㋐　あなたは、現在、公的年金制度等（表1参照）から年金を受けていますか。○で囲んでください。

①受けている	2. 受けていない	3. 請求中	制度名（共済組合名等）	年金の種類

受けていると答えた方は下欄に必要事項を記入してください（年月日は支給を受けることになった年月日を記入してください）。

公的年金制度名（表1より記号を選択）	年金の種類	年　月　日	年金証書の年金コードまたは記号番号等
イ	老齢	平 00・00・00	1150
		・　・	
		・　・	

「年金の種類」とは、老齢または退職、障害、遺族をいいます。

2	
3	
㉟他年金種別	

請求者本人が年金を受け取っている場合、記入する

㋑　履歴（死亡した方の公的年金制度加入経過）

※できるだけくわしく、正確に記入してください。

	(1)事業所（船舶所有者）の名称および船員であったときはその船舶名	(2)事業所（船舶所有者）の所在地または国民年金加入時の住所	(3)勤務期間または国民年金の加入期間	(4)加入していた年金制度の種類	(5)備考
最初		豊島区○○町 ○丁目○○番地○	00・00・00から 00・00・00まで	①国民年金 2. 厚生年金保険 3. 厚生年金（船員）保険 4. 共済組合等	
2	○○○○株式会社	新宿区新小川町 10-29-1	00・00・00から 00・00・00まで	1. 国民年金 ②厚生年金保険 3. 厚生年金（船員）保険 4. 共済組合等	
3			・　・から ・　・まで	1. 国民年金 2. 厚生年金保険 3. 厚生年金（船員）保険 4. 共済組合等	
4				1. 国民年金	
5				4. 共済組合等	
6			・　・から ・　・まで	1. 国民年金 2. 厚生年金保険 3. 厚生年金（船員）保険 4. 共済組合等	
7			・　・から ・　・まで	1. 国民年金 2. 厚生年金保険 3. 厚生年金（船員）保険 4. 共済組合等	
8			・　・から ・　・まで	1. 国民年金 2. 厚生年金保険 3. 厚生年金（船員）保険 4. 共済組合等	
9			・　・から ・　・まで	1. 国民年金 2. 厚生年金保険 3. 厚生年金（船員）保険 4. 共済組合等	
10			・　・から ・　・まで	1. 国民年金 2. 厚生年金保険 3. 厚生年金（船員）保険 4. 共済組合等	
11			・　・から ・　・まで	1. 国民年金 2. 厚生年金保険 3. 厚生年金（船員）保険 4. 共済組合等	
12			・　・から ・　・まで	1. 国民年金 2. 厚生年金保険 3. 厚生年金（船員）保険 4. 共済組合等	
13			・　・から ・　・まで	1. 国民年金 2. 厚生年金保険 3. 厚生年金（船員）保険 4. 共済組合等	

詳しい所在地がわからないときでも、市区町村までは記入する

国民年金に加入していた期間は、住んでいた住所のみ記入する

期間がはっきりしないときも、年月まで、あるいは「○年の夏まで」のように記入する

◆年金請求書（国民年金・厚生年金保険遺族給付）の記入例 ❸

㋒

必ず記入してください。

(1)死亡した方の生年月日、住所	昭和〇〇年〇〇月〇〇日	住　所	〒170-0000　豊島区長崎7-50-3

(2)　死　亡　年　月　日	(3)死亡の原因である傷病または負傷の名称	(4)　傷病または負傷の発生した日
令和〇〇年　〇〇月　〇〇日	心筋梗塞	令和〇〇年　〇〇月　〇〇日
(5)　傷病または負傷の初診日	(6)死亡の原因である傷病または負傷の発生原因	(7)死亡の原因は第三者の行為によりますか。
令和〇〇年　〇〇月　〇〇日		1. は　い　・　②いいえ

(8)死亡の原因が第三者の行為により発生したものであるときは、その者の氏名および住所	氏　名	
	住　所	

(9)請求する方は、死亡した方の相続人になれますか。	①は　い　・　2. いいえ

(10)死亡した方は次の年金制度の被保険者、組合員または加入者となったことがありますか。あるときは番号を○で囲んでください。

①国民年金法	②厚生年金保険法	3. 船員保険法（昭和61年4月以後を除く）
4. 廃止前の農林漁業団体職員共済組合法	5. 国家公務員共済組合法	6. 地方公務員等共済組合法
7. 私立学校教職員組合法	8. 旧市町村職員共済組合法	9. 地方公務員の退職年金に関する条例　10. 恩給法

(11)死亡した方は、(10)欄に示す年金制度から年金を受けていましたか。	①は　い 2. いいえ	受けていたときは、その制度名と年金証書の基礎年金番号および年金コード等を記入してください。	制　度　名	年金証書の基礎年金番号および年金コード等
			厚生年金	

亡くなった人が住んでいた住所を記入する

(12)死亡の原因は業務上ですか。	(13)労災保険から給付が受けられますか。	(14)労働基準法による遺族補償が受けられますか。
1. は　い　・　②いいえ	1. は　い　・　②いいえ	1. は　い　・　②いいえ

(15)遺族厚生年金を請求する方は、下の欄の質問に答えてください。いずれかを○で囲んでください。

ア　死亡した方は、死亡の当時、厚生年金保険の被保険者でしたか。	1. は　い　・　②いいえ
イ　死亡した方が厚生年金保険（船員保険）の被保険者若しくは共済組合の組合員の資格を喪失した後に死亡したときであって、厚生年金保険（船員保険）の被保険者または共済組合の組合員であった間に発した傷病または負傷が原因で、その初診日から5年以内に死亡したものですか。	1. は　い　・　②いいえ
ウ　死亡した方は、死亡の当時、障害厚生年金（2級以上）または旧厚生年金保険（旧船員保険）の障害年金（2級相当以上）若しくは共済組合の障害年金（2級相当以上）を受けていましたか。	1. は　い　・　②いいえ
エ　死亡した方は平成29年7月までに老齢厚生年金または旧厚生年金保険（旧船員保険）の老齢年金・通算老齢年金若しくは共済組合の退職給付の年金の受給権者でしたか。	①は　い　・　2. いいえ
オ　死亡した方は保険料納付済期間、保険料免除期間および合算対象期間（死亡した方が大正15年4月1日以前生まれの場合は通算対象期間）を合算した期間が25年以上ありましたか。	①は　い　・　2. いいえ

①アからウのいずれか、またはエ若しくはオに「はい」と答えた方
⇒(16)にお進みください。

②アからウのいずれかに「はい」と答えた方で、エまたはオについても「はい」と答えた方
⇒下の□のうち、希望する欄に☑を付してください。

□　年金額が高い方の計算方法での決定を希望する。	
□　指定する計算方法での決定を希望する。 ⇒右欄のアからウのいずれか、またはエ若しくはオを○で囲んでください。	ア・イ・ウ　または　エ・オ

(16)死亡した方が共済組合等に加入したことがあるときは、下の欄の質問に答えてください。

ア　死亡の原因は、公務上の事由によりますか。	1. は　い　・　②いいえ
イ　請求者は同一事由によって、追加費用対象期間を有することによる共済組合法に基づく遺族給付を受けられますか。	1. は　い　・　②いいえ

◆年金請求書（国民年金・厚生年金保険遺族給付）の記入例 ❹

生　計　維　持　申　立

㊀ 生計同一関係

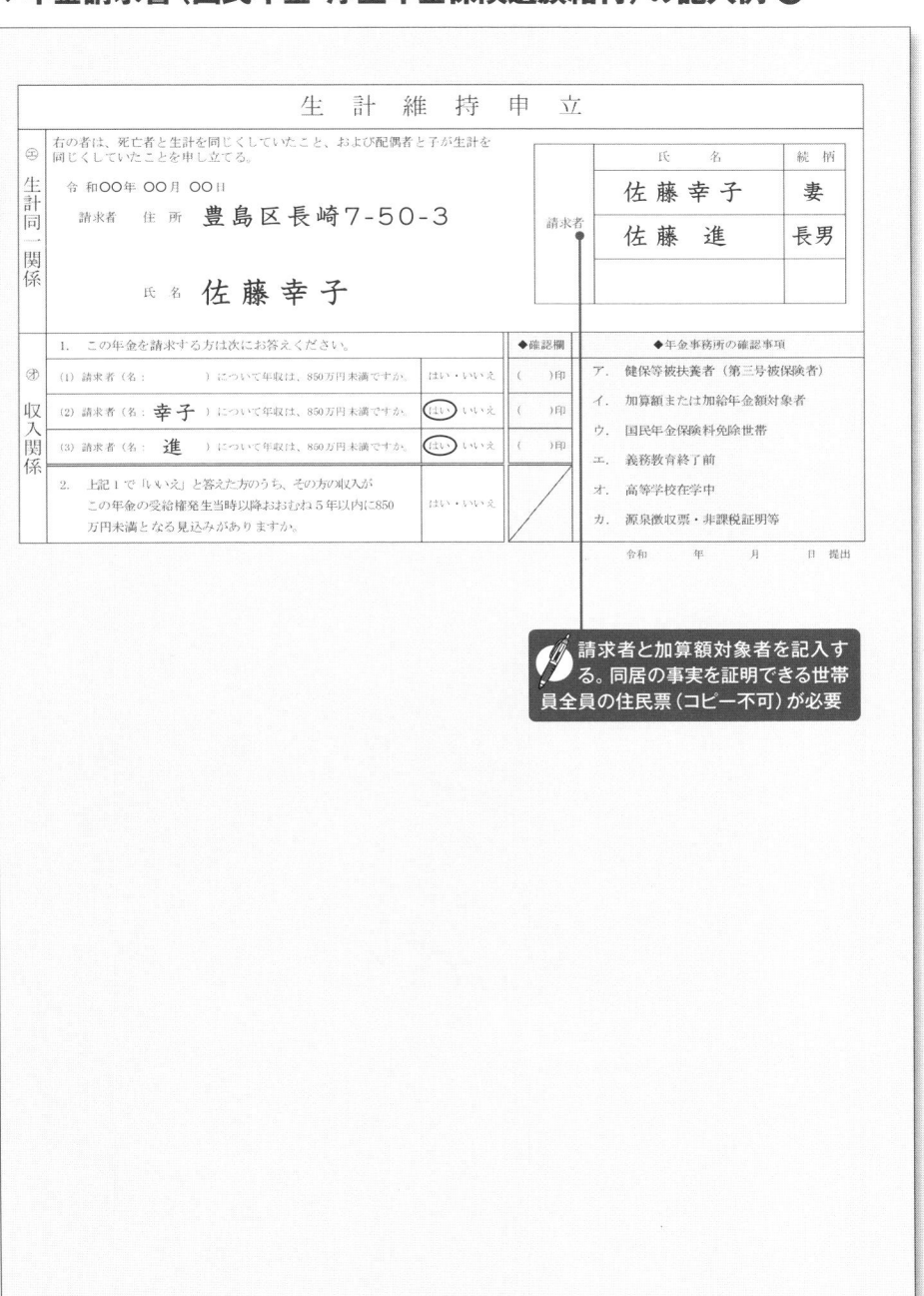

右の者は、死亡者と生計を同じくしていたこと、および配偶者と子が生計を同じくしていたことを申し立てる。

令 和〇〇年 〇〇月 〇〇日

請求者　住 所　豊島区長崎7-50-3

氏 名　佐藤幸子

請求者	氏　名	続 柄
	佐藤幸子	妻
	佐藤　進	長男

㋔ 収入関係

1. この年金を請求する方は次にお答えください。		◆確認欄
(1) 請求者（名：　　　　）について年収は、850万円未満ですか。	はい・いいえ	（　）印
(2) 請求者（名：幸子）について年収は、850万円未満ですか。	(はい)・いいえ	（　）印
(3) 請求者（名：進）について年収は、850万円未満ですか。	(はい)・いいえ	（　）印
2. 上記1で「いいえ」と答えた方のうち、その方の収入がこの年金の受給権発生当時以降おおむね5年以内に850万円未満となる見込みがありますか。	はい・いいえ	

◆年金事務所の確認事項

ア．健保等被扶養者（第三号被保険者）
イ．加算額または加給年金額対象者
ウ．国民年金保険料免除世帯
エ．義務教育終了前
オ．高等学校在学中
カ．源泉徴収票・非課税証明等

令和　　年　　月　　日 提出

請求者と加算額対象者を記入する。同居の事実を証明できる世帯員全員の住民票（コピー不可）が必要

8

遺族厚生年金に加算される給付

中高齢寡婦加算は、妻の遺族厚生年金に65歳まで上乗せされる有期給付です。65歳以降も、要件を満たした妻には経過的寡婦加算が続けて上乗せされます。

遺族厚生年金受給中の妻が中高齢寡婦加算をもらえる

遺族厚生年金（➡76ページ）を受給している妻で、次のいずれかに該当する場合、40歳から65歳になるまでの間は**中高齢寡婦加算**として上乗せされます。

▼夫の死亡時に妻が40歳以上65歳未満で、生計を同じくしている子がいない場合

▼子が受給資格の対象から外れて遺族基礎年金（➡62ページ）の支給が打ち切りになった時点で、妻が40歳以上の場合

「子」とは、未婚で、18歳になってから最初の3月31日に達するまでの子をいいます。また、国民年金の障害等級1級または2級に該当する障害がある場合は、未婚で、20歳に達する（20歳誕生日の前日）までの子です。

２０２３（令和５）年度の加算額は、年額で59万６３００円です。この金額は、満額の老齢基礎年金の４分の３に相当します。

65歳になったら経過的寡婦加算がもらえる

65歳になると、妻は自身の老齢基礎年金がもらえるようになるので、中高齢寡婦加算の給付は止まります。ただし、１９５６（昭和31）年4月1日以前に生まれ、中高齢寡婦加算の受給要件を満たしている妻が65歳に達したときには、**経過的寡婦加算**が継続して上乗せされます。

１９８６（昭和61）年4月に、**国民年金**（基礎年金）加入を全国民に義務付けた現在の制度になるまで、任意加入だったために保険料を納めていなかった会社員の妻が数多くいました。経過的寡婦加算は、現行制度開始当時30歳以上の人を対象に、生年月日に応じた金額を支給して不利益を穴埋めする救済的な制度といえます。

妻の遺族年金はこうなっている

妻の種類	遺族基礎年金	遺族厚生年金
 子のある妻	 子（未婚）が18歳になってから最初の3月31日まで受給できる※	夫が生きていた場合に受けるはずだった老齢厚生年金の報酬比例部分の4分の3にあたる額を受給できる ▶子が遺族基礎年金の対象から外れ、妻の遺族基礎年金の支給が打ち切りになった時点で40歳以上の場合、65歳に達するまでは中高齢寡婦加算が加算される ▶妻が65歳になり自身の老齢基礎年金の受給権を得た場合、1956（昭和31）年4月1日以前に生まれた妻に限っては、中高齢寡婦加算に代わり経過的寡婦加算が継続して加算される
子のいない妻： 夫の死亡時に妻の年齢が40歳未満の場合	受給できない	夫が生きていた場合に受けるはずだった老齢厚生年金の報酬比例部分の4分の3にあたる額を受給できる ▶夫の死亡時に妻が30歳未満の場合、5年間の有期支給になる
子のいない妻： 夫の死亡時に妻の年齢が40歳以上65歳未満の場合	受給できない	夫が生きていた場合に受けるはずだった老齢厚生年金の報酬比例部分の4分の3にあたる額を受給できる ▶65歳に達するまでは中高齢寡婦加算が加算される ▶妻が65歳になり自身の老齢基礎年金の受給権を得た場合、1956（昭和31）年4月1日以前に生まれた妻に限っては、中高齢寡婦加算に代わり経過的寡婦加算が継続して加算される

※ 国民年金の障害等級1級または2級に該当する障害がある未婚の子は、20歳に達する日（20歳誕生日の前日）まで

プラスα 中高齢寡婦加算は、遺族基礎年金が受けられない期間を埋める救済制度。ただし、20代、30代の人は子どもがいないと加算の対象とならないので注意。

9

児童扶養手当を請求する手続き

ひとり親になった家庭の生活安定と自立を支援するために支給される手当です。公的年金受給額が児童扶養手当より低い場合、差額分の手当を受け取れます。

ひとり親家庭の父・母に地方自治体から支給

児童扶養手当は、ひとり親家庭の生活安定と自立支援、子の福祉増進を目的に、地方自治体から支給される手当です。

受給資格者になれるのは、次のいずれかに該当する子（18歳になってから最初の3月31日までの子。ただし、心身に一定の障害のある子は20歳未満）を監護しているひとり親家庭の父・母、または父・母に代わってその子を養育している人です。

- ▼父母が婚姻（事実婚も含む）を解消した子
- ▼父または母が死亡した子
- ▼父または母が政令で定める重度の障害を有する子
- ▼事故などにより父または母の生死が明らかでない子
- ▼父または母から1年以上遺棄されている子
- ▼父または母が、配偶者からの暴力（DV）で裁判所からの保護命令を受けた子
- ▼父または母が法令により1年以上拘禁されている子
- ▼婚姻（事実婚を含む）によらないで生まれた子
- ▼父・母ともに不明の子

金額は子の数や受給資格者の所得による

児童扶養手当では、毎年11月から翌年10月までが1事業年度となっています。手当の支給は、申請の翌月分から始まります。原則として奇数月（11、1、3、5、7、9月）の年6回、その前月までの2カ月分が支払われます。

手当の額は、受給資格者が監護・養育する子の数や受給資格者の所得などによって決まります。2023（令和5）年4月～2024（令和6）年3月分では、全部支給の月額は子が1人のときで4万4

140円です。第2子には1万420円、第3子以降は1人につき6250円加算されます。

なお、年金額が児童扶養手当の額より低い人は、その差額分の児童扶養手当を受け取れます。

また、受給資格者（母子家庭の母、父子家庭の父など）や、受給資格者と生計を同じくする民法上の扶養義務者（子の祖父母など）に、**所得制限**が設定されています。前年度の所得が定められた額を超えると、その年度は手当の全部または一部が支給停止になります。

世帯の状況や所得の状況を確認するため、毎年8月に**現況届**を市区町村役場へ提出する必要があります。

さらに、再婚などで手当を受け取る資格を失うようなケースは、その都度届け出が必要です。

市区町村役場に自ら問い合わせる

市区町村役場から児童扶養手当の案内や必要書類を送付することはありません。受給するためには、居住地の市区町村へ自ら問い合わせ、**児童扶養手当認定請求書**を提出して受給審査を受ける必要があります。代理人による申請はできないため、必ず受給資格者本人が手続きをします。

申請の際には、受給資格者および子の戸籍謄本・抄本や住民票など世帯の状況が分かる書類（1カ月以内に発行したもの）、所得の状況が分かる書類などが必要です。さらに、該当する支給要件で必要な書類が異なってきます。事前に詳細を市区町村役場で確認したほうがよいでしょう。

児童扶養手当の支給額（令和5年4月～令和6年3月分）

子の数	全額支給の月額	一部支給の月額
1人	44,140円	所得に応じて 44,130円～10,410円の間で変動
2人目加算額	10,420円	所得に応じて 10,410円～5,210円の間で変動
3人目以降加算額 （1人につき）	6,250円	所得に応じて 6,240円～3,130円の間で変動

※ 児童扶養手当の額は、物価の変動に応じて毎年額が改定されます

プラスα 児童扶養手当の支給開始から５年、または支給要件に該当してから７年で手当は減額される。ただし就業しているなどの理由があれば適用されない。

請求者と生計を同じくしている父母や祖父母などがいるときに記入する

あなたと、あなたの配偶者・同居している扶養義務者の所得について								
㉔ 平成・令和 年分所得	㉕ 請求者		㉖ 配偶者		㉗ 扶養義務者			
氏名								
㉘ 個人番号								
㉙同一生計配偶者及び扶養親族の合計数（うち老人扶養親族の数（請求者については、㋑70歳以上の同一生計配偶者及び老人扶養親族の合計数㋺特定扶養親族の数㋩16歳以上19歳未満の控除対象扶養親族の数））	人 (㋑ 人) (㋺ 人) (㋩ 人)		人 (人)		人 (人)		人 (人)	
㉚ ㉙以外で請求者によつて生計を維持していた児童	人							
所得額 ㉛児童扶養手当法施行令第４条第１項による所得の額	円	※ 円	円	※ 円	円	※ 円	円	※ 円
所得額 ㉜児童扶養手当法施行令第３条に定める金品等の額	円	円						
所得額 母又は父に対し支払われた額	円	円						
所得額 母又は父に対し支払われた額の８割相当額 A	円	円						
所得額 児童に対し支払われた額	円	円						
所得額 児童に対し支払われた額の８割相当 B	円	円						
所得額 合計 A＋B	円	円						
控除 ㉝障害者控除	障 人 特 人	円	障 人 特 人	円	障 人 特 人	円	障 人 特 人	円
控除 ㉞寡婦控除・ひとり親控除（請求者が母又は父の場合は控除しない。）、勤労学生控除等	寡・ひとり・勤 円		寡・ひとり・勤 円		寡・ひとり・勤 円		寡・ひとり・勤 円	
控除 ㉟雑損控除	円	円	円	円	円	円	円	円
控除 ㊱医療費控除	円	円	円	円	円	円	円	円
控除 ㊲小規模企業共済等掛金控除	円	円	円	円	円	円	円	円
控除 ㊳配偶者特別控除	円	円	円	円	円	円	円	円
控除 ㊴地方税法附則第６条第１項による免除（肉用牛の売却による事業所得）	円	円	円	円	円	円	円	円
児童扶養手当法施行令第４条第１項による控除		円		円		円		円
㊵ 控除後の所得額	円		円		円		円	
所得制限限度額 全部支給	円		円		円		円	
所得制限限度額 一部支給	円							

関係書類を添えて、児童扶養手当の受給資格の認定を請求します。
令和 00 年 00 月 00 日

都道府県知事（福祉事務所長）
市町村長（福祉事務所長） 殿

氏名

※審査				
公的年金照会	あり なし 種類 （ ）	㉕～㊵の欄及びその他の事項	佐藤幸子	
上記のとおり相違ありません。 令和 年 月 日 町村長 印				

※添付書類
戸籍 住民票
イ 公的年金調書 ロ 診断書・X線フイルム ハ 生死不明証明書 ニ 遺棄申立書・証明
ホ 保護命令決定書 ヘ 拘禁の証明書 ト 養育費等に関する申告書 チ 養育申立書・証明
リ 別居監護申立書・証明 ヌ 前住地の所得証明書 ル 公的年金給付等受給証明書
その他（ ）

備考

◆児童扶養手当認定請求書の記入例

様式第一号（第一条関係）

※※ 第 号

※市区町村受付年月日 令和 ・ ・	※町村提出 令和 ・ ・ 第 号	※町村再提出 令和 ・ ・ 第 号

児童扶養手当認定請求書

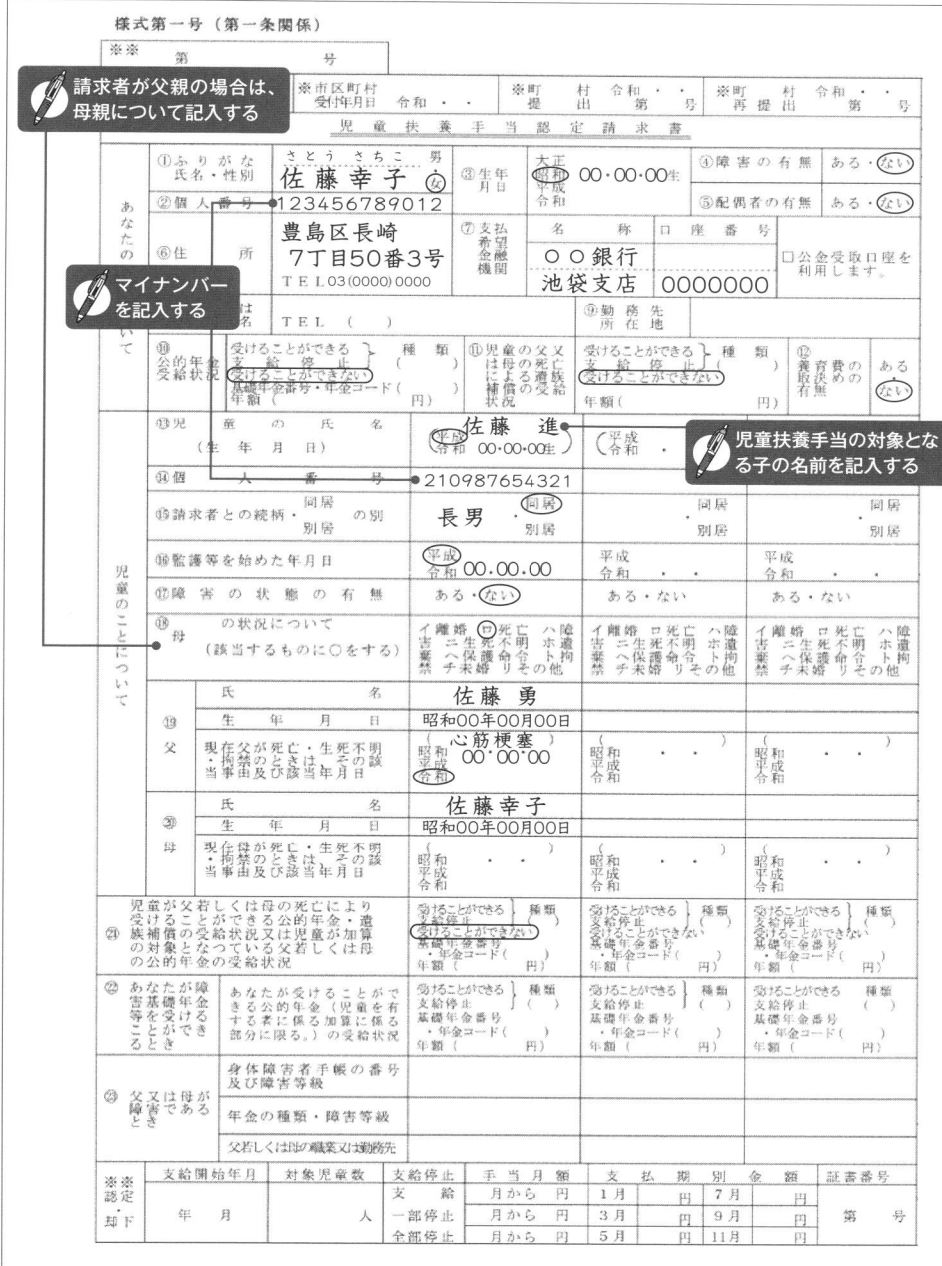

請求者が父親の場合は、母親について記入する

マイナンバーを記入する

児童扶養手当の対象となる子の名前を記入する

あなたのことについて	①ふりがな 氏名・性別	さとう さちこ 佐藤幸子 男・(女)	③生年月日	大正・(昭和)・平成・令和 00・00・00生	④障害の有無	ある・(ない)
	②個人番号	123456789012			⑤配偶者の有無	ある・(ない)
	⑥住所	豊島区長崎 7丁目50番3号 TEL03(0000)0000	⑦支払希望金融機関	名称 〇〇銀行 池袋支店	口座番号 0000000	□公金受取口座を利用します。
	⑧…は…名	TEL ( )	⑨勤務先所在地			
	⑩公的年金受給状況	受けることができる・支給停止・(受けることができない) 種類（ ） 基礎年金番号・年金コード（ ） 年額（ 円）	⑪児童の父又は母の死亡による遺族補償の受給状況	受けることができる・支給停止・(受けることができない) 種類（ ） 年額（ 円）	⑫養育費の取決めの有無	ある・(ない)

児童のことについて			
⑬児童の氏名（生年月日）	佐藤 進 (平成)・令和 00・00・00生	平成・令和 ・ ・	
⑭個人番号	210987654321		
⑮請求者との続柄・同居・別居の別	長男・(同居)・別居	・同居・別居	・同居・別居
⑯監護等を始めた年月日	(平成)・令和 00.00.00	平成・令和 ・ ・	平成・令和 ・ ・
⑰障害の状態の有無	ある・(ない)	ある・ない	ある・ない
⑱母の状況について（該当するものに〇をする）	イ離婚 (ロ)死亡 ハ障害 ニ生死不明 ホ遺棄 ヘ保護命令 ト拘禁 チ未婚 リその他	イ離婚 ロ死亡 ハ障害 ニ生死不明 ホ遺棄 ヘ保護命令 ト拘禁 チ未婚 リその他	イ離婚 ロ死亡 ハ障害 ニ生死不明 ホ遺棄 ヘ保護命令 ト拘禁 チ未婚 リその他
⑲父 氏名	佐藤 勇		
⑲父 生年月日	昭和00年00月00日		
⑲父 現在父が死亡・生死不明・拘禁のときは、その該当事由及び該当年月日	（心筋梗塞） 昭和・平成・(令和) 00・00・00	（ ） 昭和・平成・令和 ・ ・	（ ） 昭和・平成・令和 ・ ・
⑳母 氏名	佐藤幸子		
⑳母 生年月日	昭和00年00月00日		
⑳母 現在母が死亡・生死不明・拘禁のときは、その該当事由及び該当年月日	（ ） 昭和・平成・令和 ・ ・	（ ） 昭和・平成・令和 ・ ・	（ ） 昭和・平成・令和 ・ ・
㉑児童が父若しくは母の死亡により受けることができる公的年金・遺族補償の受給状況又は児童が加算の対象となつている父若しくは母の公的年金の受給状況	受けることができる・支給停止・(受けることができない) 種類（ ） 基礎年金番号・年金コード（ ） 年額（ 円）	受けることができる・支給停止・受けることができない 種類（ ） 基礎年金番号・年金コード（ ） 年額（ 円）	受けることができる・支給停止・受けることができない 種類（ ） 基礎年金番号・年金コード（ ） 年額（ 円）
㉒あなたが障害基礎年金等を受けることができるとき　あなたが受けることができる公的年金（児童を有する者に係る加算に係る部分に限る。）の受給状況	受けることができる・支給停止 種類（ ） 基礎年金番号・年金コード（ ） 年額（ 円）	受けることができる・支給停止 種類（ ） 基礎年金番号・年金コード（ ） 年額（ 円）	受けることができる・支給停止 種類（ ） 基礎年金番号・年金コード（ ） 年額（ 円）
㉓父又は母が障害であるとき　身体障害者手帳の番号及び障害等級			
㉓ 年金の種類・障害等級			
㉓ 父若しくは母の職業又は勤務先			

※※認定・却下	支給開始年月	対象児童数	支給停止	手当月額	支払期別金額				証書番号
	年 月	人	支給	月から 円	1月	円	7月	円	第 号
			一部停止	月から 円	3月	円	9月	円	
			全部停止	月から 円	5月	円	11月	円	

10

故人の所得税を申告する手続き

生前に確定申告をしていた人が死亡したら、相続人が代わって確定申告をします。本来は申告が不要な人でも、申告すれば還付金を受け取れるケースがあります。

自営業者など生前に確定申告をしていた人が亡くなった場合、相続人が故人に代わって申告と納税をしなければなりません。これが**準確定申告**です。さらに、年初に死亡して前年分の確定申告をしないまま亡くなった場合、前年の確定申告も相続人の義務になります。期限はいずれも、相続を知った日の翌日から4カ月以内です。

この準確定申告により、故人の所得税が決まります。所得税を納めるのは相続人になりますが、負担した分はその相続人の相続財産から債務として控除されます。

申告書の基本的な書き方は、通常の**確定申告書**とほとんど変わりません。提出先は、故人の住所地を所轄する税務署です。

相続人が2人以上いる場合は、全ての相続人がそれぞれ署名して1通の準確定申告書を提出します。法定相続人が確定していないときは、相続人の中から代表者を決めて申告します。

故人がサラリーマンなら準確定申告は原則不要

故人がサラリーマンなど給与所得者の場合、源泉徴収と年末調整があるので、多くの場合は準確定申告は不要です。ただし、2カ所以上から給与を受け取っていたり、年収が2000万円を超えていたりするなど、準確定申告の必要が生じるケースもあります。

一方、公的年金などの収入が400万円以下で、他の所得も20万円以下しかない人が亡くなった場合、もともと確定申告が不要なので準確定申告も必要ありません。

なお、本来は申告が不要でも、故人が生前に多額の医療費を支払っていたようなケースでは、準確定申告の手続きをすると還付金を受け取れるケースがあります。可能性があるなら、税務署や税理士に相談するとよいでしょう。

◆所得税の準確定申告書（第一表）の記入例（個人事業主の場合）

「準確定」の字を書き加える

○○ 税務署長
令和○○年○○月○○日

令和 00 年分の 所得税及び復興特別所得税 の準確定申告書

第一表（令和五年分以降用）

納税地	〒150 0000
個人番号（マイナンバー）	999912345678
生年月日	2 00 00 00
現在の住所又は居所事業所等	渋谷区代々木6丁目69番2号
フリガナ	サトウ マサル
氏名	被相続人 佐藤 勝
令和○年1月1日の住所	同 上
職業	○○○
屋号・雅号	
世帯主の氏名	佐藤 勝
世帯主との続柄	本人
電話番号	自宅・勤務先・携帯 03-0000-0000
振替継続希望	
種類	青色 分離 国出 損失 修正
特農の表示	
特農	
整理番号	

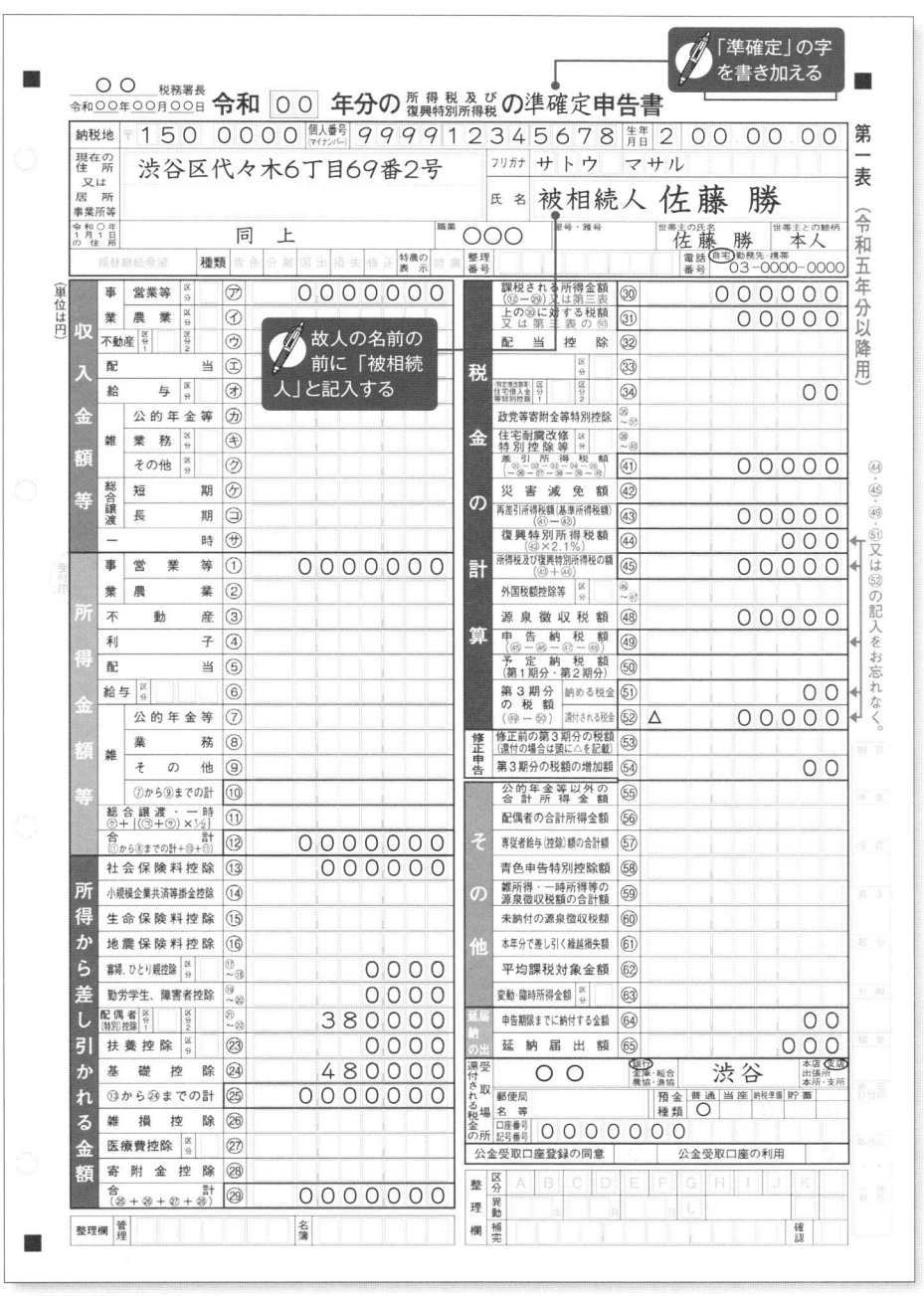

故人の名前の前に「被相続人」と記入する

（単位は円）

収入金額等	事業 営業等	㋐	0000000
	事業 農業	㋑	
	不動産	㋒	
	配当	㋓	
	給与	㋔	
	雑 公的年金等	㋕	
	雑 業務	㋖	
	雑 その他	㋗	
	総合譲渡 短期	㋘	
	総合譲渡 長期	㋙	
	一時	㋚	
所得金額等	事業 営業等	①	0000000
	事業 農業	②	
	不動産	③	
	利子	④	
	配当	⑤	
	給与	⑥	
	雑 公的年金等	⑦	
	雑 業務	⑧	
	雑 その他	⑨	
	雑 ⑦から⑨までの計	⑩	
	総合譲渡・一時 ㋘＋{(㋙＋㋚)×½}	⑪	
	合計（①から⑥までの計＋⑩＋⑪）	⑫	0000000
所得から差し引かれる金額	社会保険料控除	⑬	000000
	小規模企業共済等掛金控除	⑭	
	生命保険料控除	⑮	
	地震保険料控除	⑯	
	寡婦、ひとり親控除	⑰～⑱	0000
	勤労学生、障害者控除	⑲～⑳	0000
	配偶者（特別）控除	㉑～㉒	380000
	扶養控除	㉓	0000
	基礎控除	㉔	480000
	⑬から㉔までの計	㉕	0000000
	雑損控除	㉖	
	医療費控除	㉗	
	寄附金控除	㉘	
	合計（㉕＋㉖＋㉗＋㉘）	㉙	0000000

税金の計算	課税される所得金額（⑫－㉙）又は第三表	㉚	000000
	上の㉚に対する税額又は第三表の㊿	㉛	00000
	配当控除	㉜	
		㉝	
	（特定増改築等）住宅借入金等特別控除	㉞	00
	政党等寄附金等特別控除	㉟～㊲	
	住宅耐震改修特別控除等	㊳～㊵	
	差引所得税額	㊶	00000
	災害減免額	㊷	
	再差引所得税額（基準所得税額）（㊶－㊷）	㊸	00000
	復興特別所得税額（㊸×2.1％）	㊹	000
	所得税及び復興特別所得税の額（㊸＋㊹）	㊺	00000
	外国税額控除等	㊻～㊼	
	源泉徴収税額	㊽	00000
	申告納税額（㊺－㊻－㊼－㊽）	㊾	
	予定納税額（第1期分・第2期分）	㊿	
	第3期分の税額（㊾－㊿） 納める税金	51	00
	第3期分の税額（㊾－㊿） 還付される税金	52	△ 00000
修正申告	修正前の第3期分の税額（還付の場合は頭に△を記載）	53	
	第3期分の税額の増加額	54	00
その他	公的年金等以外の合計所得金額	55	
	配偶者の合計所得金額	56	
	専従者給与（控除）額の合計額	57	
	青色申告特別控除額	58	
	雑所得・一時所得等の源泉徴収税額の合計額	59	
	未納付の源泉徴収税額	60	
	本年分で差し引く繰越損失額	61	
	平均課税対象金額	62	
	変動・臨時所得金額	63	
延届納の出	申告期限までに納付する金額	64	00
	延納届出額	65	000

㊹・㊺・㊾・51又は52の記入をお忘れなく。

還付される税金の受取場所	○○ 銀行・金庫・組合・農協・漁協　渋谷 本店・支店・出張所・本所・支所
郵便局名等	
預金種類	普通 ○
口座番号・記号番号	0000000
公金受取口座登録の同意	
公金受取口座の利用	

整理欄　区分 A B C D E F G H I J K　異動　補完　確認

整理欄　管理　名簿

プラスα 準確定申告では1月1日から死亡した日までの所得を申告する。医療費控除、社会保険料控除、生命保険料控除なども死亡日までに支払った保険料の額となる。

◆所得税の準確定申告書（第二表）の記入例（個人事業主の場合）

「準確定」の字を書き加える

整理番号　　FA2303

令和 00 年分の所得税及び復興特別所得税の準確定申告書

住所 屋号：渋谷区代々木6丁目69番2号

フリガナ：サトウ　マサル

氏名：被相続人 佐藤　勝

保険料等の種類		支払保険料等の計	うち年末調整等以外
⑬⑭ 社会保険料控除 小規模企業共済等掛金控除	国民健康保険	000,000 円	円
	国民年金	000,000	
⑮ 生命保険料控除	新生命保険料	円	円
	旧生命保険料		
	新個人年金保険料		
	旧個人年金保険料		
	介護医療保険料		
⑯ 地震保険料控除	地震保険料	円	円
	旧長期損害保険料		

故人の死亡時点までに支払った当年分の健康保険や年金保険の額を記入する

本人に関する事項（⑰～⑳）　□ 死別　□ 生死不明　□ 離婚　□ 未帰還　□ 年調以外かつ専修学校等

○ 所得の内訳（所得税及び復興特別所得税の源泉徴収税額）

所得の種類	種目	給与などの支払者の「名称」及び「法人番号又は所在地」等	収入金額	源泉徴収税額
			円	円

㊽ 源泉徴収税額の合計額　　円

○ 雑損控除に関する事項（㉖）

損害の原因	損害年月日	損害を受けた資産の種類など
	. .	

損害金額　円　保険金などで補塡される金額　円　差引損失額のうち災害関連支出の金額　円

○ 総合課税の譲渡所得、一時所得に関する事項（⑪）

所得の種類	収入金額	必要経費等	差引金額
	円	円	円

○ 寄附金控除に関する事項（㉘）

寄附先の名称等		寄附金	円

特例適用条文等

○ 配偶者や親族に関する事項（⑳～㉓）

氏名	個人番号	続柄	生年月日	障害者	国外居住	住民税	その他
佐藤和子	123456789012	配偶者	明・大・㊧昭・平 00.00.00				
			明・大 昭・平・令 . .				
			明・大 昭・平・令 . .				
			明・大 昭・平・令 . .				
			明・大 昭・平・令 . .				

○ 事業専従者に関する事項（㊼）

事業専従者の氏名	個人番号	続柄	生年月日	従事月数・程度・仕事の内容	専従者給与（控除）額
			明・大 昭・平 . .		
			明・大 昭・平 . .		

○ 住民税・事業税に関する事項

住民税	非上場株式の少額配当等	非居住者の特例	配当割額控除額	株式等譲渡所得割額控除額	給与、公的年金等以外の所得に係る住民税の徴収方法 特別徴収	自分で納付	都道府県、市区町村への寄附（特例控除対象）	共同募金、日赤その他の寄附	都道府県条例指定寄附	市区町村条例指定寄附

退職所得のある配偶者・親族の氏名	個人番号	続柄	生年月日	退職所得を除く所得金額	障害者	その他	寡婦・ひとり親
			明・大 昭・平 . .				

事業税：非課税所得など　番号　所得金額　／　損益通算の特例適用前の不動産所得　／　前年中の開（廃）業　開始・廃止　月日
不動産所得から差し引いた青色申告特別控除額　／　事業用資産の譲渡損失など　／　他都道府県の事務所等

上記の配偶者・親族・事業専従者のうち別居の者の氏名・住所　氏名　住所　／　所得税で控除対象配偶者などとした専従者　氏名　給与　／　一連番号

整理欄：申告区分　申告等年月日　所得種類　特例適用条文　法　申告期限

税理士法書面提出　30条　33条の2

税理士署名・電話番号（　－　－　）

第二表（令和五年分以降用）　○第二表は、第一表と一緒に提出してください。○国民年金保険料や生命保険料の支払証明書など申告書に添付しなければならない書類は添付書類台紙などに貼ってください。

◆死亡した者の所得税の確定申告書付表の記入例

死亡した者の　○年分の所得税及び復興特別所得税の確定申告書付表
（兼相続人の代表者指定届出書）

受付印

1 死亡した者の住所・氏名等					
住所	(〒150-0000) 渋谷区代々木6丁目69番2号	氏名	フリガナ サトウ マサル 佐藤 勝	死亡年月日	○○年 ○○月 ○○日
2 死亡した者の納める税金又は還付される税金	（第3期分の税額）	（還付される税金のときは頭部に△印を付けてください。）	△ 00,000 円…A		
3 相続人等の代表者の指定	（代表者を指定されるときは、右にその代表者の氏名を書いてください。）	相続人等の代表者の氏名	佐藤和子		
4 …の有無	（相続人等が限定承認をしているときは、右の「限定承認」の文字を○で囲んでください。）	限定承認			

5 相続人等に関する事項				
(1) 住所	(〒150-0000) 渋谷区代々木6丁目69番2号	(〒170-0000) 豊島区長崎7丁目50番3号	(〒　-　)	
(2) 氏名（署名）	フリガナ サトウ カズコ 佐藤和子	フリガナ サトウ イサム 佐藤 勇	フリガナ	フリガナ
(3) 個人番号	123456789012	210987654321		
(4) 職業及び被相続人との続柄	職業 無職 続柄 妻	職業 会社員 続柄 子	職業　続柄	職業　続柄
(5) 生年月日	明・大・(昭)・平・令 ○○年○○月○○日	明・大・(昭)・平・令 ○○年○○月○○日	明・大・昭・平・令 年 月 日	明・大・昭・平・令 年 月 日
(6) 電話番号	03-0000-0000	03-0000-0000	− −	− −
(7) 相続分…B	(法定)・指定 1/2	(法定)・指定 1/2	法定・指定	法定・指定
(8) 相続財産の価額	円	円	円	円

6 納める税金等					
Aが黒字のとき	各人の納付税額 A × B（各人の100円未満の端数切捨て）	00円	00円	00円	00円
Aが赤字のとき	各人の還付金額（各人の1円未満の端数切捨て）	00,000 円	00,000 円	円	円

7 還付される税金の受取場所					
銀行等の預金口座に振込みを希望する場合	銀行名等	○○ (銀行)・金庫・組合・農協・漁協	○○ (銀行)・金庫・組合・農協・漁協	銀行・金庫・組合・農協・漁協	銀行・金庫・組合・農協・漁協
	支店名等	渋谷 本店・(支店)・出張所・本所・支所	渋谷 本店・(支店)・出張所・本所・支所	本店・支店・出張所・本所・支所	本店・支店・出張所・本所・支所
	預金の種類	普通 預金	普通 預金	預金	預金
	口座番号	0000000	1111111		
ゆうちょ銀行の口座に振込みを希望する場合	貯金口座の記号番号	−	−	−	−
郵便局等の窓口で受取りを希望する場合	郵便局名等				

（注）「5 相続人等に関する事項」以降については、相続を放棄した人は記入の必要はありません。

税務署整理欄	整理番号	0	0	0	0
		□済 □未済	□済 □未済	□済 □未済	□済 □未済

一連番号

○この付表は、申告書と一…出してください。※還付される税金の受取りを代表者等に委任する場合には委任状の提出が必要です。

マイナンバーを記入する

所得税の準確定申告書（第一表）を参考に記入する

法定相続分または遺言書で指定された割合を記入する

プラスα 準確定申告は電子申告（e-Tax）も可能。ただし、国税庁の「確定申告書等作成コーナー」は利用できないので、e-Taxソフト等が必要になる。

11 改葬・分骨する際の手続き

改葬は、埋葬されている遺骨を別の墓地・納骨堂に移す「お墓の引っ越し」です。墓の管理者や親族と話し合い、理解を得て円満に事を運びたいものです。

改葬とは いわば「お墓の引っ越し」

いまの墓地に埋葬されている遺骨を、別のお墓や納骨堂に移すことを**改葬**と言います。いわば「お墓の引っ越し」です。

少子高齢化が進み、さらに都市部に人口が集中する中で、地方にある先祖のお墓を自分の生活圏の近くに置きたいと考える人が増えてきました。主な理由は、次のようなものです。

▼なかなか帰省できないため、ご先祖に十分な供養ができず心苦しい

▼郷里にお墓の面倒を見てくれる人がいなくなった

▼自身が高齢になり、お墓参りの行程が体にこたえる

▼お墓の維持管理にかかる費用が経済的な重荷になっている

▼改宗したので、いまの菩提寺の檀家をやめたい

ただ、周囲への影響を考えると、一方的な改葬手続きの進め方は慎むべきでしょう。菩提寺にとっては、改葬は檀家を一つ失うことでもあります。法的な根拠のない**離壇料**を言い出す住職がいて、話がこじれることも考えられます。改葬自体に法的責任が生じるわけではありませんが、早めの相談とていねいな説明が大切です。

一方で、家族や現地縁者の理解も欠かせません。親族間で感情的なもつれを招かないためにも、説得をおろそかにしないほうがよいでしょう。

まずはお墓のタイプを知り新しいお墓を用意する

現在のお墓を移すためには、遺骨を受け入れる新しいお墓を用意しなければなりません。お墓には、経営形態や特徴から大きく分けて3つのタイプがあります。

寺院墓地は、文字通りお寺が管

お墓の3つのタイプ

寺院墓地
お寺が運営するお墓

- 葬儀・法要で読経を頼める
- 原則としてお寺の檀家になる必要（最近は例外も）
- 宗教・宗派限定
- 石材店を指定されることが多い
- 継承者がいることが前提（いないと無縁墓に!?）

公営墓地
自治体が運営するお墓

- 宗教・宗派不問
- 比較的安価
- 石材店を自由に選べる
- 地元民限定など制約が多い
- 競争率が高い

民営墓地
宗教法人・公益法人が運営するお墓

- 宗教・宗派不問
- 充実した施設
- お墓のデザインを自由にできる
- 永代使用料が高い
- 使用期間限定のところも

理・運営するお墓です。本来、墓地を購入するにはその檀家になる必要があり、宗教・宗派も限定されてきます。ただ、最近は檀家にならなくてもよいところも現れています。

公営墓地は、自治体が運営するお墓で、宗教や宗派に関係なくお墓を建てることができます。一方で、費用が安く石材店を自由に選べるため希望者が多く、競争率が高いのが難点です。

民営墓地は、宗教法人や公益法人が運営するお墓で、一般に宗教・宗派は不問です。充実した施設がセールスポイントですが、その分コストが高めです。

最近は、**納骨堂**も増えてきました。特に、お墓用の土地の確保がままならない都心部でニーズが拡大しています。

プラスα 一家代々が位牌を納め、墓所を置いて葬式など法事を依頼する寺が「菩提寺」（「檀那寺」とも言う）。菩提寺をもつ家は、その寺の「檀家」となり、お布施や寄付を行う。

多くは、骨壺に入った遺骨を納める屋内型施設で、ロッカー型、仏壇型、墓石型など多様なスタイルがあります。通常の墓地が戸建てなら、こちらは「お墓のワンルームマンション」です。

一般に、交通アクセスのよい所に新しいお墓を求める傾向があるようです。いずれにしても、大きさ、費用、宗教・宗派などをよく考え合わせて選定しましょう。

各方面から必要書類を集める

改葬には、法律（墓地、埋葬等に関する法律＝墓埋法）に基づいた手続きが必要になります。新しいお墓を購入したら、まず墓地の管理者に**受入証明書**または**墓地使用許可証**を発行してもらいます。

次に、いま（改葬前）のお墓がある市区町村役場で**改葬許可申請書**と**埋葬証明書**（納骨堂の場合は**収蔵証明書**）を入手します。両者が一体になっている場合もあります。必要事項を記入し、いまのお墓の管理者に埋葬・収蔵証明書へ記名・押印してもらいます。

改葬の許可権限は、遺骨が埋蔵されているお墓がある市区町村長が有しています。受入証明書（または墓地使用許可証）と併せ、そろえた書類一式をいまのお墓がある市区町村役場へ提出し、**改葬許可書**を交付してもらいます。新しいお墓に納骨する際に、管理者へ改葬許可書を渡せば書類上の手続きが完了します。

旧墓地は更地にして返し新しいお墓に納骨する

空っぽになったいままでのお墓は、そのままにしておかずに墓地所有者である菩提寺へ返すのが原則です。通常はお墓を解体し、更地に戻したうえで返還します。墓石の処分は、石材業者などに依頼します。指定石材店しか出入りできないところも多いので、事前に細かい点まで確認して段取りを決めましょう。

なお、墓石をそのまま移す場合は、あらかじめサイズを測り、適合した墓地を用意しておく必要があります。むろん、新しい墓地の管理者に相談しておきます。墓地の場所によっては、移動にクレーンなどの重機も必要になり、遠方なら運搬費もかさみます。コストの面からは、あまり現実的な選択肢となり得ないかもしれません。

解体前には、閉眼供養（み霊（たま）抜きの供養）のお経を上げるのが習

改葬のスケジュール例

墓地の管理者（菩提寺）、親族と相談
- ていねいな説明で理解を得て、円満に事を運ぶ

▼

新しいお墓（または納骨堂）を購入

- 墓地の管理者に受入証明書または墓地使用許可証を発行してもらう

▼

現在のお墓がある市区町村役場で改葬許可申請書と埋葬証明書（納骨堂の場合は収蔵証明書）を入手

- 両方の書式が一体になっていることが多い

▼

改葬許可申請書に必要事項を記入し、いまのお墓の管理者に埋葬・収蔵証明書へ記名・押印してもらう
- 改葬には、法律に基づいた手続きが必要

▼

受入証明書（または墓地使用許可証）と併せ、書類一式をいまのお墓がある市区町村役場へ提出
- 遺骨1体に1通が原則だが、通常は故人の名を連名で書き加えていく書式が多い

▼

改葬許可書の交付
- 改葬の許可権限は遺骨が埋蔵されたお墓の市区町村長が有する

▼

遺骨を取り出して引き取る
- 閉眼供養の後、お墓を更地にして返還

▼

新しいお墓の管理者へ改葬許可書を提出

- 開眼供養のうえ納骨

わしです。これにより墓石から仏の魂が抜け、ただの石柱になるわけです。

埋葬されていた遺骨は、骨壺に入れて移動します。

新しいお墓では、墓前で開眼供養（み霊入れの供養）のお経をあげたうえで、納骨します。

骨揚げ時の分骨と埋葬した遺骨の分骨

いまあるお墓に遺骨を埋葬したまま、お骨の一部だけ他のお墓に移したり、複数のお墓に遺骨を分けて納めることを**分骨**と言います。

遺骨を全部移す改葬に対し、この場合、市区町村長の許可は不要です。お墓の管理者が発行する分骨証明書のみ用意すれば、分骨は可能です。

遺体を火葬する段階で分骨が決まっているなら、前もって火葬場の係員にその旨を告げ、必要な枚数の分骨証明書を発行してもらいます（⬇24ページ）。納骨する際、墓地の管理者にこの分骨証明書を提出します。

このとき、分骨用の骨壺はあらかじめ準備しておきます。茶毘に付されたお骨を骨壺に納める「骨揚げ（収骨、拾骨）」のときに、火葬場の係員が分けてくれます。

一方、既に墓地や納骨堂に納められている遺骨を分骨するときは、元の墓地・納骨堂の管理者にその旨を申し出て分骨証明書（または分骨であることを証明する埋蔵証明書、収蔵証明書）を発行してもらいます。

分骨を納める際に、新しい墓地・納骨堂の管理者に分骨証明書を渡せば手続きは完了です。

Memo

墓じまい

先祖代々受け継いできた墓を、自分の代で処分する「墓じまい」が増えています。別のお墓に移す「改葬」ではなく、お墓自体を撤去して閉じてしまおうというわけです。子供がいない（あるいは嫁いでしまった）、遠方の墓参りや墓のお守りの苦労をわが子にさせたくない、このままだと無縁墓になるのが確実――など少子高齢化・核家族化のしわよせを受けて決断する人が多いようです。墓を撤去した後の遺骨が納まる先として、永代供養墓（合祀墓）、自然葬（樹木葬、散骨）、手元供養などの選択肢があります。

◆改葬許可申請書の記入例

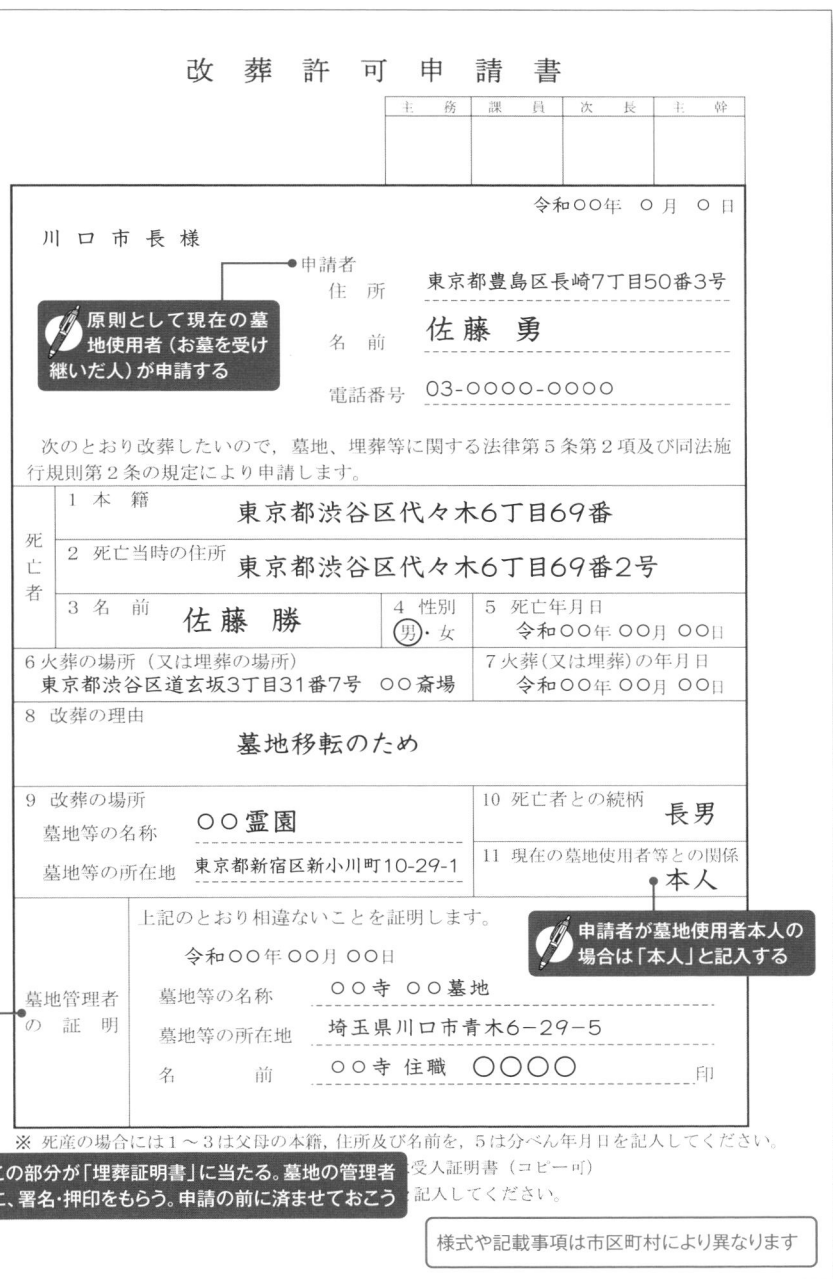

改　葬　許　可　申　請　書

主　務	課　員	次　長	主　幹

令和○○年　○月　○日

川　口　市　長　様

申請者
住　所　東京都豊島区長崎7丁目50番3号
名　前　佐藤　勇
電話番号　03-○○○○-○○○○

原則として現在の墓地使用者（お墓を受け継いだ人）が申請する

次のとおり改葬したいので，墓地、埋葬等に関する法律第5条第2項及び同法施行規則第2条の規定により申請します。

死亡者	1 本　籍　東京都渋谷区代々木6丁目69番		
	2 死亡当時の住所　東京都渋谷区代々木6丁目69番2号		
	3 名　前　佐藤　勝	4 性別　㊚・女	5 死亡年月日　令和○○年 ○○月 ○○日
6 火葬の場所（又は埋葬の場所）　東京都渋谷区道玄坂3丁目31番7号　○○斎場			7 火葬（又は埋葬）の年月日　令和○○年 ○○月 ○○日
8 改葬の理由　墓地移転のため			
9 改葬の場所　墓地等の名称　○○霊園　墓地等の所在地　東京都新宿区新小川町10-29-1			10 死亡者との続柄　長男
			11 現在の墓地使用者等との関係　本人
墓地管理者の証明	上記のとおり相違ないことを証明します。 令和○○年○○月 ○○日 墓地等の名称　○○寺　○○墓地 墓地等の所在地　埼玉県川口市青木6−29−5 名　前　○○寺 住職　○○○○　印		

申請者が墓地使用者本人の場合は「本人」と記入する

この部分が「埋葬証明書」に当たる。墓地の管理者に、署名・押印をもらう。申請の前に済ませておこう

※ 死産の場合には1～3は父母の本籍，住所及び名前を，5は分べん年月日を記入してください。
…受入証明書（コピー可）
…記入してください。

様式や記載事項は市区町村により異なります

プラスα 分骨も改葬と同様、自分の暮らす場所が墓地から遠い場合などによく行われる。また、遺骨の一部を宗派の総本山に分骨するケースもあり、「本山分骨」という。

Column

遺品整理

残すものと捨てるもの

四十九日が過ぎて一区切りがつくと、遺品整理を始めようと思い立つ人もいるでしょう。まずは、遺品を「残しておくもの」と「捨てるもの」、そして判断に迷って整理を停滞させないための「保留（後回し）」に区分けする作業から始めます。

何よりも真っ先に見つけておく遺品は、預金通帳、権利書類、株券・債券など「資産」に該当するものです。タンスや仏壇の引き出し、布団の下から発見した現金や貴金属も確保しておきます。これらは、相続の手続きにも影響します。

一方、アルバムや衣類は故人の在りし日が浮かび上がり、見つけるとつい手が止まりがちです。しかし、遺品整理は、思い出を捨てることでもあると割り切る気持ちも必要です。一、二点を残し、他は捨てるほうに区分けしましょう。

専門業者に依頼する

郷里の親が亡くなった場合、遺品整理のため何度も足を運ぶと、往復の交通費が大きな負担になります。また、賃貸物件であれば無駄な家賃を払わないためにも、一刻も早く片付けたいところです。

もし困り果てたときは、専門業者に頼むのも一つの方法です。貴重品の捜索や不要品の分別はもちろん、梱包と撤去、遺品の保管、清掃まで面倒を見てくれるところもあります。

ただ、中には悪質な業者がいないとも限りません。依頼の際には、複数社の見積もりを取り、金額の内訳を細かく尋ねることが大切です。

第3章

遺産相続手続きの基本

1 遺産相続とは

人が亡くなり相続が始まったら、まず遺言書の有無を確認する必要があります。遺産分割や相続税の計算のためにも、財産のリストアップをしておきましょう。

財産上の権利と義務の一切を受け継ぐ

相続とは、ある人が亡くなったときに、その人の財産上の権利と義務の一切を受け継ぐことです。財産を残して亡くなった人を**被相続人**、財産を受け継ぐ権利を持つ人を**相続人**と呼びます。

被相続人が亡くなり死亡届（⬇18ページ）を出した時点から相続が開始され、全ての遺産は相続人に継承されます。仮に相続人になり得る人が被相続人の死亡を知らなくても、相続は自動的に始まります。

まずは遺言書の有無を確認 遺言書がない場合は法定相続

誰がどれだけ相続するかを決めるには、まず**遺言書**（⬇132ページ）が存在するかどうかを確認する必要があります。日本の法律が**法定相続**よりも遺言を優先する考えに立っているからです。原則として、被相続人が法的効力のある遺言書を残していた場合は、遺言書の内容に従って「誰」が「どれだけの遺産」を「どのように受け継ぐ」かが決まります。

遺言書がない場合、どれだけ相続できるかについては民法による相続分の定めに従います。法で決められた相続人を**法定相続人**、その相続分を**法定相続分**と呼びます。法定相続人は、常に相続人となる配偶者相続人（妻・夫）と、子や孫などの直系卑属、親や祖父母などの直系尊属、兄弟姉妹など**血族相続人**に分かれます。血族相続人は、相続の優先順位と割合が定められています（⬇106ページ）。

プラスとマイナスの財産をリストアップしてみる

「プラスの財産」の代表例は、被相続人が生前所有していた土地、家屋、現金、預貯金、貴金属や宝石類、書画・骨董、家財道具、株式などの有価証券、借地権・借家権などです。一方、プラスの財産だけでなく、借金やローン、未払い金、連帯保証債務など「マイナスの財産」もあります。

　また、相続の対象にならない財産には、香典や死亡退職金、遺族年金、墓地・墓石や仏壇・仏具などがあります。なお、相続の対象とならない財産であっても「みなし相続財産」として、相続税の課税対象になるものもあります。

　相続人として権利と義務の一切を継承する以上は、プラスの財産もマイナスの財産も受け継がなければなりません。遺産分割や相続税の計算のためにも、被相続人がどのような財産を残したのかを調べて洗い出し、リストアップしてみるとよいでしょう。

プラスの財産もマイナスの財産も相続対象

マイナスの財産

- 借金
- ローン
- 未払い金
- 連帯保証債務など

プラスの財産

- 土地
- 家屋
- 現金
- 預貯金
- 貴金属・宝石類
- 書画・骨董
- 家財道具
- 有価証券
- 借地権・借家権など

相続の対象にならない財産

- 香典
- 死亡退職金
- 遺族年金
- 墓地・墓石
- 仏壇・仏具など

プラスα 相続税の対象とされる「みなし相続財産」の代表的なものに、生命保険や損害保険の死亡保険金や、死亡退職金などがある。

相続人が複数いる場合 まず相続の方針を決める

相続開始時に相続人が複数いる場合、遺言書がなければ、一切の遺産は相続人全員の共有となります。相続人が誰になるか、それぞれの相続人が遺産を相続するかどうか、相続人全員で**遺産分割協議**（➡150ページ）を経て合意したうえで決定します。遺産分割が決まるまでは、相続人の誰かが勝手に処分することはできません。

遺産分割協議は、全員合意が原則であり、一人でも合意しない相続人がいると協議は決裂となります。その場合、家庭裁判所に**遺産分割調停**（➡154ページ）を申し立て、合意に向けた話し合いを進めます。それでも話がまとまらないときは、家庭裁判所が遺産分割の審判を下します。

なお、明らかにマイナスの財産が多くて遺産相続を辞退したいときは、**相続放棄**（➡120ページ）を選択できます。遺産に関する一切の権利と義務も放棄する制度です。ただし、撤回は原則としてできません。相続開始を知った日から3カ月以内に被相続人の住所地の家庭裁判所へ申し出て手続きを済ませる必要があります。

さらに、受け継いだプラスの財産内に限定してマイナスの財産分を弁済する相続の**限定承認**（➡120ページ）という「できる範囲で借金を返す」方法もあります。プラスの財産で弁済しきれなくても、自分の財産まで弁済に充てる義務はありません。また、弁済後にプラスの財産が残れば相続できます。ただ、限定承認には相続人全員の合意が必要です。こちらの申立期限も、相続開始を知った日から3カ月以内です。

相続税の申告・納付まで 10カ月の間にすべきこと

遺産の規模が一定額を上回り、相続人に相続税の申告・納付義務が生じた場合、相続開始から10カ月以内に納税を済ませる義務があります。その間、相続開始後4カ月以内に故人（被相続人）の所得税の**準確定申告**（➡90ページ）の手続きが必要になるケースもあります。

このように、遺産相続の開始から相続税の申告・納付までの10カ月の間にすべきことは、意外に多いことに気づきます。相続人の確認、相続財産の調査・確認などは、できるだけ早く済ませましょう。

遺産相続のスケジュール

3カ月以内	相続開始（被相続人が死亡）	7日以内に市区町村役場へ死亡届を提出する
	遺言書の有無を確認	公正証書遺言以外の遺言書は家庭裁判所で検認の手続きをしたうえで開封する
	相続人の確定	遺言書の内容が優先される。遺言書がない場合は法定相続に。法律で定められた法定相続人の優先順位と法定相続分に従い確定する
	遺産や債務の調査・確認	被相続人の財産をリストアップする。プラスの財産もマイナスの財産も、漏れなく洗い出す
	遺産の評価・鑑定	それぞれの相続財産の評価額を算定し、相続税がどれくらいかかるか判断する
	相続放棄・限定承認の決定	必要な場合は、家庭裁判所へ申し立てる手続きをする
4カ月以内	被相続人の準確定申告	故人（被相続人）に代わり、相続人が所得税の確定申告をする
10カ月以内	遺産分割協議	遺言書がなければ、相続人による協議で全員の合意を得たうえで遺産分割協議書を作成する
	相続税の計算と必要書類の作成	遺産の規模が一定額を上回ると、相続税の申告・納付が必要になる
	相続税の申告・納付	場合によっては、延納・物納の申請も考える

2

遺産の相続人と相続分を確認する

遺言書がないかぎり、相続人は法律で定められた優先順位と割合に従います。遺産相続でもめないためにも、相続人と相続分を確認しておきましょう。

相続では、亡くなった人（**被相続人**）の**遺言書**（➡132ページ）が最優先されます。遺言書が法的に有効であると確認されれば、遺産の相続分は遺言の指定通りに決まります（指定相続分）。

遺言書がない場合は**法定相続**となり、民法で決まっている**法定相続人**の範囲と相続の割合（**法定相続分**）に従います。法定相続人は、さらに配偶者相続人と**血族相続人**に分かれます。

血族相続人は、被相続人との関係により第1順位から第3順位まで順位が定められています。また、被相続人に配偶者がいてもいなくても、常に相続人になれます。

配偶者は常に相続人になる

被相続人の配偶者（妻・夫）は、常に相続人となる配偶者相続人です。ただし、事実婚など法的な婚姻関係にない者に相続権はありません。法定相続人になれるのは、配偶者と血族のみです。

たとえ夫婦仲が冷えきって別居状態でも、妻・夫には相続の権利があります。ところが、夫婦以上に仲むつまじく暮らしていても、内縁関係の同居人は法定相続人になれません。

血族相続人の第1順位被相続人の直系卑属

第1順位の子や孫は**直系卑属**（ひぞく）と呼ばれます。被相続人に直系卑属がいる場合には、配偶者と子が相続人になります。

もし被相続人よりも先に子が亡くなっていたら、子の子（被相続人の孫）が代わって相続します。これが**代襲**（だいしゅう）**相続**です。孫も故人の場合は、ひ孫が相続の権利を受け継ぎ、直系の子孫がいるかぎり受け継がれます（再代襲相続）。

被相続人に養子がいれば、実子と同じ相続権を有します。ただし、

相続人の範囲と優先順位

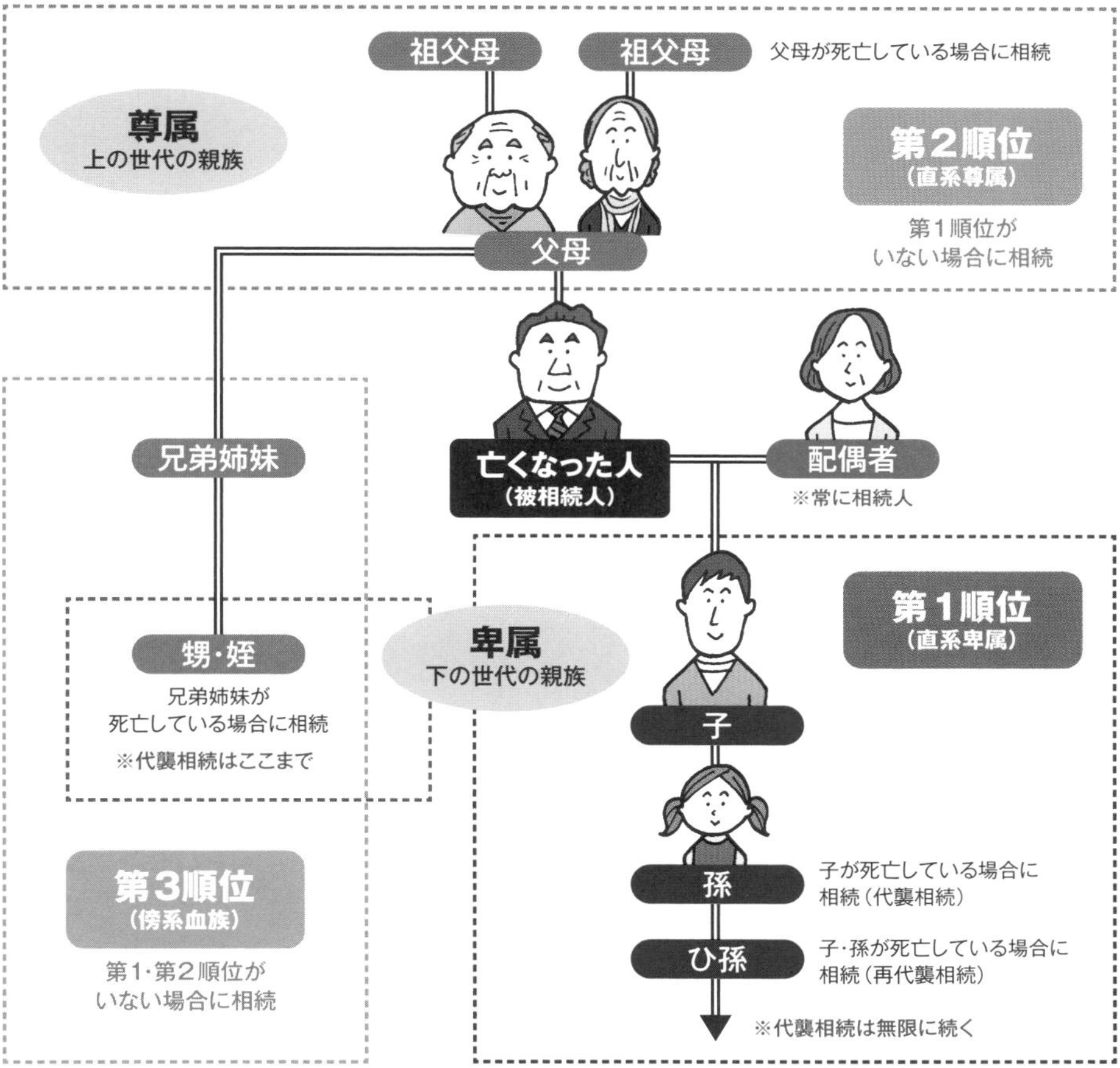

相続人	法定相続分	
配偶者と子（または子）	配偶者　2分の1	子　2分の1
配偶者と父母（または祖父母）	配偶者　3分の2	父母（または祖父母）3分の1
配偶者と兄弟姉妹（または甥・姪）	配偶者　4分の3	兄弟姉妹（または甥・姪）4分の1
配偶者のみ	全て相続	
子（または孫）のみ	全て相続	
父母（または祖父母）のみ	全て相続	
兄弟姉妹（または甥・姪）のみ	全て相続	

プラスα 連れ子との養子縁組や、実親との親族関係が消滅する特別養子縁組は実の子供として取り扱われる。そのため、何人でも法定相続人として認められる。

実子がいるときは1人まで、実子がいない場合は2人までしか認められていません。

被相続人が離婚して別れた妻が子を引き取っていた場合でも、その子は相続人になる権利があります。一方、被相続人の再婚相手との実子は相続人になれますが、連れ子は相続人になれません。

認知を受けている非嫡出子にも、実子と同じ相続権があります。以前は相続割合が実子の2分の1とされていましたが、2013（平成25）年に最高裁大法廷がこの規定を違憲とする判断を下しました。これを受けて婚外子規定を削除する改正民法が成立し、同年9月5日以後に開始した相続から適用されています。非嫡出子の相続分は、実子と同等になりました。

配偶者がいる場合の相続分は、配偶者と子で2分の1ずつになります。子が複数いるときは、2分の1を人数で等分します。配偶者が亡くなっている場合、子が全て相続します。

血族相続人の第2順位 被相続人の直系尊属

被相続人に第1順位の子がない場合は、**直系尊属**にあたる父母が相続人となります。養親も、実親と同じ相続分を有します。父母が既に死亡して祖父母がいるなら、祖父母が相続人になります。

配偶者がいる場合の相続分は、配偶者が3分の2、父母は3分の1です。父母ともに生きているなら、3分の1を2で割って6分の1ずつ相続します。配偶者も直系卑属も亡くなっている場合、父母が全て相続します。

血族相続人の第3順位 被相続人の兄弟姉妹

被相続人に直系卑属も直系尊属もいないときは、被相続人の配偶者と兄弟姉妹が相続人となります。兄弟姉妹が故人で、その子（甥や姪）がいれば相続権を受け継ぎます。甥や姪にも代襲相続権はありますが、その下の世代に続く再代襲は認められていません。

配偶者がいる場合の相続分は、配偶者が4分の3、兄弟姉妹が4分の1になります。兄弟姉妹が複数いれば、4分の1を人数で等分します。配偶者および直系卑属・直系尊属ともに亡くなっている場合、兄弟姉妹が全て相続します。

なお、異母兄弟や異父兄弟も相続権を有します。ただし、相続割合は兄弟姉妹の2分の1です。

Column

生前贈与

生きている人から譲り受けた財産が一定額を超えると贈与税が課税されます。課税方式は2種類あり、自分で選択できます。

暦年(れきねん)課税方式

1年間に受け取った財産の合計額を基に税額を算出する制度です。毎年の非課税枠（基礎控除額）は110万円で、贈与額がそれ以下であれば申告も不要です。受贈者が18歳以上で、父母や祖父母から贈与を受けた場合、税率や控除額が優遇される特例税率が適用されます。

贈与者が贈与から3年以内（2024年から7年以内となりますが、2023年までの贈与は対象外で、2027年以降、段階的に期間が延長され、実質的に「7年以内」となるのは2031年以降です）に亡くなると、その財産は相続税で計算し直します。

相続時精算課税方式

贈与者が60歳以上の親か祖父母、受贈者が18歳以上の子や孫の場合に選択できます。2500万円の特別控除枠を複数年にわたり利用でき、2024（令和6）年からは年間110万円の基礎控除も新設されました。

贈与者が亡くなり相続税を計算する段階で、贈与財産と相続財産を合わせて相続税額を計算し、そこから既に納付した贈与税を差し引いて精算します。

どちらかを選択

暦年課税方式

（年間の贈与額の合計－**基礎控除110万円**）×税率－控除額＝贈与税額

- 贈与者が贈与から3年（2024年以降、7年）以内に死亡すると、贈与財産を相続税で計算し直す
- 税率は贈与の額に応じて10%から55%まで変化する

相続時精算課税方式

（〔贈与額－年間110万〕－**特別控除2500万**）×税率20%（一律）＝贈与税額

- 贈与者が死亡して相続税を計算するとき、相続財産に贈与財産を加算して相続税額を計算し、そこから納付済みの贈与税額を差し引いて精算する
- 贈与者は60歳以上の父母または祖父母、受贈者は18歳以上の子や孫
- この制度を一度選択すると、同じ贈与者からの贈与は暦年課税へ変更できない

プラスα 非嫡出子または婚外子とは、法律上の婚姻関係を持たない夫婦間に生まれた子どものこと。法律上は「非嫡出子」を用いる。

3 配偶者に自宅を生前贈与する場合

配偶者に自宅を生前贈与すれば相続の対象から外れる制度もあります。メリット・デメリットがあるので、将来も考慮して慎重に活用しましょう。

自宅を配偶者に生前贈与して相続の対象から外す

２０１８（平成30）年の民法改正で、相続における配偶者の権利が拡充されました。そのひとつは配偶者居住権（➡112ページ）の新設で、もうひとつが生前贈与についてです。

これらの目的は、高齢化が進むなか、夫に先立たれた配偶者の住まいと生活資金を確保することにあります。

２０１９（令和元）年7月から、結婚して20年以上の夫婦なら、生前贈与や遺言で贈与された自宅（居住用不動産）を遺産相続の対象から外せるようになりました。

例えば、夫婦と子が2人の世帯で、２０００万円の価値の自宅と、預金が３０００万円、計５０００万円の財産があったとします。夫が死亡した場合、法定相続分にしたがうと、妻が財産の2分の1である２５００万円、2人の子にはそれぞれ4分の1の１２５０万円が相続されます。このとき、２０００万円の自宅を妻が相続したとすると、妻の元に残る預金は５００万円だけとなってしまい、生活面で不安が残ります。

そこで、自宅を妻に生前贈与しておけば、２０００万円の自宅は相続の対象から外れます。

残りの預金３０００万円を妻と子2人で分割し、妻が１５００万円、子がそれぞれ７５０万円を相続すれば、妻は住み慣れた自宅とより多くの生活資金を確保することができます。

制度を利用するときは二次相続時のことも考える

この生前贈与の特例を利用した場合、気をつけなければいけないのが**二次相続**での相続税負担です。一定以上の資産がある世帯の場合は、特に注意が必要です。

自宅を生前贈与したときの遺産分割の例

自宅を妻に生前贈与し、残りの遺産を妻と子2人で分ける場合

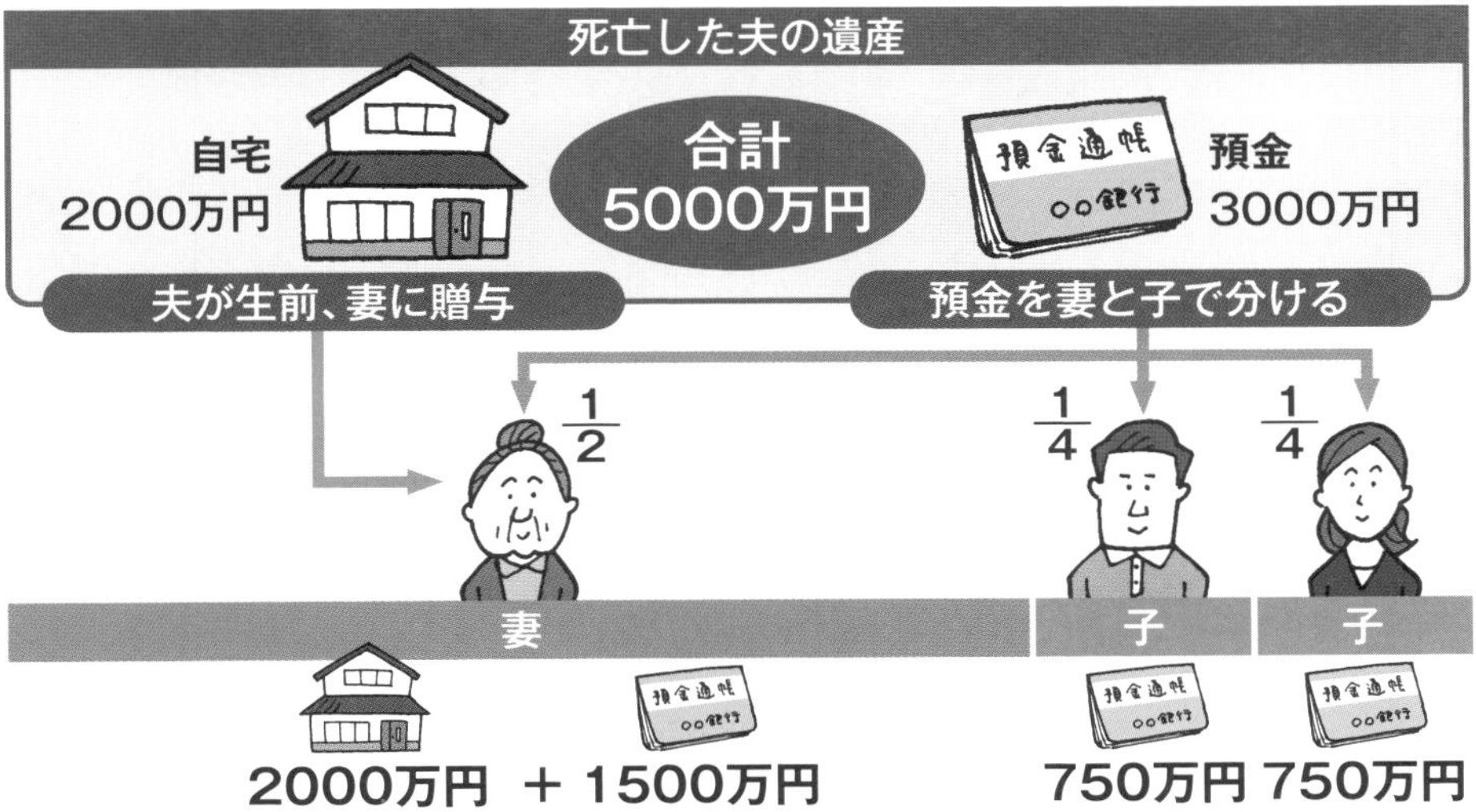

参考例 法定相続にしたがい、妻が自宅を含む遺産を相続する場合

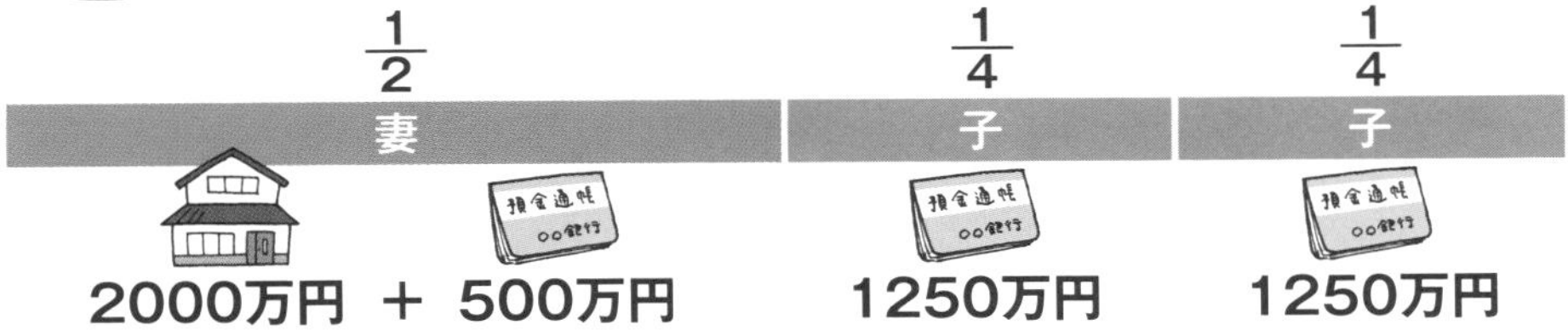

　二次相続とは、一般的に両親が続けて亡くなったときの相続を指します。父、母、子の世帯で、父が先に亡くなり、次に母が亡くなったとすると、父死亡時の相続が一次相続、母死亡時の相続が二次相続にあたります。

　配偶者に自宅を生前贈与した場合、二次相続では一次相続よりも遺産が増え、さらに相続人は減ることになります。そのため、一次相続で配偶者に遺産を残しすぎると、二次相続で子の相続税負担が大きくなってしまい、トラブルにつながる可能性があります。

　ケースによっては、一次相続の時点で子に多くの遺産を移しておいたほうが、相続税の総負担額が少なくなることもありますので、事前に検討しておきましょう。

プラスα 婚姻期間が20年以上の夫婦で居住用不動産またはそれを取得するための金銭を贈与する場合、贈与税で基礎控除110万円と最高2000万円までの配偶者控除が認められる。

4 配偶者居住権と配偶者短期居住権

自宅の価値を「所有権」と「配偶者居住権」に分割できる制度もあります。
相続時に配偶者は住み慣れた自宅と当面の生活費を確保することができます。

配偶者が自宅に住み続けるための権利

２０２０（令和２）年4月から、**配偶者居住権**という新しい制度が始まりました。自宅を生前贈与した場合の特例（➡110ページ）と同様、配偶者が相続で自宅を失わず、安心して老後を過ごせるよう考慮された制度です。

自宅の価値を所有権と配偶者居住権に分ける

この制度では、相続の遺産分割時に自宅の価値を**所有権**と配偶者居住権に分けることができます。

相続人が妻と子だけの世帯で、２０００万円の価値の自宅と預金３０００万円が残された場合、法定相続分にしたがえば、妻と子で遺産を半分の２５００万円ずつ受け取ることになりますが、妻が自宅を相続すれば、受け取れる預金については５００万円だけになってしまいます。

一方、自宅の価値を１０００万円の所有権と、１０００万円の配偶者居住権に分け、所有権を子が、配偶者居住権を妻が相続すれば、お互いに預金１５００万円が相続できることになり、老後の生活費の安心にもつながります。

配偶者居住権の評価方法は、建物の時価や残存耐用年数、配偶者の平均余命の年数などを用いて計算しますが、平均余命が長いほど、居住権の価値は高くなります。

また、配偶者居住権は不動産の登記簿謄本に登記をしないと効力が発生しません。登記を行わないと、所有権をもつ者によって自宅を売却されてしまうかもしれませんので注意が必要です。

配偶者居住権が発生しないケースなど

気をつけたいことは、配偶者居住権は相続発生時にその自宅に住んでいた配偶者だけに認められるということです。例えば、持ち家を他人に貸していた場合には、居住権は発生しません。

　夫婦が別居しており、妻が賃貸住宅に住んでいた場合も、夫の住んでいた家に対する居住権は認められません。

　また、夫が家を2つもっており、それぞれが別居していた場合は、妻が住んでいた家にのみ居住権が発生します。

　なお、配偶者居住権とは別に、**配偶者短期居住権**も設けられました。配偶者が住んでいた家が相続によって他者に渡るなどする場合でも、一定期間（目安として6カ月間）、無償で居住できます。この制度は、妻が相続発生時に夫の持ち家に無償で住んでいた場合に限られます。

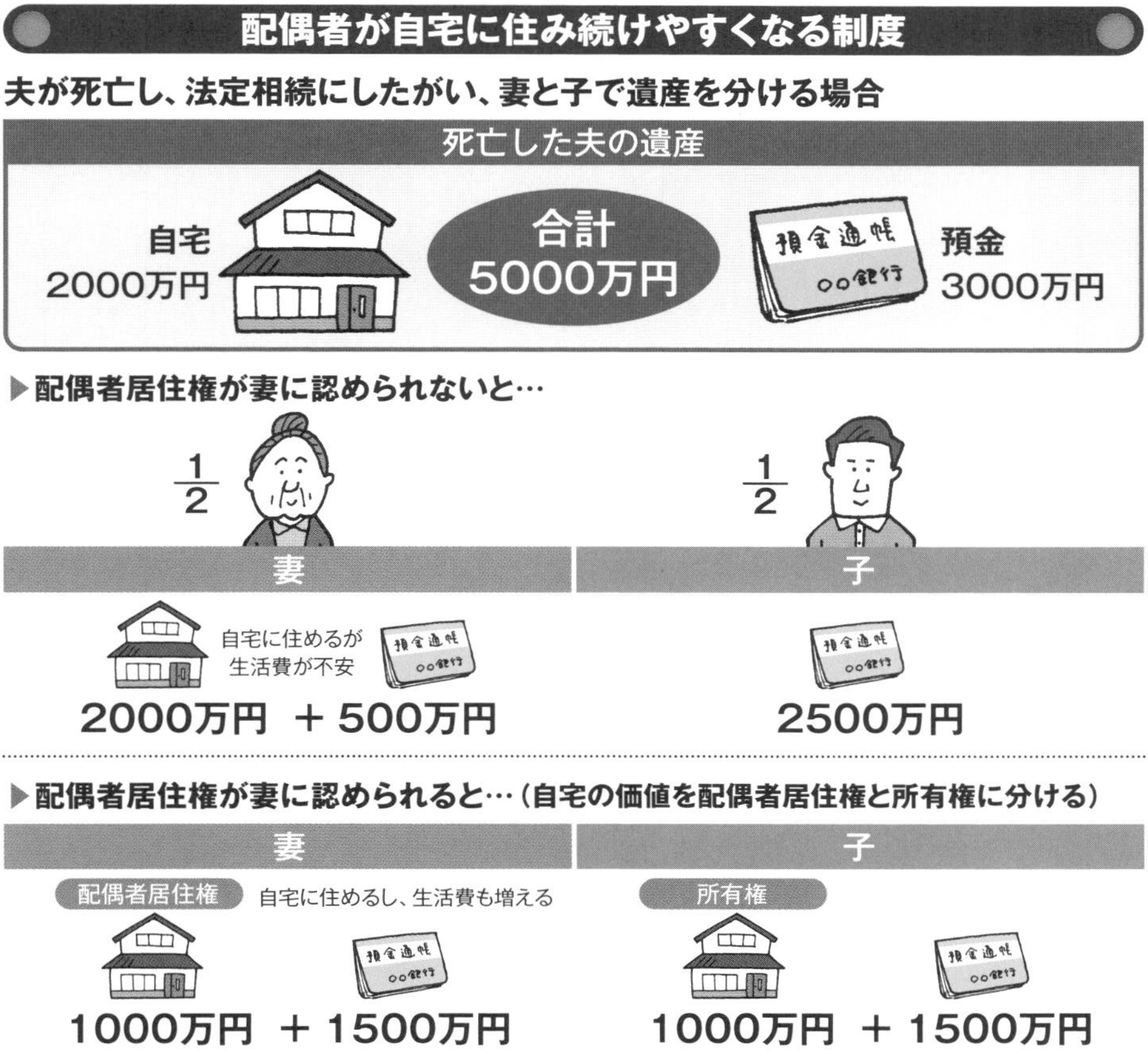

※ 自宅の価値を1000万円の所有権と1000万円の配偶者居住権とした場合

プラスα 配偶者短期居住権とは異なり、配偶者居住権は登記をすることができる。居住中は固定資産税も負担する必要がある。

5

義父母の介護も勘案される

相続人以外で、介護や看護などを行った者の貢献を認める制度ができました。貢献分の請求はハードルが高いので、正確な資料を用意する必要があります。

特別寄与料請求権で寄与の対象が拡大

2019（令和元）年7月から、**特別の寄与**の制度が開始されました。

「寄与」とは、無償で行った療養介護や看護などの貢献に応じて請求できる相続分のことですが、それまでは法定相続人にだけ認められていました。

この寄与の対象が、特別の寄与の制度によって、親族（6等親内の血族、配偶者、3等親内の姻族）にまで拡大されました。

例えば、夫を亡くした妻が、夫の母を長年介護していたとします。夫には兄弟がいますが、介護は妻任せです。夫の母が亡くなった場合、夫の兄弟が相続人となり、妻には相続権がありません。**遺産分割協議**（⇒150ページ）に加わることもできません。介護していた妻は「不公平だ」と感じるでしょう。

しかし、特別の寄与の制度を利用すれば、「被相続人の子の配偶者」である妻も介護の貢献分を相続人に請求できるのです。

血族相続人の第1順位 被相続人の直系卑属

特別な寄与が認められるには「被相続人の財産の増加、維持に貢献」したかが問われます。

これまで寄与が認められた判例では、「無報酬かそれに近い、介護なら1年以上、家業の手伝いなら3年以上など期間が一定以上ある、片手間でなくかなりの負担感がある」とあります。

そのため、デイサービスや訪問介護を利用した場合は、特別な寄与が認められない可能性があります。離職して介護に専念した場合も、親の年金で生活していたら、「無報酬」とはみなされません。

特別な寄与を請求するためには、資料として**要介護認定通知書**や医

義父母の介護も勘案される

療機関の領収書、介護サービスの利用票に加え、日付が入った介護の記録、オムツ代やタクシー代の領収書などを用意しておいたほうがよいでしょう。

請求できる金額は遺産分割協議で決められますが、療養介護の日当分に日数を掛けたものが目安となります。一般的には多くても数百万円止まりです。

遺産分割協議で調わなかった場合、家庭裁判所に**特別寄与料**を請求することができます。これは相続の開始を知ったときから半年、または相続開始のときから1年以内に行います。

配偶者にとっては義父母の介護が報われる一方、相続争いのタネになることも懸念されます。事前に税理士等に相談しておくとよいでしょう。

介護した妻らが報われる特別寄与料請求権の例

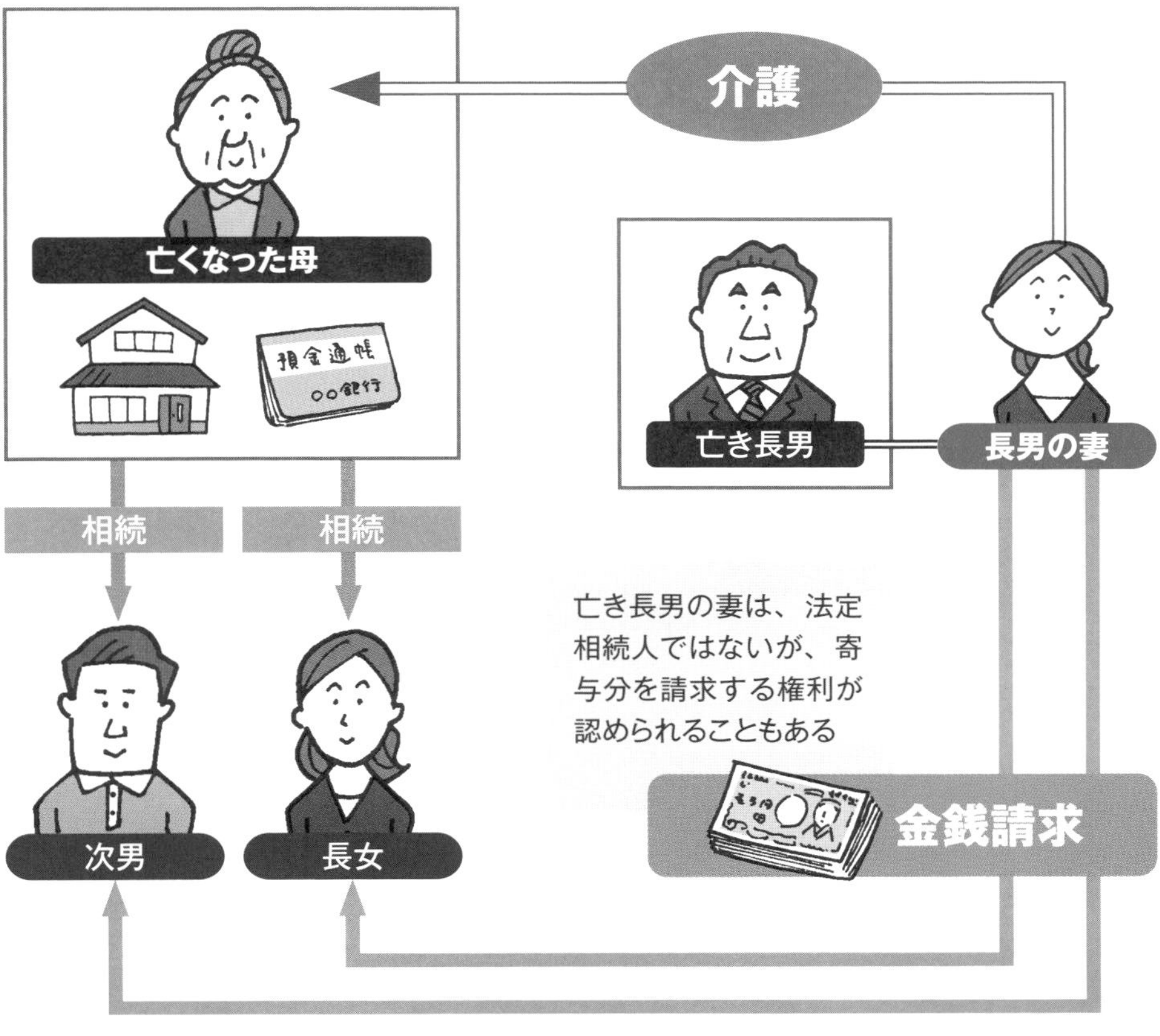

6 遺産の相続権を失う場合

相続人になれる立場でも、不正や非行をした者は権利を失うケースがあります。また、親族に消息不明の相続人がいた場合、どう対応したらよいか考えましょう。

法律上当然に相続権を失う相続欠格

法定相続人（➡102ページ）になれる立場にあっても、重大な不正や犯罪をした者は**相続欠格**(けっかく)とされ、法律のうえでは自動的に相続人としての地位を失います。裁判をはじめ何の手続きも経ずに、当然のこととして相続権が消失する制裁的色合いの濃い制度です。

欠格事由は、被相続人や相続人の殺人・殺人未遂で刑罰を受けた場合、詐欺や強迫（無理強い）で**遺言書**（➡132ページ）の作成を妨害したり偽造・変造・破棄・隠匿(いんとく)した場合などと、民法で規定されています。欠格者と認定されると、**遺贈**(いぞう)（遺言により被相続人の財産の全部または一部を無償で与えること）を受けることもできなくなります。

非行をした者の相続権を奪う相続廃除

推定相続人（相続人となるべき者）が被相続人に虐待を加えたり、重大な侮辱を与えた場合、相続人としてふさわしくない非行の事実があったときなどに、相続権を剥奪(はくだつ)する制度が**相続廃除**(はいじょ)です。相続欠格が法律上当然にして相続の資

相続欠格・相続廃除の要件

	相続欠格	相続廃除
対象	法定相続人	遺留分が認められている推定相続人
手続き	不要 （当然にして相続権を失う）	被相続人が生前に家庭裁判所へ申し立てる 遺言により意思表示 （遺言執行者が家裁に申し立てる）
取り消し	——	可能
遺贈	できない	できる
代襲相続	できる	できる

遺産の相続権を失う場合

格を失うのに対し、相続廃除は被相続人の意思によって権利者を相続人から外す方法です。

廃除の対象者は、**遺留分**（↓144ページ）が認められている推定相続人に限定されています。また、いったん廃除とした後に取り消すことができます。

被相続人が自由に廃除を決めることはできません。次のいずれかの方法で家庭裁判所に申請し、調停または審判を受けて認めてもらう必要があります。

▼被相続人が生前に家裁へ申し立てる

▼遺言書によって相続廃除請求の意思表示をする（申し立ては遺言執行者）

なお、相続欠格の場合と異なり、相続廃除とされた者でも遺贈を受けることは可能です。

相続廃除・相続欠格ともに代襲相続は可能

相続欠格や相続廃除によって相続権を失った人に子や孫などの**直系卑属**がいれば、**代襲相続**（↓106ページ）が成立します。被相続人が「あんなやつの子供に遺産を分けたくない」と思っても、法律上それは許されません。

子も孫も死亡しているときは、孫の子（被相続人のひ孫）が代襲相続人になります（再代襲相続）。たとえ欠格・廃除を受けた者の子孫であっても、通常の法定相続と同じように、直系卑属なら無限の代襲相続が認められています。

消息不明の相続人がいたら家裁に申し立てて対応を

相続人の中に生きているはずだが行方不明の者がいる場合は、家裁に申し立てをして、その者の代わりに財産を管理する**不在者財産管理人**を選任してもらいます。家裁の許可を得た**遺産分割協議**（↓150ページ）には不在者財産管理人が参加し、他の相続人との間で遺産に関する話し合いをします。

また、不在者の生死が7年以上の長期にわたり不明なとき、または災害や船舶の沈没などが原因で生死が1年間明らかでないときは、法律上は死亡したものと見なす**失踪宣告**という制度があります。

家裁への申し立てには、**家事審判申立書**（**失踪宣告**）の提出が必要です。受理されると、失踪者は亡くなったものとされます。

なお、後になって生存が確認されたときには、失踪宣告を取り消すことが可能です。

プラスα 相続廃除を取り消す場合は、取り消しの請求を家庭裁判所に対して行う。これは被相続人の生前であればいつでも可能。

◆家事審判申立書（失踪宣告）の記入例 ❶

800円分の収入印紙を貼る。貼った印紙には押印しないように

ケースにより異なるので、裁判所のウェブサイト「失踪宣告の申立書」のページにある書式の記入例などを参考にして記入する

「失踪宣告」と記入する

家事審判申立書　事件名（　失踪宣告　）

（この欄に申立手数料として1件について800円分の収入印紙を貼ってください。）

（貼った印紙に押印しないでください。）

（注意）登記手数料としての収入印紙を納付する場合は，登記手数料としての収入印紙は貼らずにそのまま提出してください。

準口頭		関連事件番号　平成・令和　　年（家　　）第　　　　号

○○ 家庭裁判所 御中 令和 ○○ 年 ○○月 ○○日	申立人 （又は法定代理人など） の記名押印	佐藤幸子　　印

添付書類	（審理のために必要な場合は，追加書類の提出をお願いすることがあります。）

申立人	本籍 （国籍）	（戸籍の添付が必要とされていない申立ての場合は，記入する必要はありません。） 東京 ㊞都 道 府 県　渋谷区代々木6丁目69番
	住所	〒 170－○○○○　電話　03（○○○○）○○○○ 東京都豊島区長崎7丁目50番3号（　　方）
	連絡先	〒　－　電話　（　　） （　　方）
	フリガナ 氏名	サトウ　サチコ 佐藤幸子　　（昭和）平成 令和 ○○年 ○○月○○日生（○○ 歳）
	職業	無職
※ 不在者	本籍 （国籍）	（戸籍の添付が必要とされていない申立ての場合は，記入する必要はありません。） 東京 （都） 道 府 県　渋谷区代々木6丁目69番
	住所	〒　－　電話　（　　） 申立人の住所と同じ（　　方）
	連絡先	〒　－　電話　（　　） （　　方）
	フリガナ 氏名	サトウ　イサム 佐藤　勇　　（昭和）平成 令和 ○○年 ○○月○○日生（○○ 歳）
	職業	会社員

（注）　太枠の中だけ記入してください。
……，成年被後見人となるべき者，不在者，共同相続人，被相続人等の区別を

上の住所と電話番号で確実に連絡が取れるときは記入しない

別表第一（1/　）

◆家事審判申立書（失踪宣告）の記入例❷

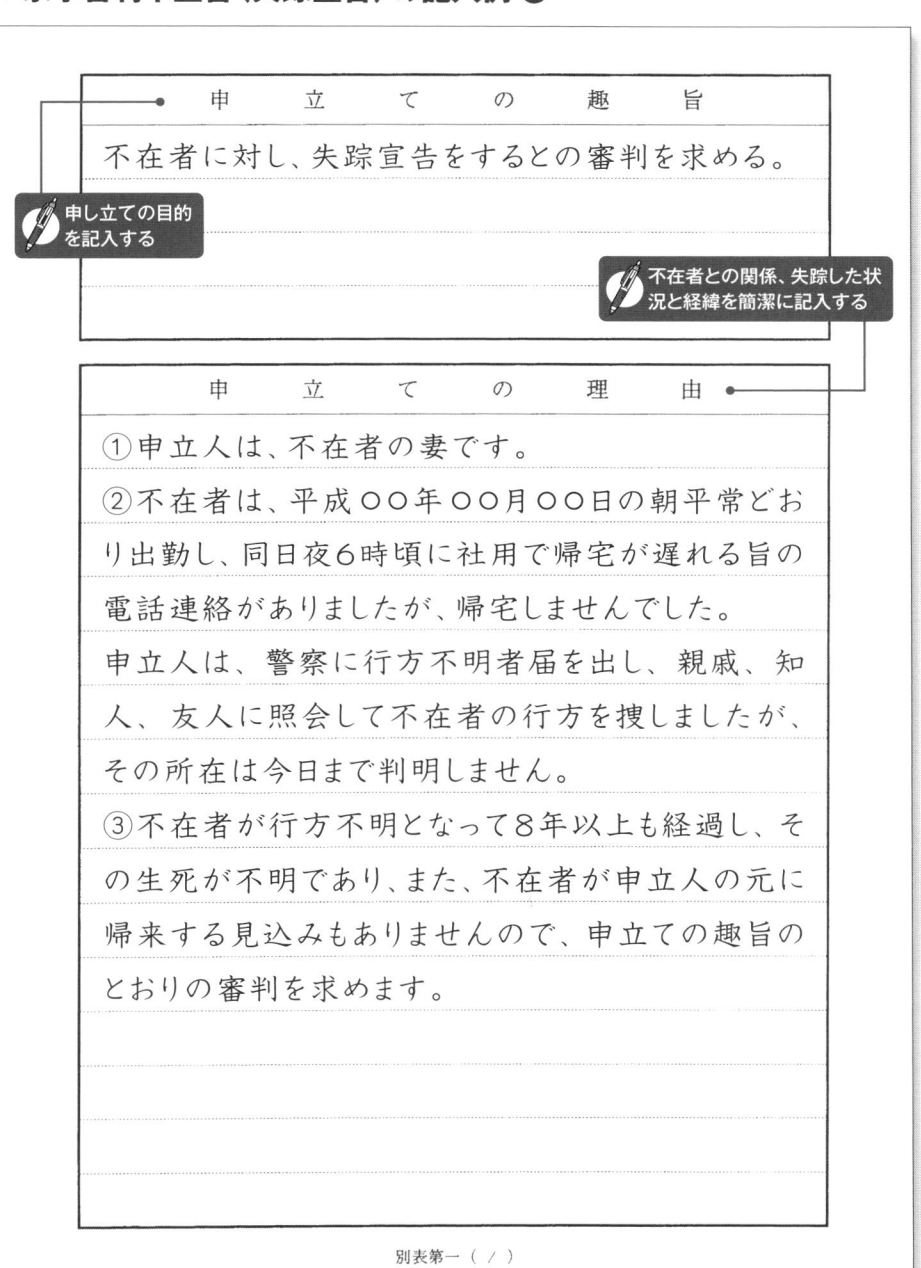

申　立　て　の　趣　旨
不在者に対し、失踪宣告をするとの審判を求める。

申し立ての目的を記入する

不在者との関係、失踪した状況と経緯を簡潔に記入する

申　立　て　の　理　由
①申立人は、不在者の妻です。 ②不在者は、平成○○年○○月○○日の朝平常どおり出勤し、同日夜6時頃に社用で帰宅が遅れる旨の電話連絡がありましたが、帰宅しませんでした。 申立人は、警察に行方不明者届を出し、親戚、知人、友人に照会して不在者の行方を捜しましたが、その所在は今日まで判明しません。 ③不在者が行方不明となって8年以上も経過し、その生死が不明であり、また、不在者が申立人の元に帰来する見込みもありませんので、申立ての趣旨のとおりの審判を求めます。

別表第一（ / ）

プラスα 失踪宣告の申請には、申立書、不在者の戸籍謄本、不在者の戸籍附票、失踪を証明する資料、申立人の利害関係を証明する資料（親族なら戸籍謄本）が必要。

7 遺産相続をしたくないとき

遺産相続では、プラスの財産もマイナスの財産も受け継がなければなりません。単純承認、相続放棄、限定承認の3つから自分にふさわしい方法を選びましょう。

相続には3つの選択肢がある

遺産相続では、被相続者の権利と義務の一切を継承します。遺産には預貯金や有価証券、不動産、貴金属や宝石類などのプラスの財産だけでなく、知人からの借金や連帯保証、銀行ローンなどマイナスの財産も含まれます。まず、これらを全てまとめた財産目録の作成から始めてみましょう。

被相続人が亡くなっても、借金は消えずに残ります。財産よりも負債が多いとき、相続人は自分の財産の中から負債を弁済(べんさい)する必要があります。そこで、相続が原因で苦境に立つことがないように、相続人は次の3つの選択肢から自分にふさわしい方法を選択できるようになっています。

▼単純承認

プラスの財産もマイナスの財産も無条件で相続します。

▼相続放棄

相続に関する一切の権利と義務を放棄し、初めから相続人でなかったと見なされます。

▼限定承認

プラスの相続財産内に限定して、マイナスの財産分も受け継いで弁済します。

相続は、必ずしなければならないわけではありません。遺産を相続するか放棄するかは自由です。

判断を下すための時間が**熟慮期間**で、自己のために相続の開始があったことを知ったときから3カ月以内とされています。熟慮期間を過ぎると放棄できず、相続を単純承認したことにされます。

しかし、被相続人の財産を調べ上げて財産目録を作り、あれこれ検討して相続方法を決めるには、3カ月では足りないかもしれません。判断に時間がかかりそうなときは、期間内に**家事審判申立書**（**相続の承認又は放棄の期間の伸長**）

を被相続人の最後の住所地の家庭裁判所へ提出し、熟慮期間の延長を申請することもできます。

家裁は、相続財産の複雑さ、所在場所、相続人の人数などを考慮して延長を認めるかどうか、延長期間はどれくらいかを判断します。

なお、相続人が複数いるときは、相続人ごとに熟慮期間の延長申請をする必要があります。

勝手に財産に手をつけると単純承認したと見なされる

単純承認には、特に手続きは必要ありません。自分で意思表示するか、自分が相続人になることを知ってから何もしないまま3カ月が経過すれば、単純承認したものと見なされます。後者は**法定単純承認**とされるものです。

民法には、次のような相続人にとって注意すべき法定単純承認の事由が掲げられています。

▼相続方法の選択をする前に、遺産の全部または一部を勝手に処分したとき

▼相続放棄や限定承認をした後であっても、遺産の全部または一部を隠したり、私的に消費したとき

▼限定承認をする際に、相続財産を知っていながら目録に書かなかったとき

こうした行為は単純承認したものと見なされ、負債があっても相続放棄や限定承認ができなくなります。葬儀費用（➡40ページ）や墓石・仏壇購入の相続財産からの支出など、ごく少数の例外を除き、

相続ではマイナスの財産も受け継ぐ

プラスα 熟慮期間開始の「相続の開始があったことを知ったとき」とは、被相続人の死亡と、遺産の存在を知り、それにより自分が法律上の相続人となった事実を知ったとき。

相続が決定するまで相続財産には手をつけないようにすべきです。

自分の意思で相続できるが負債分は別の相続人へ移る

相続放棄の手続きは、被相続人の最後の住所地の家裁へ申し立てをします（相続の放棄の申述）。自己のために相続の開始があったことを知ったときから3カ月以内に、**相続放棄申述書**を提出します。

自分の相続分を放棄したいときは、他の相続人の意向にかかわらず手続きができます。ただし、自分が相続放棄をしたときには、同順位の他の者に負債の相続分が移り、残った相続人の負担割合が増えることになります。同順位の相続人全員が相続放棄をすると、次の順位の者が繰り上がり負債を相続します。

もし次の順位の相続人が事情を知らないまま熟慮期間の3カ月が過ぎると、知らぬ間に繰り上がった相続人の誰かが「憂き目を見る」結末になりかねません。相続放棄をしたいなら、他の相続人全員にその旨を伝えておくほうがよいでしょう。

なお、相続の放棄は被相続人の負債以外の理由でも可能です。例えば、代々続く商家や農家だった場合、後継者に家業を引き継がせるために、その他の相続人が相続放棄して遺産の分散を防ぐケースなどが考えられます。

また、被相続人が大地主や資産家で、広大な山と屋敷を残したとしたら、相続人はその先に待ち構える相続税や固定資産税の支払いを考えて気が遠くなることでしょう。このようにちょっと「ありがた迷惑」な遺産に関与したくないときにも、相続放棄の手続きが使えます。

相続放棄が認められると、相続財産を受け継ぐ権利を失います。相続の**欠格**や**廃除**（➡116ページ）の場合と違い、たとえ子が存在しても**代襲相続**（➡106ページ）ができなくなります。

さらに、後で新たな財産が見つかっても原則として撤回は認められません。そのため、相続放棄は慎重に考える必要があります。

限定承認の申し立てには全相続人の合意が必要

限定承認は、被相続人が残した相続財産について、プラスの財産の範囲内でマイナスの財産も引き継いで弁済するというものです。「できる範囲で借金を返す」方法

相続には3つの選択肢

相続の開始（被相続人の死亡）

3カ月以内に判断

相続の承認

単純承認

- プラスの財産もマイナスの財産も無条件で相続する
- 自分で意思表示する。何もしないまま3カ月が過ぎると自動的に単純承認となる

限定承認

- プラスの財産の範囲内でマイナスの財産も引き継いで相続する
- 相続人全員の合意が必要

相続放棄

- プラスの財産もマイナスの財産も一切放棄し、初めから相続人でなかったことに
- 相続人単独で手続きができる

相続の開始があったことを知ったときから3カ月以内に家庭裁判所へ申し立て

であり、条件付きの遺産相続といえます。

プラスの財産内で弁済しきれなくても、それ以上の返済を免れることができます。そのため、責任は自分の財産にまで及びません。もし弁済後に財産が残っていれば、それを相続できます。

遺産の中にかなりの額の資産と負債が混在し、全体像がよく把握できないときに有効な手続きといえます。

ただ、相続放棄が個々の相続人の自由意思で申し立てができるのに対し、限定承認には相続人全員の合意が必要になります。

申し立ての際は、自分が相続人になったことを知ったときから3カ月以内に、**家事審判申立書**（**相続の限定承認**）を被相続人の最後の住所地の家裁へ提出します。

プラスα　被相続人の借金がのちになって判明した場合など、熟慮期間後に相続放棄が認められるケースもある。ただし、これを認めるかどうかは家庭裁判所が判断する。

◆家事審判申立書（相続の承認又は放棄の期間の伸長）の記入例 ❶

800円分の収入印紙を貼る。貼った印紙には押印しないように

ケースにより異なるので、裁判所のウェブサイト「相続の承認又は放棄の期間の伸長」のページにある書式の記入例などを参考にして記入する

「相続の承認又は放棄の期間の伸長」と記入する

申立書を提出する裁判所名を記入する

亡くなった人について記入する

家事審判申立書　事件名（相続の承認又は放棄の期間の伸長）

（この欄に申立手数料として1件について800円分の収入印紙を貼ってください。）

（貼った印紙に押印し…

（注意）登記手数料としての収入印紙を納付する場合は，登記手数料としての収入印紙は貼らずにそのまま提出してください。

準口頭		関連事件番号　平成・令和　　年（家　　）第　　　　号

○○ 家庭裁判所 御中 令和 ○○ 年 ○○ 月 ○○ 日	申立人 （又は法定代理人など） の記名押印	佐藤 勇　　印

添付書類	（審理のために必要な場合は，追加書類の提出をお願いすることがあります。）

申立人	本籍 （国籍）	（戸籍の添付が必要とされていない申立ての場合は，記入する必要はありません。） 東京 ㊉都 道 府 県 渋谷区代々木6丁目69番
	住所	〒 170－0000　電話 03（0000）0000 東京都豊島区長崎7丁目50番3号（　　方）
	連絡先	〒　－　電話　（　　） （　　方）
	フリガナ 氏名	サトウ　イサム 佐藤 勇　　（昭和）平成 令和 ○○年 ○○月○○日生（○○ 歳）
	職業	会社員
※ 被相続人	本籍 （国籍）	（戸籍の添付が必要とされていない申立ての場合は，記入する必要はありません。） 東京 ㊉都 道 府 県 渋谷区代々木6丁目69番
	住所	〒 150－0000　電話　（　　） 東京都渋谷区代々木6丁目69番2号（　　方）
	連絡先	〒　－　電話　（　　） （　　方）
	フリガナ 氏名	サトウ　マサル 佐藤 勝　　（昭和）平成 令和 ○○年 ○○月○○日生（○○ 歳）
	職業	無職

（注）　太枠の中だけ記入してください。
…申立人，法定代理人，成年被後見人となるべき者，不在者，共同相続人，被相続人等の区別を…い。

別表第一（1/　）

◆家事審判申立書（相続の承認又は放棄の期間の伸長）の記入例 ❷

申　立　て　の　趣　旨
申立人が、被相続人進の相続の承認又は放棄をする期間を令和００年００月００日まで伸長するとの審判を求めます。

申　立　て　の　理　由
①申立人は、被相続人の長男です。 ②被相続人は、令和００年００月００日に死亡し、同日、申立人は、相続が開始したことを知りました。 ③申立人は、被相続人の相続財産を調査していますが、被相続人は、生前手広く事業を展開していたことから、相続財産が各地に分散しているほか、債務も相当あるようです。 ④そのため、法定期間内に、相続を承認するか放棄するかの判断をすることが困難な状況にあります。 ⑤よって、この期間を〇カ月伸長していただきたく、申し立ての趣旨通りの審判を求めます。

被相続人との続柄、どうして延長する必要があるのか、どの程度の延長期間を求めているのかを簡潔に記入する

別表第一（ / ）

◆相続放棄申述書の記入例 ❶

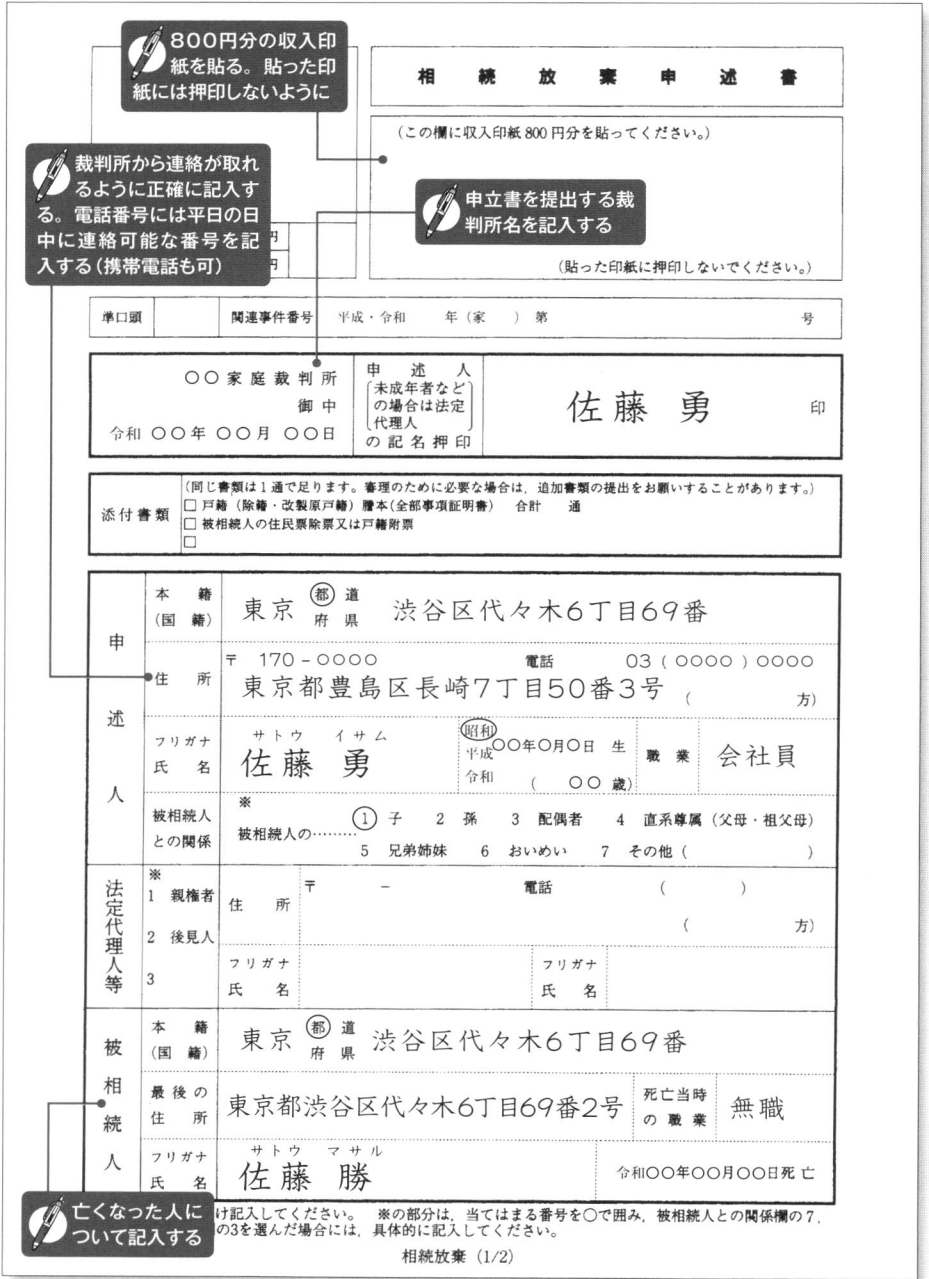

800円分の収入印紙を貼る。貼った印紙には押印しないように

裁判所から連絡が取れるように正確に記入する。電話番号には平日の日中に連絡可能な番号を記入する（携帯電話も可）

申立書を提出する裁判所名を記入する

亡くなった人について記入する

相　続　放　棄　申　述　書

（この欄に収入印紙800円分を貼ってください。）

（貼った印紙に押印しないでください。）

準口頭		関連事件番号	平成・令和　　年（家　　）第　　　号

○○家庭裁判所 御中 令和 ○○年 ○○月 ○○日	申述人 （未成年者などの場合は法定代理人） の記名押印	佐藤　勇	印

添付書類	（同じ書類は1通で足ります。審理のために必要な場合は，追加書類の提出をお願いすることがあります。） □ 戸籍（除籍・改製原戸籍）謄本(全部事項証明書)　合計　　通 □ 被相続人の住民票除票又は戸籍附票 □

申述人	本籍（国籍）	東京 ㊞都 道 府 県　渭谷区代々木6丁目69番			
	住所	〒 170－○○○○　電話 03（○○○○）○○○○ 東京都豊島区長崎7丁目50番3号　（　　方）			
	フリガナ 氏名	サトウ　イサム 佐藤　勇	(昭和)・平成・令和 ○○年○月○日 生（○○ 歳）	職業	会社員
	被相続人との関係	※ 被相続人の………(1) 子　2 孫　3 配偶者　4 直系尊属（父母・祖父母） 5 兄弟姉妹　6 おいめい　7 その他（　　）			
法定代理人等	※ 1 親権者 2 後見人 3	住所	〒　－　電話　（　） （　　方）		
		フリガナ 氏名		フリガナ 氏名	
被相続人	本籍（国籍）	東京 (都) 道 府 県　渋谷区代々木6丁目69番			
	最後の住所	東京都渋谷区代々木6丁目69番2号	死亡当時の職業	無職	
	フリガナ 氏名	サトウ　マサル 佐藤　勝	令和○○年○○月○○日死亡		

け記入してください。　※の部分は，当てはまる番号を○で囲み，被相続人との関係欄の7，
の3を選んだ場合には，具体的に記入してください。

相続放棄（1/2）

◆相続放棄申述書の記入例 ❷

申　述　の　趣　旨
相　続　の　放　棄　を　す　る　。

申　述　の　理　由		
※　相続の開始を知った日…………令和 ○○ 年 ○○月 ○○日 (1) 被相続人死亡の当日　　3 先順位者の相続放棄を知った日 2 死亡の通知をうけた日　　4 その他（　　）		
放棄の理由	相続財産の概略	
※ 1 被相続人から生前に贈与を受けている 2 生活が安定している。 3 遺産が少ない。 4 遺産を分散させたくない。 (5) 債務超過のため。 6 その他（　　）	資産	農地……約　　平方メートル　現金 預貯金………約 100 万円 山林……約　　平方メートル　有価証券……約 50 万円 宅地……約　　平方メートル 建物……約 20 平方メートル
	負債……………………………約 1500 万円	

（注）　太枠の中だけ記入してください。　※の部分は，当てはまる番号を○で囲み，申述の理由欄の4，放棄の理由欄の6を選んだ場合には，（　　）内に具体的に記入してください。

亡くなった人が残した財産について、負債も含めて記入する

相続放棄（2/2）

プラスα　「申述人」とは相続放棄を裁判所に「申し述べる人」の意味で、相続放棄をする相続人のことを指す。相続人が未成年者または成年被後見人の場合は法定代理人が申述する。

◆家事審判申立書（相続の限定承認）の記入例 ❶

800円分の収入印紙を貼る。貼った印紙には押印しないように

ケースにより異なるので、裁判所のウェブサイト「相続の限定承認の申述」のページにある書式の記入例などを参考にして記入する

家事審判申立書　事件名（相続の限定承認）

「相続の限定承認」と記入する

（この欄に申立手数料として１件について800円分の収入印紙を貼ってください。）

（貼った印紙に押印しないでください。）

（注意）登記手数料としての収入印紙を納付する場合は，登記手数料としての収入印紙は貼らずにそのまま提出してください。

相続人全員の記名押印が必要

準口頭		関連事件番号　平成・令和　年（家　）第	号

○○ 家庭裁判所 御中 令和 ○○ 年 ○○月 ○○日	申立人 （又は法定代理人など） の記名押印	佐藤和子 佐藤　勇　印

添付書類	（審理のために必要な場合は，追加書類の提出をお願いすることがあります。）

「申立人」に取り消し線を引いて「申述人」と記入し、申述人が押印する

~~申立人~~（印）申述人	本籍（国籍）	（戸籍の添付が必要とされていない申立ての場合は，記入する必要はありません。） 東京 ㊞都 道 府 県 渋谷区代々木6丁目69番
	住所	〒 150－0000　電話 03（0000）0000 東京都渋谷区代々木6丁目69番2号（　方）
	連絡先	〒　－　電話（　） （　方）
	フリガナ 氏名	サトウ　カズコ 佐藤和子　｜　㊞昭和・平成・令和 ○○年 ○○月○○日生（ ○○ 歳）
	職業	無職
※ 申述人	本籍（国籍）	（戸籍の添付が必要とされていない申立ての場合は，記入する必要はありません。） 都 道 府 県 申述人和子の本籍と同じ
	住所	〒 170－0000　電話 03（0000）0000 東京都豊島区長崎7丁目50番3号（　方）
	連絡先	〒　－　電話（　） （　方）
	フリガナ 氏名	サトウ　イサム 佐藤　勇　｜　㊞昭和・平成・令和 ○○年 ○○月○○日生（ ○○ 歳）
	職業	会社員

（注）　太枠の中だけ記入してください。

…後見人となるべき者，不在者，共同相続人，被相続人等の区別を…

…別表第一（1/ ）

◆家事審判申立書（相続の限定承認）の記入例 ❷

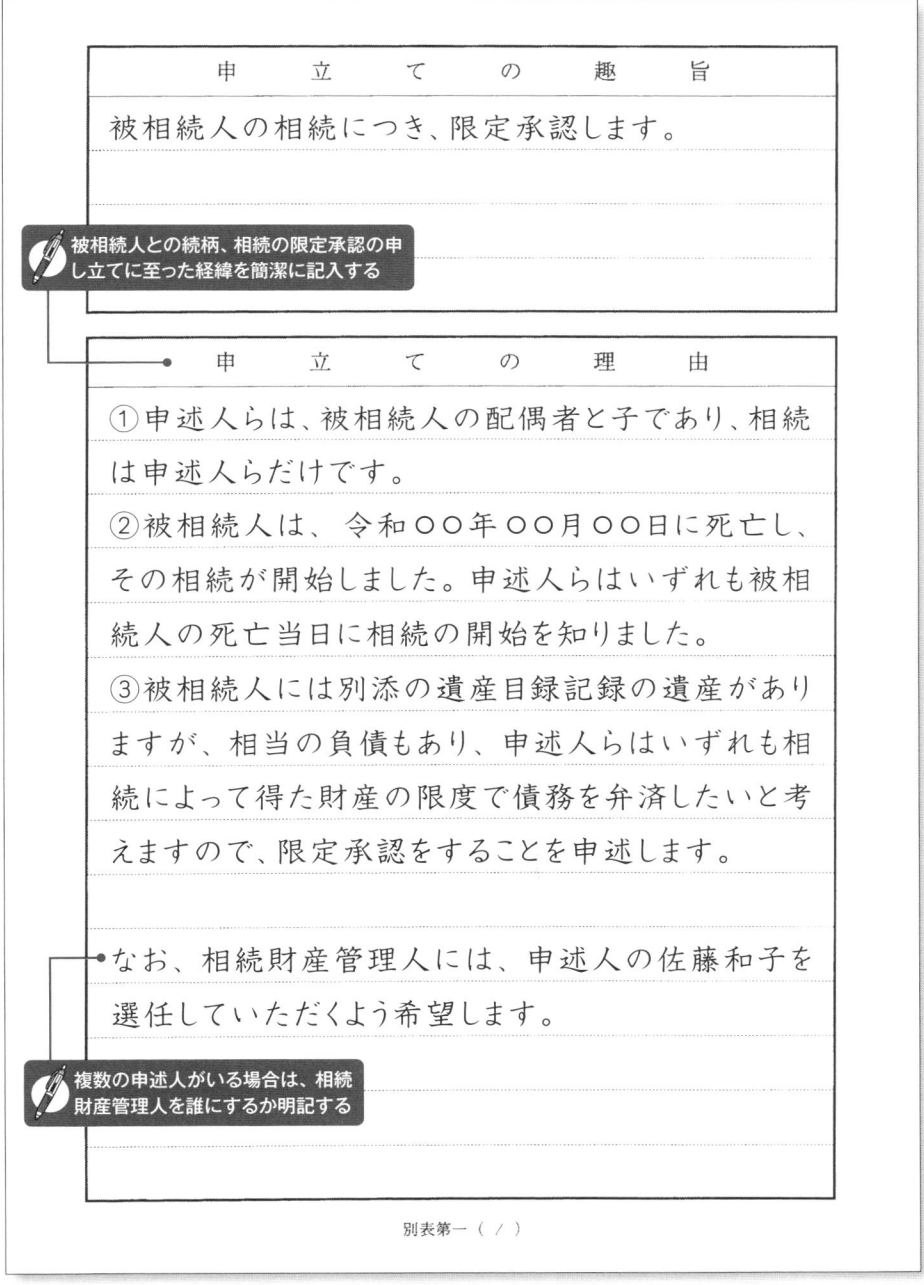

申　立　て　の　趣　旨
被相続人の相続につき、限定承認します。

被相続人との続柄、相続の限定承認の申し立てに至った経緯を簡潔に記入する

申　立　て　の　理　由
①申述人らは、被相続人の配偶者と子であり、相続は申述人らだけです。 ②被相続人は、令和〇〇年〇〇月〇〇日に死亡し、その相続が開始しました。申述人らはいずれも被相続人の死亡当日に相続の開始を知りました。 ③被相続人には別添の遺産目録記録の遺産がありますが、相当の負債もあり、申述人らはいずれも相続によって得た財産の限度で債務を弁済したいと考えますので、限定承認をすることを申述します。 なお、相続財産管理人には、申述人の佐藤和子を選任していただくよう希望します。

複数の申述人がいる場合は、相続財産管理人を誰にするか明記する

別表第一（／）

◆家事審判申立書（相続の限定承認）の記入例 ❸

亡くなった人（被相続人）について記入する

※ 被相続人	本　籍	都 道 府 県　申述人和子の本籍と同じ	
	住　所	〒　－　申述人和子の住所と同じ　（　方）	
	フリガナ 氏　名	サトウ　マサル 佐藤　勝	大正 昭和（○で囲む） 平成 令和　○○年 ○○月○○日 生（ ○○ 歳）
※	本　籍	都 道 府 県	
	住　所	〒　－　（　方）	
	フリガナ 氏　名		大正 昭和 平成 令和　年　月　日 生（　歳）
※	本　籍	都 道 府 県	
	住　所	〒　－　（　方）	
	フリガナ 氏　名		大正 昭和 平成 令和　年　月　日 生（　歳）
※	本　籍	都 道 府 県	
	住　所	〒　－　（　方）	
	フリガナ 氏　名		大正 昭和 平成 令和　年　月　日 生（　歳）

（注）　太枠の中だけ記入してください。※の部分は，申立人，相手方，法定代理人，不在者，共同相続人，被相続人等の区別を記入してください

◆家事審判申立書（相続の限定承認）の記入例 ❹

遺　産　目　録（□特別受益目録，□分割済遺産目録）

【土　地】

番号	所　在	地　番		地目	地　積（平方メートル）		備　考
1	○○区○○町 ○丁目	○○番	○○	宅地	150	00	建物1の敷地 評価額0000万円 ○○銀行の抵当権（建物と共同抵当）あり 残額約0000万円

評価額を記入する

遺　産　目　録（□特別受益目録，□分割済遺産目録）

【建　物】

番号	所　在	家屋番号	種　類	構　造	床面積（平方メートル）		備　考
1	○○区○○町 ○丁目	○番 ○	居宅	木造 瓦葺き 平屋建	70	00	土地1の 建物評価額 000万円 土地1と 共同抵当

遺　産　目　録（□特別受益目録，□分割済遺産目録）

【現金，預・貯金，株式等】

番号	品　目	単　位	数　量（金　額）	備　考
1	○○銀行池袋支店 定期預金 （番号0000000）			申述人一部保管
2	株式 ○○株式会社	50円	0,000株	評価額 000,000円 申述人一部保管
3	負債 債権者 ○○銀行 池袋支店		借入金0000万円 利息○%、 損害金○%	残額 約0000万円 土地・建物に抵当

資産と負債について、それぞれの項目に書き分けて記入します

プラスα　限定承認の申立書を提出する際には、プラスの財産とマイナスの財産の全てを記した遺産目録を作成する必要がある。

8

遺言書の効果と形式

遺言は、被相続人の意思を示すラストメッセージで、大きな効力を発揮します。ただ、書き方のルールを無視した遺言書は法的に無効になる点に注意が必要です。

遺産相続では原則として、被相続人の遺言による相続が**法定相続**よりも優先されます。残された遺言書が法的に有効と確認されたら、その内容に従って遺産の相続分が決まります（指定相続分）。

遺言書が効力を発揮するケースを知っておこう

法定相続人の範囲と相続の割合（**法定相続分**）は、血縁関係と婚姻関係に基づき定められています（⬇106ページ）。ただし、あくまでも抽象的な目安にすぎません。

建前と現実の間には、遺産相続をめぐって骨肉の争いが起きるタネが潜んでいます。

遺言書がない場合は、法定相続人全員で**遺産分割協議**（⬇150ページ）に入ります。しかし、納得しない相続人が一人でもいれば、協議は不成立に終わります。最後の手段として、**調停・審判**の形で家庭裁判所の力を借りて解決を目指すことになります（⬇154ページ）。

こうした事態が懸念される場合、遺言書の中で「妻には家屋と○○○万円、長男には別のマンションと○○○万円」と具体的に指定しておくとよいでしょう。遺産分割協議も不要になります。

また、献身的に看病してくれた息子の嫁、長年連れ添った内縁関係の同居人、再婚相手の連れ子など、相続権を持っていない人に遺産を分け与えたい場合も遺言書は有効です。遺言に**遺贈**（いぞう）（遺言により被相続人の財産の全部または一部を無償で与えること）すると明記しておけば、遺族はそれに従わざるを得ません。

遺言書は通常普通方式で作成される

遺言書には、大きく分けて「普通方式」と「特別方式」があります。通常は、普通方式で作成されます。

Memo

公証人

公正証書を作成し、遺言や契約など私権に関する公正証書を作成し、必要な認証を与える権限を持つ実質上の公務員です。法務大臣の監督を受け、管轄区域内に設置された「公証役場」で執務しています。

原則として裁判官、検察官、弁護士の資格を有する者から法務大臣が任命するほか、法務に長年携わってきた者からも選考を経て任命されます。守秘義務を負っており、職務上の義務に違反した場合は懲戒処分が科されます。現在、公証人は全国に約500人、公証役場は約300カ所設置されています。

遺言書の種類

普通方式	自筆証書遺言	遺言者（被相続人）が、証人を立てずに自筆で書く	
	公正証書遺言	遺言者が公証人の面前で遺言の内容を口述したものを文書化、２人の証人を立てて作成する	
	秘密証書遺言	遺言者が作成し、封印したうえで公証役場へ持参し、２人の証人を立てて遺言書の存在を証明してもらう	
特別方式	危急時遺言（ききゅうじ）	遺言者が臨終間際に第三者へ口頭で遺言の内容を伝える。遺言者が口述したものを文書化、「一般危急時遺言」では３人以上の証人を立てて作成する（その他に「難船危急時遺言」がある）	
	隔絶地遺言（かくぜつち）	伝染病隔離や刑務所服役などのため、交通が断たれた場所にいる人に認められる。「一般隔絶地遺言」では１人の警察官と１人以上の証人を立てて遺言書を作成する（その他に「船舶隔絶地遺言」がある）	

プラスα 遺言書がたとえ法的に無効であっても、遺言者の意思を尊重して、書かれた通りに遺産を分配することには何の問題もない。

遺言は、一度書いた後で心境や考え方が変わったり、保有財産の状況に変化が生じたら、書き直しや取り消しはいつでも、何回でもできます。もし複数の遺言書が見つかったときは、最も新しい日付の遺言書が有効とされます。

遺言書に記述する内容に制約はありませんが、厳格な方式が定められています。書き方のルールを無視した部分が一点でもある遺言書は、全て無効になります。

自筆証書遺言は遺言者が自筆で書く

自筆証書遺言は、遺言者が自筆で紙に書き、日付と氏名を記して押印します。

自分で書けばよいので費用がほとんどかからず、筆記用具と印鑑さえあれば、思い立ったときにいつでも書けるというメリットがあります。用紙の決まりも特にありません。財産の目録を作り、本文に「別紙目録一を○○に」などと記載します。代筆は認められていません。

また、２０１９（平成31）年１月から自筆証書遺言に関する制度が変更され、自筆で書けばよいのが本文だけになりました。

不動産や預貯金、株式などの財産目録については、自筆ではなく、パソコンなどで作ったリストでも認められます。ただし、財産目録の全ページに署名捺印をする必要があります。

なお、リストには、不動産登記事項証明書や通帳のコピーを添付することができます。

これらの変更は、遺言書を自筆で書くことが高齢者にとっては大

自筆証書遺言の作成例

遺言書

別紙目録一及び二の不動産を佐藤和子に、別紙目録三及び四の不動産を佐藤勇に相続させる。

令和○○年○○月○○日
佐藤 勝 ㊞

＋

別紙目録

一 土地
所在 東京都…
地番 …
地目 …
地積 …

二 建物
所在 東京都…
家屋番号 …
種類 …
床面積 …

佐藤 勝 ㊞

パソコンで作成してもよい

三 土地
所在 大阪府…
地番 …
地目 …
地積 …

四 建物
所在 大阪府…
家屋番号 …
種類 …
床面積 …

佐藤 勝 ㊞

きな負担になっていることを考慮したものです。

制度の変更によって、自筆証書遺言を作成するハードルが下がり、ずっと使いやすいものになりましたが、たくさんのデメリットも存在します。

自筆証書遺言では、書き間違いをしたらその部分に押印のうえ、さらにどこをどのように訂正したかを付記してそこにも署名しなければなりません。

さらに、本文と目録を1枚の紙に書いてはいけないなど、厳格な方式のため、素人では気がつかないようなちょっとした内容の不備や形式的ミスで無効になってしまう危険性がつきまといます。

その他、内容がわかりづらい場合や、本文と目録の作成日が違う、使っているペンが違うなどは、後にトラブルの種になってしまうかもしれません。

また、他者が破棄したり、隠匿や改竄される可能性もないとはいえません。逆に、遺言者自身が紛失したり、隠しておいたことを誰も知らず、そのまま発見されない恐れもあります。

こういった事態を防ぐために、自筆証書遺言の原本とデータを法務局で保管してくれる制度（➡137ページ）が２０２０（令和２）年7月から始まりました。

なお、自筆証書遺言が見つかったら、発見者は開封前に家裁へ持参し、検認（➡138ページ）の手続きを踏まなければなりません。そのため、時間や手間がかかってしまいますが、法務局で保管してもらっていれば、検認手続きは不要となります。

公正証書遺言は公証人が文章をまとめる

公正証書遺言は、遺言者が公証人の面前で内容を口述し、それに基づいて公証人が遺言者の真意を正確に文章にまとめて作成します。その際、証人2人の立ち会いが義務付けられています。適当な証人が見当たらないときは、公証役場で紹介してもらえます。

内容で悩むときは公証人に相談し、助言を受けながら作成できます。公証人は法律の専門家なので、法的な不備で遺言が無効になる恐れもありません。

病気や衰弱で遺言者が公証役場に出向くのが困難なときには、公証人が自宅や病院へ出張して作成した遺言書も有効とされます。さらに遺言者が署名ができない場合、

プラスα 公正証書遺言を残す人は増加傾向にあり、統計開始の1971年には約1万5000件だったが、2014年にはついに年間10万件を超えた。2022年は11万1977件。

自筆証書遺言と公正証書遺言の比較

	メリット	デメリット
自筆証書遺言	■自分で手軽に作成できる ■証人が不要 ■費用がほとんどかからない	■法的な不備で無効になる恐れ ■他者による破棄、隠匿、改竄の危険性 ■紛失したり死後に発見されない恐れ
公正証書遺言	■内容に公証人の助言が得られる ■法的な不備で無効になる恐れがない ■破棄、隠匿、改竄の心配が不要	■相応の費用がかかる ■証人が2人必要

公証人が署名を代書できると法律で認められています（遺言者側が手数料と実費を負担）。

　完成した公正証書遺言の原本は必ず公証役場に保管され、遺言者には原本の内容をそのまま写した正本（せいほん）と謄本（とうほん）が渡されます。正本は、原本と同じ効力を発揮します。遺言者が死亡するまで他人の目に触れることはないので、遺言書の破棄や隠匿、改竄の心配も不要です。

　また、家裁で検認の手続きを踏む必要はありません。そのため、すみやかに遺言の内容を実現できます。自筆証書遺言に比べると費用はかかりますが、安全で確実な方法といえるでしょう。

秘密証書遺言は文面を秘密にして封印

秘密証書遺言は、遺言者が遺言の内容を記した書面に署名・押印したうえ、さらに同じ印章で封印します。自筆証書遺言と異なり、自筆である必要はなく、ワープロや代筆でもかまいません。

　これを公証役場に持参し、2人の証人を立てて公証人に遺言であると申述します。公証人は封書に日付と申述を記載し、遺言者と証人も署名・捺印します。手続き後の遺言は、遺言者が保管します。

　秘密証書遺言のメリットは遺言の内容を秘密にできることです。

　ただし、公証人が文面を確認できないため、法的な不備があり無効となってしまう懸念は消えません。また、遺言を残した人が亡くなったら、家裁へ届け出て検認を受ける必要があります。さらに、公証人と証人が介在するため、相応の費用もかかります。

Column

自筆証書遺言の法務局保管

2020（令和2）年7月から自筆証書遺言書保管制度が開始されました。

新制度では、自筆証書遺言を法務局に預けることができます。法務局は原本を保管し、同時に遺言書を画像データ化して記録します。

保管の手続きは、次にあげた法務局でできます。

▼遺言書を書いた人の住所地
▼遺言書を書いた人の本籍地
▼遺言書を書いた人が所有している不動産の所在地

なお、代理人による保管申請はできません。必ず遺言書を書いた本人が法務局まで出向きましょう。この際、遺言書は無封のものでなければいけません。

なお、保管してある遺言書の訂正・撤回は可能です。

法務局保管のメリット

法務局に遺言書を預けることにより、紛失や改竄の恐れがなくなります。

また、法務局に預ける際には、遺言書保管官が遺言書の形式などをチェックしてくれます（内容の相談は不可）ので、遺言書が不備によって無効となる可能性をなくすことができます。

遺言者の死後は、相続人などによって遺言書の検索、遺言書の写しの交付請求、遺言書の閲覧が可能になります。相続人の一人が交付請求、閲覧をした場合には、他の相続人に対して遺言書が保管されていることが通知されます。

これまで自筆証書遺言は家庭裁判所の検認が必要でしたが、法務局に保管されたものに関しては、検認が不要となります。そのため、すぐに相続の手続きを始めることができます。

通知対象を指定できる

法務局に遺言書を保管していることは、家族などに伝えておいたほうがよいでしょう。

また、遺言者が通知対象（3名まで）を指定することもできます。この制度を利用すれば、法務局が遺言者の死亡を確認した時点で、指定者へ遺言状が保管されていることが通知されます。

プラスα 自筆証書遺言を法務局に保管してもらう場合、法務局に出向いた際に、顔写真付きの身分証明書が必要となる。これはなりすましを防ぐための措置。

9

遺言書が見つかったら

遺言書は家庭裁判所で検認を受けなければいけないものがあります。検認が不要の公正証書遺言では、存否を照会する検索システムが利用できます。

公正証書遺言（➡133ページ）や、法務局に保管した**自筆証書遺言**（➡137ページ）は原本が公証役場や法務局に保管されているので、破棄や隠匿、改竄の心配は不要です。一方、法務局に保管していない自筆証書遺言や**秘密証書遺言**では、偽造や変造の危険性を排除できません。これらの遺言書を見つけた相続人は、被相続人の住所地を管轄する家庭裁判所へ遺言書を提出し、保全するための**検認**を速やかに受ける必要があります。

　検認は、相続人に対して遺言の存在および内容を知らせるとともに、遺言書の形状、加筆・削除・訂正の状態、日付、署名など、検認する時点における遺言書の内容を明確にして偽造・変造を防止するための手続きです。

　検認を申し立てる際は、**家事審判申立書（遺言書の検認）**を家裁へ提出します。

家裁で検認を受ける前に開封しない

　封筒に入れて封印してある遺言書は勝手に開封せず、そのまま家裁に提出します。相続人（または代理人）の立ち会いの下、裁判官が開封します。封印されていない遺言書であっても、検認手続きは必要です。なお、遺言書の提出を怠ったり、勝手に開封した場合、5万円以下の過料を科されます。

　もし開封しても、遺言自体が無効になるわけではありません。なお、検認は「遺言書の記述内容や形式の有効性を判断する手続きではない」点は要注意です。また、検認手続きを経た遺言書でも、書き方のルールを逸脱していると無効になり、相続の手続きに使えないケースがあります。

指定された期日に遺言書を家裁へ持参

　検認の申し立て後、家裁から相

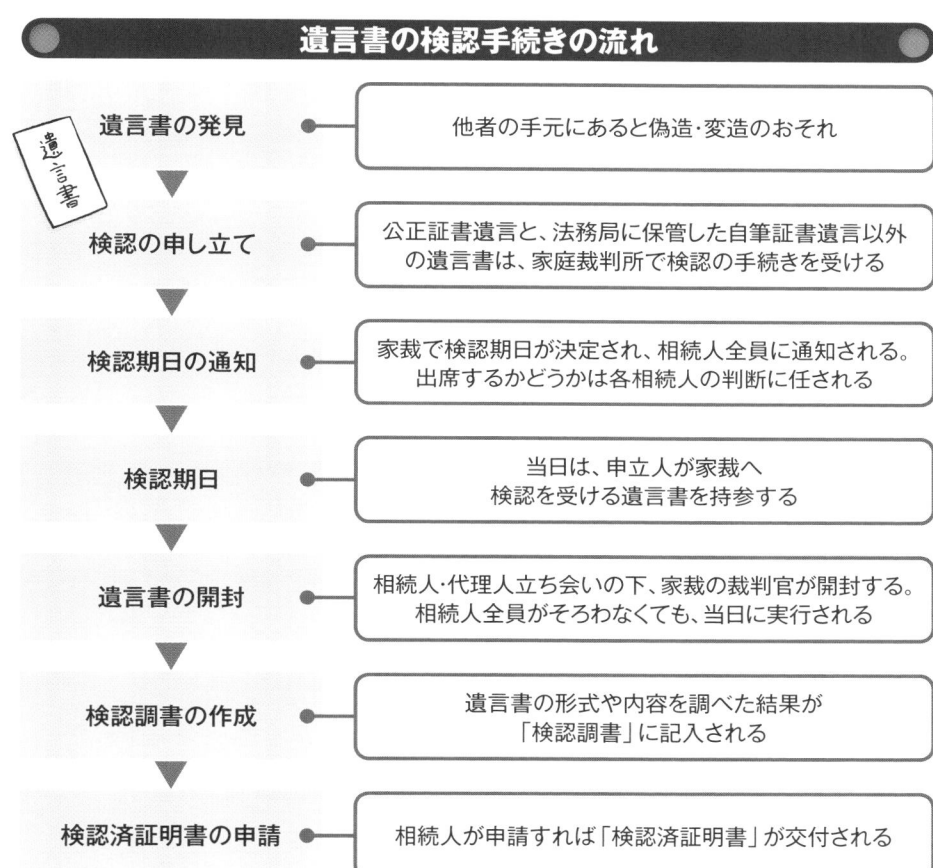

遺言書の検認手続きの流れ

遺言書の発見	他者の手元にあると偽造・変造のおそれ
▼	
検認の申し立て	公正証書遺言と、法務局に保管した自筆証書遺言以外の遺言書は、家庭裁判所で検認の手続きを受ける
▼	
検認期日の通知	家裁で検認期日が決定され、相続人全員に通知される。出席するかどうかは各相続人の判断に任される
▼	
検認期日	当日は、申立人が家裁へ検認を受ける遺言書を持参する
▼	
遺言書の開封	相続人・代理人立ち会いの下、家裁の裁判官が開封する。相続人全員がそろわなくても、当日に実行される
▼	
検認調書の作成	遺言書の形式や内容を調べた結果が「検認調書」に記入される
▼	
検認済証明書の申請	相続人が申請すれば「検認済証明書」が交付される

続人全員に対して検認を行う期日が通知されます。申し立てをした相続人（申立人）以外の相続人が検認期日に出席するかどうかは、各相続人の判断に任されています。もし全ての相続人がそろわなくても、検認手続きはその日に実行されます。

申立人は、指定された期日に遺言書を家裁へ持参します。出席した相続人立ち会いの下に開封され、遺言書の内容が確認されます。

検認後、調べた結果は「検認調書」に記入され、遺言書は返却されます。相続人が申請すると「検認済証明書」を交付してもらえます。公正証書遺言や、法務局に保管した自筆証書遺言以外の遺言によって相続の手続きを行うには、この検認済証明書が添付された遺言書が必要になります。

プラスα 検認済証明書の申請では、遺言書1通につき150円の収入印紙と申立人の印鑑が必要となる。

公正証書遺言の存否は遺言検索システムで確認

公証役場で作成された公正証書遺言の原本は、原則20年間保管されます。**公証人**（➡133ページ）は、遺言者名、生年月日、証書番号、作成年月日、公証人名、公証役場名などを上部団体の日本公証人連合会に報告します（遺言の内容を除く）。同連合会では、集まった情報をデータベースに登録し、全国の公証人が共有して利用できるようにしています。

この**遺言検索システム**は、遺言の存否を相続人が知らないままに終わる事態を防ぐための制度で、1989（平成元）年から始まりました。同年1月1日以降に全国で作成された公正証書遺言および関与した秘密証書遺言を照会・検索できます。

照会・検索を依頼できる者は、遺言者が生きている間は「遺言者本人のみ」、遺言者の死後は「法定相続人、受遺者、遺言執行者など利害関係者」に限定されます。

遺言の存否の照会請求は全国どの公証役場でも可能ですが、遺言者が死亡した事実を証明する書類（除籍謄本など）、照会者が遺言人の相続人であることを証明する戸籍謄本、本人確認書類（マイナンバーカード、運転免許証など）の提示が必要となります。

公正証書遺言の登録があった場合は「遺言検索システム照会結果通知書」が交付されます。照会者は、交付された通知書を持参して公正証書遺言の正本（せいほん）が保管してある公証役場へ行き、閲覧または謄本の交付を請求します。

自筆証書遺言が法務局に保管されているか確認

自筆証書遺言が法務局に保管されているかどうかを確認するには、法務局に**遺言書保管事実証明書**の交付請求を行います。請求は全国の遺言書保管所（法務局）ででき、郵送でも行えます。ただし、この証明書では、遺言書の内容まではわかりません。

遺言書の内容を確認する場合は、**遺言書情報証明書**の交付請求を行います。これも全国の遺言書保管所で請求でき、郵送でも可能です。遺言書情報証明書は、遺言書原本の代わりとして、各種手続きに使用することができます。

遺言書情報証明書の交付を受けると、法務局から他の相続人全員に遺言書保管の通知が行われます。

◆家事審判申立書（遺言書の検認）の記入例 ❶

> 800円分の収入印紙を貼る。貼った印紙には押印しないように

> 「遺言書の検認」と記入する

> ケースにより異なるので、裁判所のウェブサイト「遺言書の検認」のページにある書式の記入例などを参考にして記入する

家事審判申立書　事件名（遺言書の検認）

（この欄に申立手数料として1件について800円分の収入印紙を貼ってください。）

（貼った印紙に押印しないでください。）

（注意）登記手数料としての収入印紙を納付する場合は，登記手数料としての収入印紙は貼らずにそのまま提出してください。

収入印紙		円
予納郵便切手		円
予納収入印紙		円

準口頭		関連事件番号　平成・令和　　年（家　　）第　　　号

○○ 家庭裁判所 御中 令和 ○○ 年 ○○月 ○○日	申立人 （又は法定代理人など） の記名押印	佐藤和子　　印

添付書類	（審理のために必要な場合は，追加書類の提出をお願いすることがあります。）

申立人	本籍（国籍）	（戸籍の添付が必要とされていない申立ての場合は，記入する必要はありません。） 東京 都（道府県） 渋谷区代々木6丁目69番
	住所	〒 150－0000　電話 03（0000）0000 東京都渋谷区代々木6丁目69番2号（　　方）
	連絡先	〒　－　　電話（　　） （　　方）
	フリガナ 氏名	サトウ　カズコ 佐藤和子　　昭和（平成・令和）○○年 ○○月○○日生（○○ 歳）
	職業	無職
※ 遺言者	本籍（国籍）	（戸籍の添付が必要とされていない申立ての場合は，記入する必要はありません。） 都道府県　申立人の本籍と同じ
	最後の住所	〒　－　　電話（　　） 申立人の住所と同じ（　　方）
	連絡先	〒　－　　電話（　　） （　　方）
	フリガナ 氏名	サトウ　マサル 佐藤　勝　　昭和（平成・令和）○○年 ○○月○○日生（○○ 歳）
	職業	会社員

（注）　太枠の中だけ記入してください。
立人，法定代理人，成年被後見人となるべき者，不在者，共同相続人，被相続人等の区別を
い。

> 遺言者について記入する

別表第一（1/　）

プラスα 遺言書保管事実証明書や遺言書情報証明書の請求は、相続人や受遺者などが行える。必要な書類もあり、手数料もかかるので法務局に相談してみよう。

◆家事審判申立書（遺言書の検認）の記入例 ❷

申　立　て　の　趣　旨
遺言者の自筆証書による遺言書の検認を求めます。

申し立ての目的を記入する

遺言書を預かった日付、保管方法などを簡潔に記入する

申　立　て　の　理　由
①申立人は、遺言者から令和○○年○○月○○日に遺言書を預かり、申立人の自宅金庫に保管していました。 ②遺言者は、令和○○年○○月○○日に死亡したので、遺言書（封印されている）の検認を求めます。なお、相続人は別紙の相続人目録のとおりです。

別表第一（ / ）

◆家事審判申立書（遺言書の検認）の記入例 ❸

別紙として下記の通り相続人目録を添えます

※ 相続人	本　籍	都 道 府 県　申立人和子の本籍と同じ	
	住　所	〒 170－0000 東京都豊島区長崎7丁目50番3号 （　　　方）	
	フリガナ 氏　名	サトウ　イサム 佐藤　勇	大正 (昭和) 平成 令和 ○○年 ○○月○○日 生 （ ○○ 歳）
※	本　籍	都 道 府 県	
	住　所	〒　－ （　　　方）	
	フリガナ 氏　名		大正 昭和 平成 令和 年 月 日 生 （　　歳）
※	本　籍	都 道 府 県	
	住　所	〒　－ （　　　方）	
	フリガナ 氏　名		大正 昭和 平成 令和 年 月 日 生 （　　歳）
※	本　籍	都 道 府 県	
	住　所	〒　－ （　　　方）	
	フリガナ 氏　名		大正 昭和 平成 令和 年 月 日 生 （　　歳）

申立人以外の相続人について記入する

（注）　太枠の中だけ記入してください。※の部分は，申立人，相手方，法定代理人，不在者，共同相続人，被相続人等の区別を記入してください

10

遺言書でも変えられない「遺留分」

相続人に最低限の取り分を保障する遺留分は、遺言書でも侵せない権利です。遺言で遺留分が侵害されているときは、遺留分侵害額請求の権利を行使できます。

法定相続人の最低限の取り分が遺留分

遺産相続人の範囲と相続の割合は、民法で定められています（**法定相続**）。ただし、法的に有効な**遺言書**（➡132ページ）があれば最優先され、遺産相続は遺言の指定通りに決まります（指定相続分）。

けれども、遺言者が愛人など赤の他人を財産の受取人に指定する事例が、世の中にないわけではありません。もし、遺言書に「妻と子に財産は与えない。全ての財産を○○に遺贈する」と書かれていたら、残された妻や子供たちは途方に暮れることでしょう。

民法では、こうした理不尽で不公平な分配に納得できない配偶者や子に配慮して、最低限の相続財産を確保する権利である**遺留分**を保障しています。遺留分は、遺言書でも侵すことのできない**法定相続人**（➡102ページ）の取り分です。

民法で遺留分が認められているのは、次の法定相続人です。

▼配偶者
▼直系卑属（子、孫など）
▼直系尊属（父母、祖父母など）

遺留分として請求できるのは、配偶者と直系卑属が**法定相続分**（➡102ページ）の2分の1、直系尊属のみが相続人の場合は3分の1になります。また、法定相続と同じように、直系卑属には遺留分でも**代襲相続**（➡106ページ）が認められています。

なお、被相続人の兄弟姉妹は法定相続人ではありますが、遺留分の請求は認められていません。したがって、その子である甥・姪にも、遺留分を代襲相続する権利はありません。

遺留分が侵害されたときは遺留分侵害額請求権を行使

遺留分が認められている相続人は、遺言によって利益を得ている

法定相続人と遺留分の割合

配偶者のみ

法定相続分　遺留分

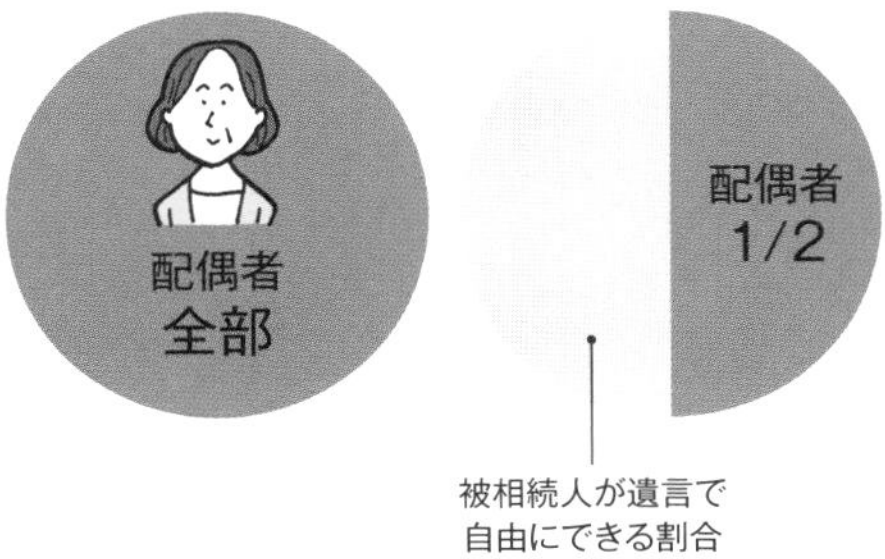

配偶者と子

法定相続分　遺留分

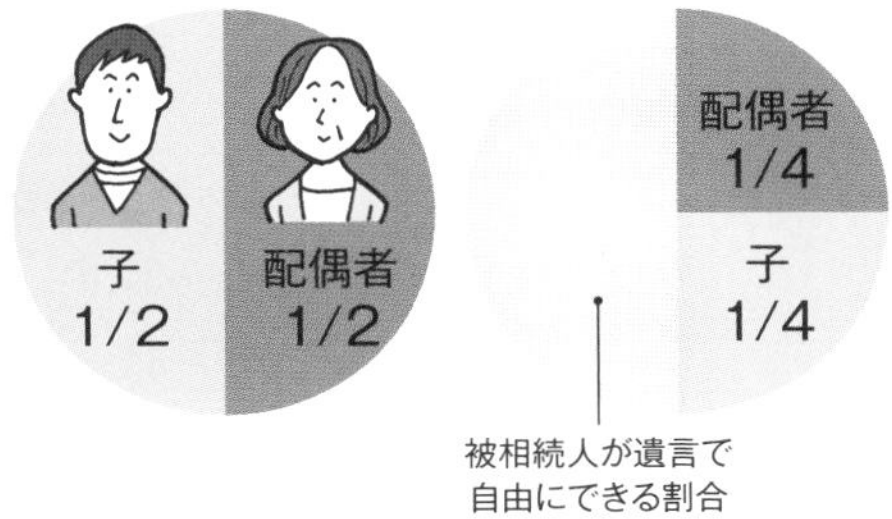

※子が複数いる場合などは、それぞれ相続分を均等に人数で割る

配偶者と父母

法定相続分　遺留分

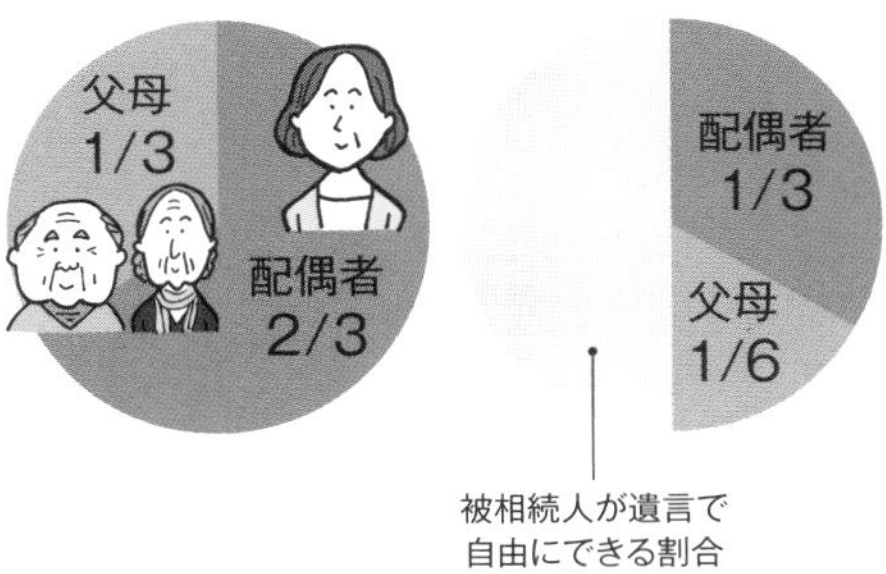

配偶者と兄弟姉妹

法定相続分　遺留分

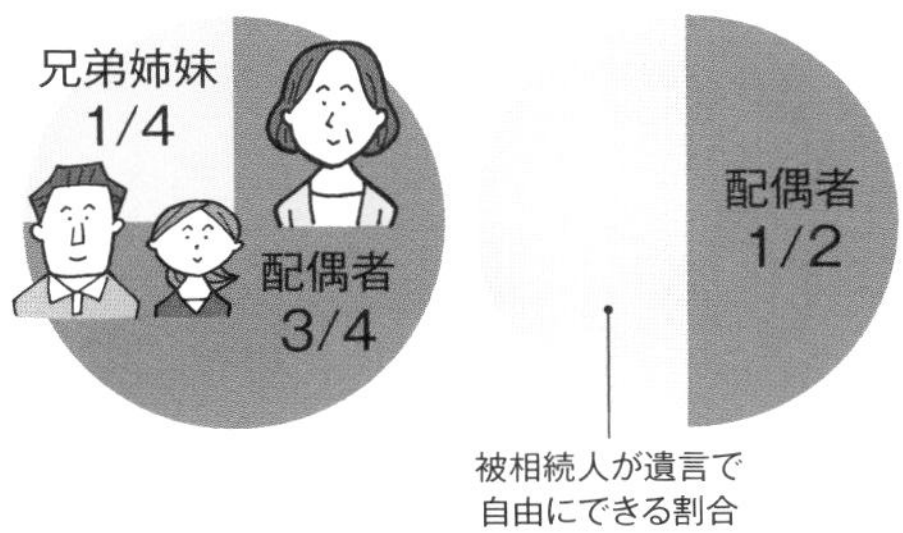

※被相続人の兄弟姉妹には遺留分が認められていない

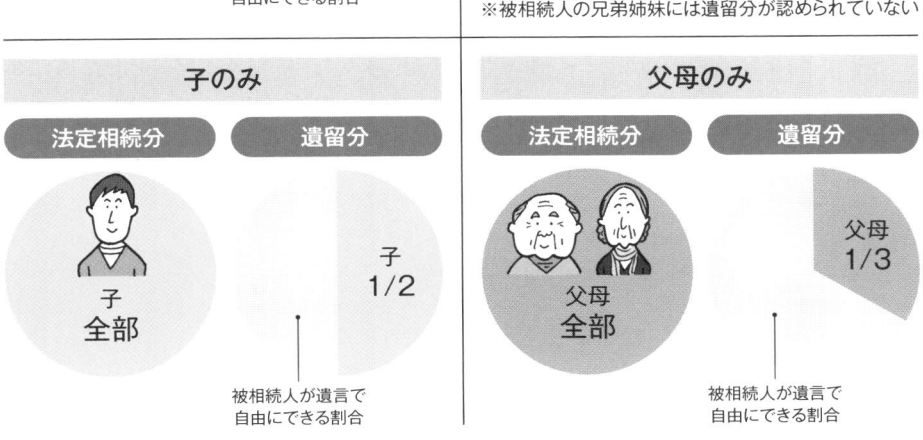

子のみ

法定相続分　遺留分

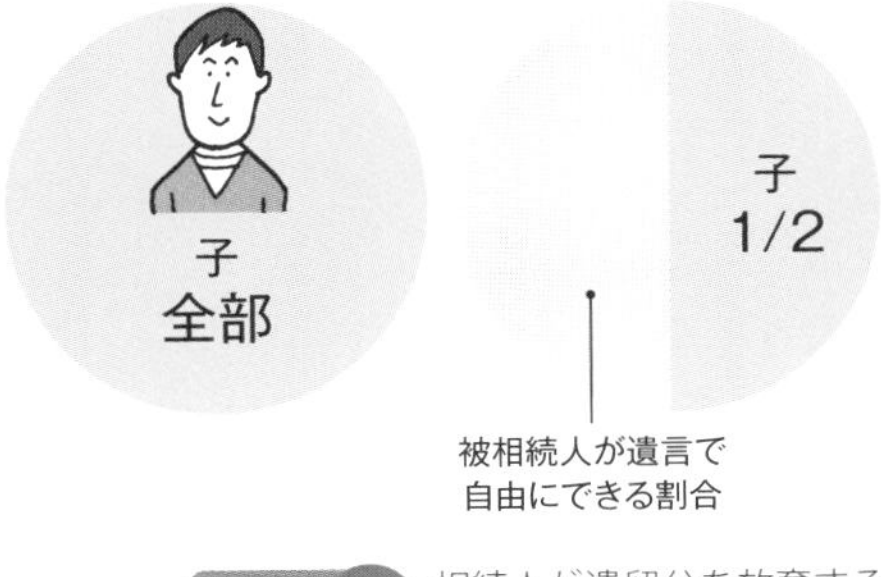

父母のみ

法定相続分　遺留分

プラスα 相続人が遺留分を放棄することも可能。ただしこの場合、被相続人が遺留分権利者に放棄を強要するケースもあるため、家庭裁判所による許可が必要となる。

相手から侵害された遺留分を取り戻す**遺留分侵害額請求**の権利を行使できます。一般的には、当事者間で話し合いをするため、まず「遺留分侵害額請求書」を内容証明郵便で相手に送付します。受け取った人は、原則として請求に応じなければなりません。

しかし相手が応じないときは、家庭裁判所に**家事調停申立書（遺留分侵害額の請求）**を提出し、調停を求めます。それでも拒み続けるなら、場合によっては民事訴訟に持ち込むことになります。

なお、この請求権は、相続の開始および遺言が遺留分を侵害していると知ってから1年以内に請求しないと消滅します。また、遺留分のことを知らなかった場合でも、被相続人が亡くなってから10年たつと時効になります。

◆遺留分侵害額請求書の例

千葉県船橋市湊町4丁目25番6号
高橋洋子 殿

令和〇〇年〇月〇〇日
東京都豊島区長崎7丁目50番3号
佐藤 勇 ㊞

遺留分侵害額請求書

被相続人　佐藤 勝　は、令和〇〇年〇〇月〇〇日に亡くなりましたが、私はその法定相続人です。

私は、被相続人が遺産の全てを貴殿に遺贈するとの遺言書を残していたことを、令和〇〇年〇〇月〇〇日に知りました。

被相続人の法定相続分は私1人であり、上記遺言書の内容は、私の遺留分を明らかに侵害しています。

よって、私は、貴殿に対して遺留分侵害額金〇〇〇万円の支払いを請求いたします。

以上

◆家事調停申立書（遺留分侵害額の請求）の記入例 ❶

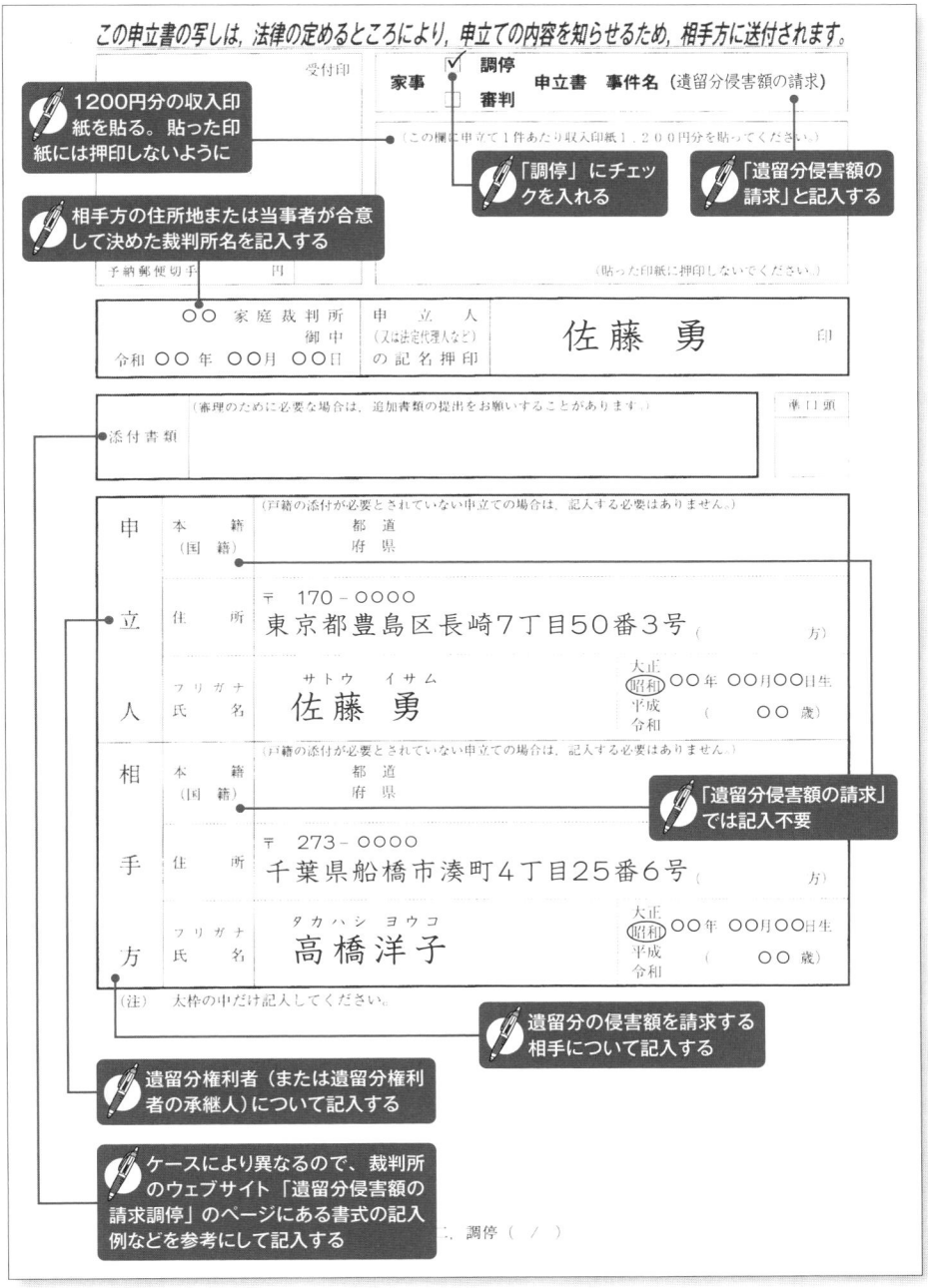

この申立書の写しは，法律の定めるところにより，申立ての内容を知らせるため，相手方に送付されます。

受付印

家事 ☑調停 □審判 申立書　事件名（遺留分侵害額の請求）

（この欄に申立て1件あたり収入印紙1，２００円分を貼ってください。）

（貼った印紙に押印しないでください。）

予納郵便切手　　円

> 1200円分の収入印紙を貼る。貼った印紙には押印しないように

> 「調停」にチェックを入れる

> 「遺留分侵害額の請求」と記入する

> 相手方の住所地または当事者が合意して決めた裁判所名を記入する

○○　家庭裁判所 御中 令和 ○○ 年 ○○月 ○○日	申立人（又は法定代理人など）の記名押印	佐藤　勇　印

添付書類	（審理のために必要な場合は，追加書類の提出をお願いすることがあります。）

準口頭

申立人	本籍（国籍）	（戸籍の添付が必要とされていない申立ての場合は，記入する必要はありません。） 都 道 府 県
	住所	〒 170－○○○○ 東京都豊島区長崎7丁目50番3号（　方）
	フリガナ 氏名	サトウ　イサム 佐藤　勇 大正・(昭和)・平成・令和 ○○年 ○○月○○日生（○○ 歳）
相手方	本籍（国籍）	（戸籍の添付が必要とされていない申立ての場合は，記入する必要はありません。） 都 道 府 県
	住所	〒 273－○○○○ 千葉県船橋市湊町4丁目25番6号（　方）
	フリガナ 氏名	タカハシ　ヨウコ 高橋洋子 大正・(昭和)・平成・令和 ○○年 ○○月○○日生（○○ 歳）

（注）　太枠の中だけ記入してください。

> 「遺留分侵害額の請求」では記入不要

> 遺留分の侵害額を請求する相手について記入する

> 遺留分権利者（または遺留分権利者の承継人）について記入する

> ケースにより異なるので、裁判所のウェブサイト「遺留分侵害額の請求調停」のページにある書式の記入例などを参考にして記入する

二，調停（　／　）

プラスα 2019（令和元）年7月から、遺留分の侵害額は金銭で支払うことが原則となり、不動産の共有などはできなくなった。お金を用意できない場合、支払いの猶予も可能。

◆家事調停申立書（遺留分侵害額の請求）の記入例 ❷

この申立書の写しは，法律の定めるところにより，申立ての内容を知らせるため，相手方に送付されます。

申 立 て の 趣 旨

相手方は、申立人に対し、遺留分侵害額に相当する金銭を支払うとの調停を求めます。

申し立ての目的を記入する

申 立 て の 理 由

①被相続人佐藤勝（本籍東京都渋谷区代々木6丁目69番）は、その配偶者和子死亡後の令和○○年ごろから相手方と同棲し、内縁関係にありましたが、令和○○年○月○日に相手方の住所において死亡し、相続が開始しました。相続人は、被相続人の長男である申立人だけです。

②被相続人は、別紙物件目録記載の土地、建物を相手方に遺贈する旨の令和○○年○月○日付の自筆証書による遺言書（令和○○年○月○日検認済み）を作成しており、相手方は、この遺書に基づき、令和○○年○月○日付遺贈を原因とする所有権移転手続きをしています。

③被相続人の遺産は、別紙の物件目録記載の不動産だけであり、他に遺産および負債はありません。また、前記遺産の他に遺贈や生前贈与をした事実もありません。

④申立人は、相手方に対し、前記遺贈が申立人の遺留分を侵害するものであることから、令和○○年○月○日到着の内容証明郵便により遺留分侵害額請求権を行使する旨の意思表示をしましたが、相手方は話し合いに応じようとしないので、申し立ての趣旨の通りの調停を求めます。

申し立ての経緯、被相続人と相手方の関係などを簡潔に記入する

別表第二，調停（ ／ ）

◆家事調停申立書（遺留分侵害額の請求）の記入例 ❸

遺　産　目　録　（□特別受益目録，□分割済遺産目録）

【土　地】

番号	所　在	地　番	地　目	面　積（平方メートル）	備　考
1	○○区○○町 ○丁目	○○　○○	宅地	150　00	建物1の敷地 評価額 0000万円

評価額を記入する

遺　産　目　録　（□特別受益目録，□分割済遺産目録）

【建　物】

番号	所　在	家屋番号	種　類	構　造	床面積（平方メートル）	備　考
1	○○区○○町 ○丁目	○番 ○	居宅	木造 瓦葺き 平屋建	70　00	土地1の 建物評価額 000万円

11

遺言書がないときは遺産分割協議

遺言書が残されていないときは、相続人全員で遺産の分け方を協議します。協議が成立したら、相続手続きに必要な遺産分割協議書を作成します。

相続人全員で遺産の分け方を決める

被相続人が**遺言書**（↓132ページ）を残さなかった場合、原則として**法定相続人**（↓102ページ）が**遺産分割協議**で話し合って遺産の分け方を決めます。全員が何らかの形で参加する必要がありますが、一堂に会する必要はなく、例えば電子メールを利用して意見を交わす方法でも差し支えありません。

参加しない相続人が一人でもいると、協議自体が無効になります。誰が相続人なのかを事前に把握しておきましょう。

遺産分割に法的な期限はありません。ただ、相続税の申告は相続が開始されてから10カ月以内です。申告時に未分割の財産があると各種優遇措置が受けられないので、それ以前に済ませたほうがよいでしょう。

相続人の中に行方不明者や未成年者、認知症の者がいるときは、本人に代わる者が遺産分割協議に参加できます。また、被相続人の子が相続開始前に亡くなっている場合や、相続の**欠格**や**廃除**（↓116ページ）により遺産の相続権を失っている者は、その子や孫が**代襲相続**（↓106ページ）できる点も忘れないようにします。

なお、**相続放棄**（↓120ページ）をした者は初めから相続人でなかったと見なされるため、遺産分割協議には参加できません。したがって、相続放棄をした者の子は、代襲相続ができなくなります。

遺産分割の方法を検討しよう

法定相続分（↓102ページ）に必ずしも従う必要はなく、相続人全員が合意すればどのような形で分割してもかまいません。実際には、次のような方法で遺産を分割します。

遺産分割の方法

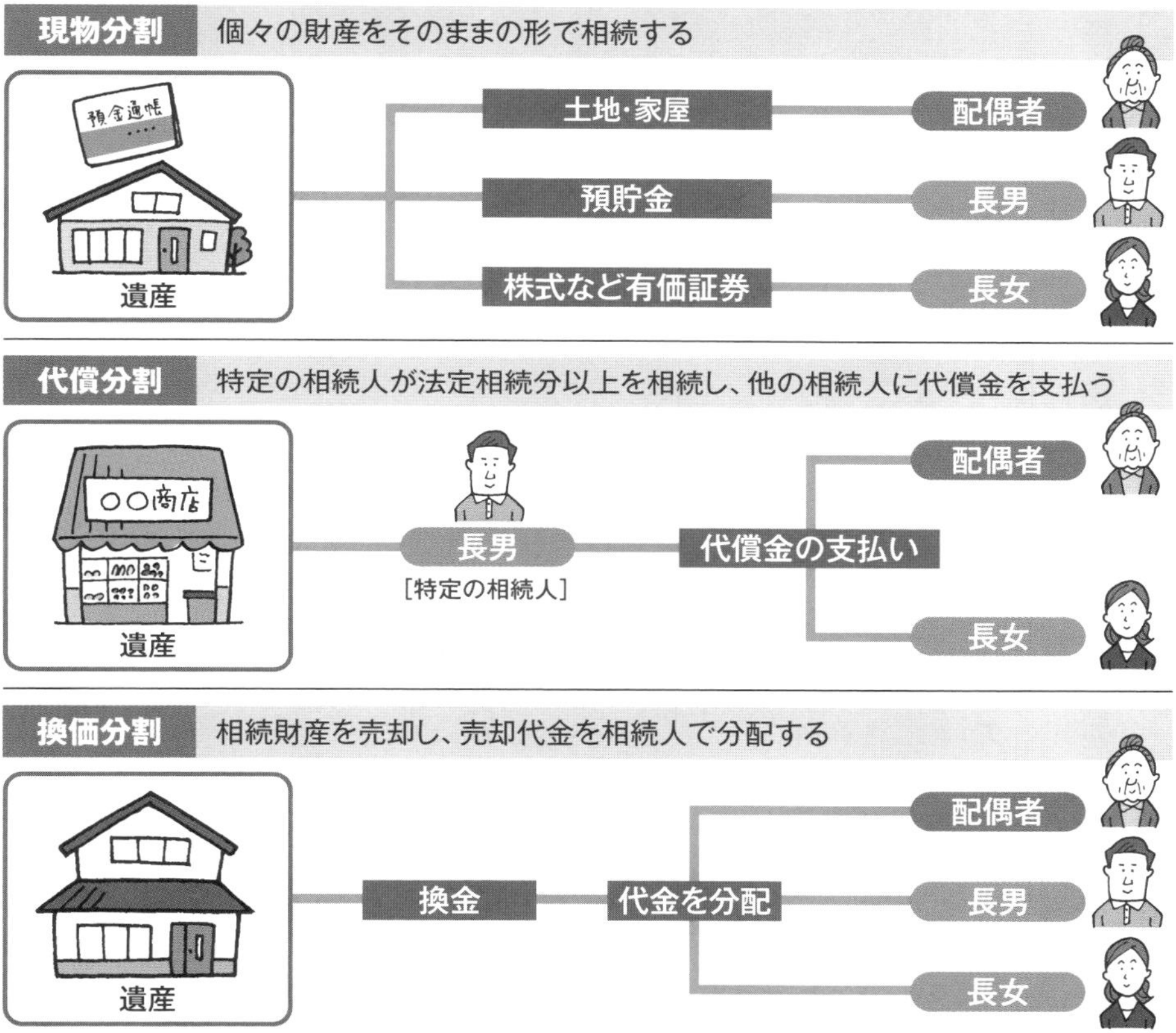

▼現物分割

個々の遺産を誰が受け継ぐかを決め、そのままの形で分割する最も一般的な方法です。例えば、妻が自宅を相続し、子は預貯金の名義を書き換えて相続するケースです。

▼代償（だいしょう）分割

自分の法定相続分以上の遺産を受け継いだとき、他の相続人に対し、超えた価値の分を代償金で支払う方法です。例えば、事業を継ぐ長男が実家を相続し、他の兄弟には現金で代償して相続財産のバランスを取るケースです。

▼換価（かんか）分割

遺産を売却して現金に換え、相続人の間で決めた割合で分配する方法です。例えば、親が亡くなって空き家になる実家を売り払って現金化し、その代金を故人の子供たちで分けるようなケースです。

この他、不動産など分けられない資産を、遺産分割協議で決めた割合や法定相続分に応じて共有名義にする**共有分割**という方法もあります。

遺産分割で考慮される特別受益分と寄与分

相続人の中で、ある人だけが結婚の持参金や住宅ローンの補助などで被相続人の存命中に贈与を受けた分は、**特別受益分**(じゅえきぶん)と呼ばれます。相続人の中に特別受益を受けた者がいた場合、相続財産を前渡しされたと見なされ、相続分算定の際に特別受益分を差し引いて計算します(持ち戻し)。ただし、遺言書に「特別受益の持ち戻しは免除する」と書いてあれば、たとえ不公平な分割になっても免除されます。

一方、被相続人の事業を無給同然で支えたり、身の回りの世話を続けて、財産の維持・増加に特に貢献した相続人は、貢献度を考慮に入れて相続の割合を増やすことが認められています。その貢献分の財産を**寄与分**(きよぶん)と呼びます。寄与分は、その相続人の相続分に加算されます。

寄与分を認めるかどうかは、相続人の合意で決まります。もし話がまとまらないときは、家庭裁判所に申し立てをして決めてもらいます。

なお、2019(令和元)年から、義父母を介護した妻など、相続人ではない親族に対する「特別の寄与」制度(➡114ページ)が開始されていますが、遺産分割協議は相続人だけで行うとされ、特別寄与者は参加できません。

遺産分割協議書を作成しておこう

一般には、相続人全員の合意が得られたら、後でもめないための証拠資料として**遺産分割協議書**を作成します。義務ではありませんが、不動産の登記、預貯金の名義変更、相続税の申告などで必要になります。

決まった書式はありませんが、誰が何をどれだけ相続するかを、できるだけ具体的に記します。特に不動産に関しては、登記事項証明書の通りに記載します。

遺産分割協議書は、相続人の数だけ作成します。それぞれに相続人全員が署名・押印し、印鑑証明書を添付して各相続人が1通ずつ保管します。

◆遺産分割協議書の作成例

決まった書式はありません。タテ書き、ワープロ書きでもかまいません

遺産分割協議書

被相続人佐藤勝（令和○○年○○月○○日死亡、本籍　東京都渋谷区代々木6丁目69番）の遺産については、相続人の佐藤和子、佐藤勇で分割協議を行った結果、各相続人はそれぞれ次の通りに遺産を分割し、取得することに合意、決定した。

1．　相続人　佐藤和子　は、次の財産を全て相続する。

（1）所　在　東京都区代々木6丁目
地　番　69番
地　目　宅地
地　積　○○○平方メートル

（2）所　在　東京都渋谷区代々木6丁目69番2号
家屋番号　69番
種　類　居宅
構　造　木造瓦葺平屋建
床面積　○○○平方メートル

登記事項証明書の通りに記載する

2．　相続人　佐藤 勇　は、次の財産を全て相続する。

預　金　○○銀行○○支店の被相続人名義の定期預金
口座番号0000000　金0000万円

3．　上記に記載する遺産以外に被相続人の遺産が発見された場合は、相続人の佐藤和子が全部相続する。

以上のように、相続人全員による遺産分割協議が成立したので、これを証するため本協議書を2通作成し、それぞれ署名・押印のうえ、各自1通ずつ保有する。

相続人の数だけ作成する

令和○○年○○月○○日

東京都渋谷区代々木6丁目69番2号
相続人　佐藤和子　㊞

東京都豊島区長崎7丁目50番3号
相続人　佐藤 勇　㊞

相続人全員が署名・押印し、印鑑証明書を添付する

プラスα　遺産の共有分割は、遺産分割の先送りとなってしまい、将来的にトラブルの火種となる可能性もある。特別な事情がある場合以外は、避けたほうがよいとされる。

12 遺産分割協議が不成立になったら

遺産分割協議は、相続人全員の合意がまとまらないと、先へ進めません。協議が不成立の場合、調停や審判の形で法的な手段に頼ることになります。

相続人全員で話し合う必要がある**遺産分割協議**（⬇150ページ）は、同意しない相続人が一人でもいると成立しません。協議による解決が整わない場合、家庭裁判所へ**遺産分割調停**を申し立てることができます。

合意がまとまらないときは家裁の調停で解決を目指す

遺産分割手続きでは、全ての相続人および包括受遺者（⬇156ページ）が当事者になっている必要があるため、申し立てをした相続人以外は全員が相手方となります。

遺産分割調停の申し立てをするときには、相手方の一人の住所地または当事者全員が合意した家裁へ**遺産分割調停申立書**を提出します。

申し立ての内容を知らせるため、家裁は遺産分割調停申立書の写しを相手方に送付します。その後、申立人と相手方の双方に調停の日時や場所が通知されます。

調停では、裁判官または家事調停官と2人以上の調停委員で構成される**調停委員会**が、公平・中立の立場で双方から事情を聴取します。裁判のように公開の法廷で争うものではなく、非公開の調停室で調停を実施するため、秘密が第三者に漏れることはありません。

調停は平日に行われ、1回2時間程度です。申立人と相手方になる相続人は、それぞれ別の待合室で待機し、交互または同時に調停室に入ります。

調停委員会は、被相続人の遺産にどのようなものがあり、相続人の間でどう分けるかについて、時には具体的なアドバイスをして円満な解決を目指します。調停の対象は、現実に存在し、相続開始時に被相続人が所有していた財産です。調停委員会が遺産を探すことはないので、相続人は必要な資料を集めなければなりません。

家庭裁判所による調停・審判の流れ

遺産分割協議

▼

- **遺産分割協議が不成立** → 申し立て →（家庭裁判所での調停へ）
- **遺産分割協議が成立** → 遺産分割協議書の作成

家庭裁判所での**調停**

当事者同士の
話し合いによる解決を目指す

- 不合意 → **調停不成立** → 移行 →（家庭裁判所での審判へ）
- 合意 → **調停成立** → 調停調書の作成

家庭裁判所での**審判**

裁判官が法律に基づいた
判断を示す

- 不服の申し立て → **高等裁判所で審理**
- 審判確定 → 審判書の作成

プラスα 調停は相続人全員が出席しなくても行われる。また、調停では弁護士などを代理人としてつけることもできる。

遺産の評価について意見が一致しないときは、鑑定人に鑑定を依頼する場合もあります。鑑定費用は原則として全員が分担し、鑑定前に徴収されます。さらに時間もかかるため、当事者間で合意して決める方法が一般的です。

また、**寄与分**や**特別受益分**（⬇152ページ）があるかどうかで各相続人の**法定相続分**（⬇102ページ）が修正される場合があります。遺産の範囲や評価が定まった後、調停委員会が寄与分や特別受益分について相続人に尋ねます。これらの主張をする相続人は、裏付けとなる書面を準備しておく必要があります。

申立人と相手方が合意ができれば、調停は成立です。話し合いの内容は、確定判決と同じ効力を持つ**調停調書**に記載されます。

調停で合意が得られない場合審判により分割を命じる

もし話し合いがまとまらず、調停で合意が得られないときは調停不成立となり、事案はそのまま**審判**の手続きへ移行します。

審判は、調停と異なり当事者間の話し合いではなく、裁判所として法律に従った判断を示します。したがって、相続人の意向に沿う結果になるとは限りません。裁判官が遺産となる物や権利の種類および性質などの証拠調べをしつつ、あらゆる事情を考慮し、当事者の希望も聞いたうえで妥当な遺産分割を命じます。

審判による分割方法に納得できない場合は、高等裁判所に不服の申し立て（抗告）をして争うことになります。

Memo

包括受遺者

被相続人（遺言者）が、遺産を特定することなく「全財産の何分の１を○○に与える」と割合で示すにとどめ、目的物を特定しない遺贈を「包括遺贈」といいます。「包括受遺者」とは、包括遺贈を受ける者を指します。包括受遺者は、相続人と同一の権利・義務を持つとされています。遺産分割協議に参加し、遺産分割調停の申し立てもできます。ただし遺留分はなく、遺留分侵害額請求もできません。さらに、代襲相続も発生しません。一方、遺産に負債などマイナスの財産があった場合は、それも含めて引き継ぎます。

◆遺産分割調停申立書の記入例 ❶

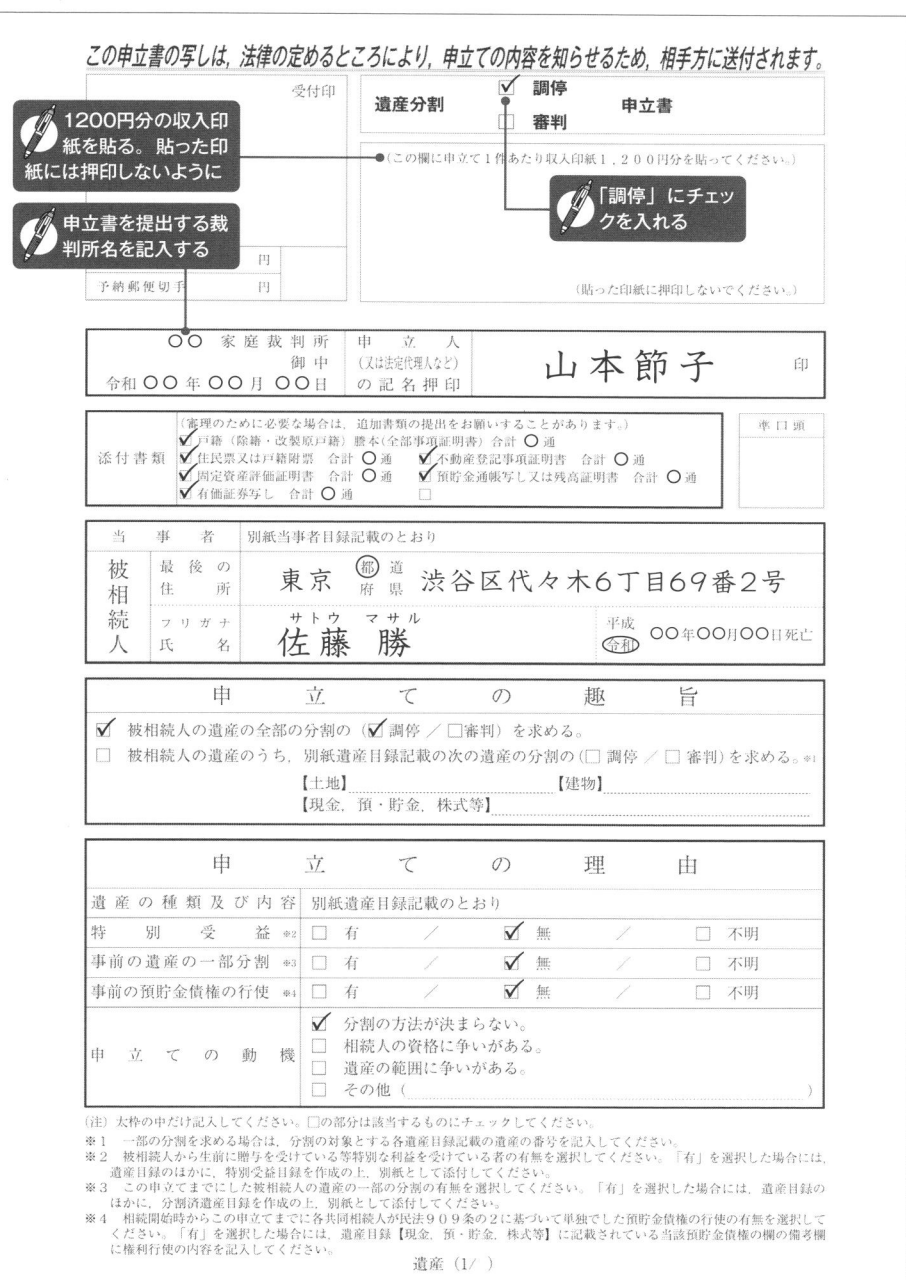

この申立書の写しは，法律の定めるところにより，申立ての内容を知らせるため，相手方に送付されます。

受付印	遺産分割 ☑ 調停 □ 審判 申立書
	（この欄に申立て1件あたり収入印紙１，２００円分を貼ってください。）
収入印紙　　円	（貼った印紙に押印しないでください。）
予納郵便切手　　円	

1200円分の収入印紙を貼る。貼った印紙には押印しないように

「調停」にチェックを入れる

申立書を提出する裁判所名を記入する

○○ 家庭裁判所 御中 令和 ○○ 年 ○○ 月 ○○ 日	申立人（又は法定代理人など）の記名押印	山本節子　印

添付書類	（審理のために必要な場合は，追加書類の提出をお願いすることがあります。） ☑ 戸籍（除籍・改製原戸籍）謄本（全部事項証明書） 合計 ○ 通 ☑ 住民票又は戸籍附票　合計 ○ 通　☑ 不動産登記事項証明書　合計 ○ 通 ☑ 固定資産評価証明書　合計 ○ 通　☑ 預貯金通帳写し又は残高証明書　合計 ○ 通 ☑ 有価証券写し　合計 ○ 通　□

準口頭

当事者	別紙当事者目録記載のとおり	
被相続人 最後の住所	東京 ㊞都 道府県 渋谷区代々木6丁目69番2号	
被相続人 フリガナ 氏名	サトウ マサル 佐藤 勝	平成 ㊞令和 ○○年○○月○○日死亡

申立ての趣旨
☑ 被相続人の遺産の全部の分割の（☑ 調停 ／ □ 審判）を求める。 □ 被相続人の遺産のうち，別紙遺産目録記載の次の遺産の分割の（□ 調停 ／ □ 審判）を求める。※1 【土地】　　　【建物】 【現金，預・貯金，株式等】

申立ての理由			
遺産の種類及び内容	別紙遺産目録記載のとおり		
特別受益 ※2	□ 有	☑ 無	□ 不明
事前の遺産の一部分割 ※3	□ 有	☑ 無	□ 不明
事前の預貯金債権の行使 ※4	□ 有	☑ 無	□ 不明
申立ての動機	☑ 分割の方法が決まらない。 □ 相続人の資格に争いがある。 □ 遺産の範囲に争いがある。 □ その他（　　　）		

(注) 太枠の中だけ記入してください。□の部分は該当するものにチェックしてください。

※1　一部の分割を求める場合は，分割の対象とする各遺産目録記載の遺産の番号を記入してください。

※2　被相続人から生前に贈与を受けている等特別な利益を受けている者の有無を選択してください。「有」を選択した場合には，遺産目録のほかに，特別受益目録を作成の上，別紙として添付してください。

※3　この申立てまでにした被相続人の遺産の一部の分割の有無を選択してください。「有」を選択した場合には，遺産目録のほかに，分割済遺産目録を作成の上，別紙として添付してください。

※4　相続開始時からこの申立てまでに各共同相続人が民法９０９条の２に基づいて単独でした預貯金債権の行使の有無を選択してください。「有」を選択した場合には，遺産目録【現金，預・貯金，株式等】に記載されている当該預貯金債権の欄の備考欄に権利行使の内容を記入してください。

遺産（1/ ）

プラスα 仕事などの関係で、どうしても調停に出席できない場合、家庭裁判所に期日変更の申し立てをすることもできる。

◆遺産分割調停申立書の記入例 ❷

この申立書の写しは，法律の定めるところにより，申立ての内容を知らせるため，相手方に送付されます。

当　事　者　目　録

☑申立人 □相手方	本籍（国籍）	茨城　都 道 府 ㊫県 　水戸市中央3丁目11番	
	住所	〒 310－○○○○ 茨城県水戸市中央3丁目11番42号　（　　方）	
	フリガナ 氏名	ヤマモト　セツコ 山本節子	大正 (昭和) 平成 令和 ○○年 ○○月○○日生（○○ 歳）
	被相続人との続柄	長女	
□申立人 ☑相手方	本籍（国籍）	東京 (都) 道 府 県 　渋谷区代々木6丁目69番	
	住所	〒 160－○○○○ 東京都渋谷区代々木6丁目69番2号　（　　方）	
	フリガナ 氏名	サトウ　カズコ 佐藤和子	大正 (昭和) 平成 令和 ○○年 ○○月○○日生（○○ 歳）
	被相続人との続柄	妻	
□申立人 ☑相手方	本籍（国籍）	東京 (都) 道 府 県 　渋谷区代々木6丁目69番	
	住所	〒 170－○○○○ 東京都豊島区長崎7丁目50番3号　（　　方）	
	フリガナ 氏名	サトウ　イサム 佐藤　勇	大正 (昭和) 平成 令和 ○○年 ○○月○○日生（○○ 歳）
	被相続人との続柄	長男	
□申立人 □相手方	本籍（国籍）	都 道 府 県	
	住所	〒　－ （　　方）	
	フリガナ 氏名		大正 昭和 平成 令和　年　月　日生（　歳）
	被相続人との続柄		
□申立人 □相手方	本籍（国籍）	都 道 府 県	
	住所	〒　－ （　　方）	
	フリガナ 氏名		大正 昭和 平成 令和　年　月　日生（　歳）
	被相続人…		

申立人と相手方（申立人以外の共同相続人全員）の区別を明らかにし、該当者全員について記入する

…してください。

遺産（　/　）

◆遺産分割調停申立書の記入例 ❸

登記事項証明書の記載通りに記入する。未登記の場合は、固定資産評価証明書の記載を参考にして記入する

全ての遺産（不明なものは除く）を記入します

遺　産　目　録（□特別受益目録，□分割済遺産目録）

【土　地】

番号	所　在	地　番（番）		地目	地　積（平方メートル）		備　考
1	渋谷区代々木 6丁目	○○	○○	宅地	150	00	建物1の敷地
2	○○区○○町 ○丁目	○○	○○	宅地	000	00	建物2の敷地

遺　産　目　録（□特別受益目録，□分割済遺産目録）

【建　物】

番号	所　在	家屋番号	種　類	構　造	床面積（平方メートル）		備　考
1	渋谷区代々木 6丁目	○○	居宅	木造 瓦葺き 平屋建	70	00	佐藤和子が保管
2	○○区○○町 ○丁目	○○	居宅	木造 瓦葺き 2階建	00	00	貸家

遺　産　目　録（□特別受益目録，□分割済遺産目録）

保管者を記入する

【現金，預・貯金，株式等】

番号	品　目	単　位	数　量（金　額）	備　考
1	○○銀行池袋支店 定期預金 （番号0000000）		0,000,000円	佐藤和子が保管
2	株式 ○○株式会社	50円	0,000株	佐藤和子が保管

プラスα 被相続人の生前に、贈与や生活支援などの特別受益を受けている人がいるときは、遺産目録の他に特別受益目録も作成する。

13 未成年や認知症の相続人がいる場合

未成年者と親権者が共に相続人の場合、未成年者に特別代理人を選任します。相続人の中に判断能力を欠く者がいるときは、成年後見制度を利用できます。

未成年者のための特別代理人の選任

相続人の中に未成年者がいると、通常は親権者が法定代理人となって**遺産分割協議**（⬇150ページ）に参加します。しかし親権者も**法定相続人**（⬇102ページ）であれば、その子との間で互いに利害が衝突することになり（**利益相反**（りえきそうはん））、代理人にはなれません。

このような場合、被相続人の住所地の家庭裁判所に申し立てをして、未成年者のために**特別代理人**を選任してもらいます。申し立ての際は、**特別代理人選任申立書**を家裁へ提出します。

特別代理人には、相続人にならず利害関係のない未成年者の親族や弁護士などが選ばれます。子が複数いるときは、それぞれに特別代理人を選ぶ必要があります。

選任された特別代理人は、未成年者に代わり遺産分割協議に参加するなど、相続に関する全ての手続きを担います。

なお、被相続人が亡くなった時点でその子を配偶者が身ごもっていた場合、胎児にも相続権が認められます。民法では相続に関して（胎児は）既に生まれたものと見なすとされています。もちろん胎児には判断能力がないため、家裁に特別代理人を選任してもらう必要があります。

民法は一方で、死産だった場合には相続権を失うとも定めています。円滑な遺産分割のため、一般には生まれてくるのを待って話し合いを始めるのが望ましいとされています。

遺産分割で成年後見制度を利用する

相続人の中に、認知症や知的障害などで判断能力を欠いた人がいる場合、本人に代わって第三者が財産を管理する**成年後見制度**を利用する方法があります。成年後見制度には、**法定後見**と**任意後見**の2種類の仕組みがあります。

法定後見は、既に判断能力が不十分な人に関する制度です。本人の判断応力に応じて、**後見**（判断能力が欠けているのが通常の状態の人が対象）、**保佐**（判断能力が著しく不十分な人が対象）、**補助**（判断能力が不十分な人が対象）の3つの類型があります。一方、任意後見は本人に十分な判断能力があるうちから、将来判断能力が衰えた場合に備えておく制度です。

既に判断力が失われている可能性が否定できない相続人がいるなら、法定後見を選択したほうがよいでしょう。制度を利用するためには、本人の住所地を管轄する家裁へ審判の申し立てをします。申し立ての権利を有する者は、本人、配偶者、4親等以内の親族などに限られています。

申し立てに基づき、家裁は、補助者として**成年後見人**（または保佐人、補助人）を選任します。成年後見人は親族をはじめ、法律・福祉の専門職から選ばれます。

成年後見人の仕事は、**財産管理**と**身上監護**の2つに分かれます。財産管理は、財産目録を作り、預貯金や有価証券類、不動産などの管理をする仕事です。本人に代わり遺産分割協議にも参加します。一方、身上監護は介護サービスや介護施設などの利用契約を本人に代わって行います。

いずれも家裁に対して仕事の事務報告をして必要な指示を受けます（後見監督）。また、成年後見人を監督する監督人を家裁が選任する場合もあります。

法定後見制度の3類型

	後見	保佐	補助
対象者（本人）	判断能力が欠けているのが通常の状態の人	判断能力が著しく不十分な人	判断能力が不十分な人
同意または取り消しができる行為	日常生活に関する行為以外の行為（取り消しのみ）	民法13条1項所定の行為（日常生活に関する行為を除く）	申し立ての範囲内で家裁が定める特定の法律行為（日常生活に関する行為を除く）※本人の同意が必要
与えられる代理権	財産に関する全ての法律行為	申し立ての範囲内で家裁が定める特定の法律行為 ※本人の同意が必要	申し立ての範囲内で家裁が定める特定の法律行為 ※本人の同意が必要

プラスα 特別代理人を選定せずに遺産分割協議を行うと、当時未成年だった相続人が成人後にその内容を認めない限り、協議内容は無効となる。

◆特別代理人選任申立書の記入例 ❶

800円分の収入印紙を貼る。貼った印紙には押印しないように

申立書の作成年月日を記入する

収 入 印 紙　　円	
予納郵便切手　　円	

特 別 代 理 人 選 任 申 立 書

（この欄に収入印紙800円分を貼ってください。）

（貼った印紙に押印しないでください。）

準口頭		関連事件番号　平成・令和　　年（家　　）第　　　　号

○○ 家 庭 裁 判 所 御 中 令和 ○○ 年 ○○月 ○○日	申 立 人 の 記 名 押 印	佐藤幸子　　印

添 付 書 類	（同じ書類は1通で足ります。審理のために必要な場合は，追加書類の提出をお願いすることがあります。） □ 未成年者の戸籍謄本(全部事項証明書)　□ 親権者又は未成年後見人の戸籍謄本（全部事項証明書） □ 特別代理人候補者の住民票又は戸籍附票　□ 利益相反に関する資料（遺産分割協議書案，契約書案等） □（利害関係人からの申立ての場合）利害関係を証する資料 □

申立人	住 所	〒 170－0000　電話 03（0000）0000 東京都豊島区長崎7丁目50番3号　（　　方）			
	フリガナ 氏 名	サトウ　サチコ 佐藤幸子	(昭和)○○年○○月○○日生 平成 令和 （　○○ 歳）	職 業	無職
	フリガナ 氏 名		昭和　年　月　日生 平成 令和 （　　歳）	職 業	
	未成年者との関係	※ 1 父 母　2 父　(3) 母　4 後見人　5 利害関係人			
未成年者	本 籍 （国 籍）	都 道 府 県			
	住 所	〒　－　電話　（　　） 申立人幸子の住所と同じ　（　　方）			
	フリガナ 氏 名	サトウ　ススム 佐藤 進	(平成)○○年 ○○月○○日生 令和 （　○○ 歳）		
	職 業 又は 在 校 名	○○中学校			

（注）　太枠の中だけ記入してください。　※の部分は，当てはまる番号を○で囲んでください。

特代（1/2）

◆特別代理人選任申立書の記入例❷

申　立　て　の　趣　旨
特別代理人の選任を求める。

申　立　て　の　理　由	
利益相反する者	利益相反行為の内容
※ ①　親権者と未成年者との間で利益が相反する。 2　同一親権に服する他の子と未成年者との間で利益が相反する。 3　後見人と未成年者との間で利益が相反する。 4　その他（　　　）	※ ①　被相続人亡　佐藤 勇　の遺産を分割するため 2　被相続人亡　　　　の相続を放棄するため 3　身分関係存否確定の調停・訴訟の申立てをするため 4　未成年者の所有する物件に　1 抵当権　2 根抵当権　を設定するため 5　その他（　　　） （その詳細） 申立人の夫で、未成年者の父である被相続人佐藤勇の遺産を、別紙遺産分割協議書（案）の通り分割するため。

特別代理人候補者				
住所	〒 160－0000　電話 03（0000）0000 東京都新宿区新小川町10丁目29番1号（　　　方）			
フリガナ 氏名	タナカ　ヒロシ 田中 博	㊥昭和・平成 ○○年 ○月 ○日生（　○○ 歳）	職業	
未成年者との関係	母方の叔父			

（注）　太枠の中だけ記入してください。　※の部分については，当てはまる番号を○で囲み，利益相反する者欄の4及び利益相反行為の内容欄の5を選んだ場合には，（　）内に具体的に記入してください。

未成年の子供が複数いれば、それぞれに特別代理人を選任する必要がある

特代（2/2）

14

旧姓に戻したいときの手続き

夫（妻）の死亡後、残された配偶者は名字を旧姓に戻すことができます。子供も同じ戸籍に入れたいときには、そのための手続きが必要になります。

旧姓に戻したいときは復氏届を提出

夫（または妻）が亡くなると、婚姻関係は解消されます。残された配偶者は、戸籍や名字をそのままにしておくか、結婚前の名字を元に戻すかを自らの意思で決めることができます。家庭裁判所の許可や、故人の親族（姻族）に了承を得る必要はありません。

旧姓に戻したいときは、残された配偶者の本籍地または住所地の市区町村役場へ**復氏届**を提出します。届け出に期限はないので、配偶者の死亡届（➡18ページ）が受理された後はいつでも手続きが可能です。

復氏届を提出する際、元の戸籍に戻る以外に、新しい戸籍をつくることもできます。そのときは、本籍地も自由に決定できます。

子供の名字も変更する場合の手続き

故人との間に子供がいる場合は注意が必要です。復氏届が受理されて親（故人の配偶者）が旧姓を名乗るようになっても、子の戸籍はそのまま残るため名字は変わりません。

子の名字を変更し、旧姓に戻った親と同じ戸籍に入れたいときは、**子の氏の変更許可申立書**を子の本籍地または住所地の家裁へ提出し、許可審判を受けます。子が15歳以上の場合は本人が、15歳未満であれば法定代理人（親権者）が申し立てをします。

許可が下りると、家裁から「許可審判書」が交付されます。その審判書と併せて**入籍届**を、親子どちらかの本籍地または住所地の市区町村役場へ提出します。

無事に受理されたら、子供の戸籍変更の手続きは完了です。以後、子は親の戸籍に入り、親と同じ名字を名乗れるようになります。

◆復氏届の記入例

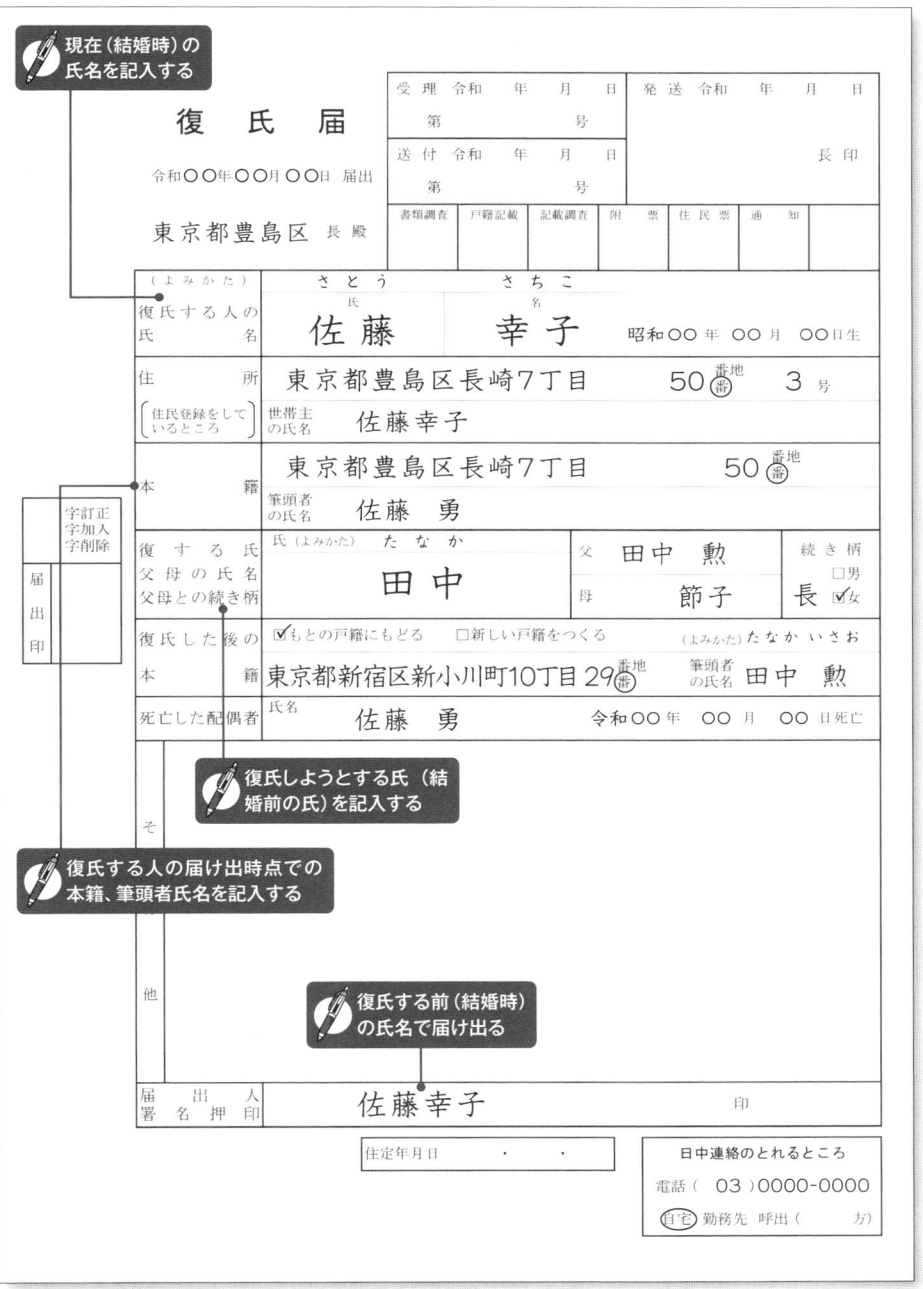

現在（結婚時）の氏名を記入する

復氏しようとする氏（結婚前の氏）を記入する

復氏する人の届け出時点での本籍、筆頭者氏名を記入する

復氏する前（結婚時）の氏名で届け出る

復　氏　届

令和○○年○○月○○日　届出

東京都豊島区　長　殿

受理　令和　年　月　日 第　号	発送　令和　年　月　日		
送付　令和　年　月　日 第　号	長印		

書類調査	戸籍記載	記載調査	附票	住民票	通知	

（よみかた） 復氏する人の氏名	さとう　さちこ 氏　佐藤　名　幸子	昭和○○年　○○月　○○日生
住所 （住民登録をしているところ）	東京都豊島区長崎7丁目　50番（地）　3号 世帯主の氏名　佐藤幸子	
本籍	東京都豊島区長崎7丁目　50番（地） 筆頭者の氏名　佐藤　勇	
復する氏 父母の氏名 父母との続き柄	氏（よみかた）たなか 田中	父　田中　勲 母　節子 続き柄　長　□男　☑女
復氏した後の本籍	☑もとの戸籍にもどる　□新しい戸籍をつくる 東京都新宿区新小川町10丁目29番（地）	（よみかた）たなか　いさお 筆頭者の氏名　田中　勲
死亡した配偶者	氏名　佐藤　勇	令和○○年　○○月　○○日死亡
その他		
届出人署名押印	佐藤幸子	印

字訂正 字加入 字削除	
届出印	

住定年月日　・　・

日中連絡のとれるところ
電話（03）0000-0000
自宅（○）　勤務先　呼出（　　方）

プラスα　「復氏」は、「ふくうじ」とも、「ふくし」とも読む。どちらでも通じるが、それぞれの市区町村役場でどちらか一方を慣用的な読みとして使っている場合もある。

◆子の氏の変更許可申立書の記入例 ❶

子の氏名を記入する

申立書を提出する裁判所名を記入する

申立人（子）が15歳未満の場合は、親権者が法定代理人として申し立てを行う

受付印	子の氏の変更許可申立書
	（この欄に申立人1人について収入印紙800円分を貼ってください。）
収入印紙　円	
予納郵便切手　円	（貼った印紙に押印しないでください。）

準口頭		関連事件番号　平成・令和　年（家　）第　号

○○家庭裁判所 御中 令和 ○○年 ○○月 ○○日	申立人（15歳未満の場合は法定代理人）の記名押印	佐藤進の法定代理人 田中幸子 印

添付書類	（同じ書類は1通で足ります。審理のために必要な場合は，追加書類の提出をお願いすることがあります。） ☑ 申立人（子）の戸籍謄本（全部事項証明書）　☑ 父・母の戸籍謄本（全部事項証明書） □

申立人（子）	本籍	東京 ㊞都 道 府 県　豊島区長崎7丁目50番	
	住所	〒 160－0000　電話 03（0000）0000 東京都新宿区新小川町10丁目29番1号（　方）	
	フリガナ 氏名	サトウ ススム 佐藤 進	昭和 ㊉平成 令和 ○○年 ○○月○○日生（○○ 歳）
	本籍 住所	※ 上記申立人と同じ	
	フリガナ 氏名		昭和 平成 令和 年 月 日生（ 歳）
	本籍 住所	※ 上記申立人と同じ	
	フリガナ 氏名		昭和 平成 令和 年 月 日生（ 歳）
☆法定代理人（父・母 後見人）	本籍	東京 都 道 府 県（都に〇）　新宿区新小川町10丁目29番	
	住所	〒　－　電話 03（0000）0000 上記申立人の住所と同じ（　方）	
	フリガナ 氏名	タナカ サチコ 田中幸子	フリガナ 氏名

（注）　太枠の中だけ記入してください。　※の部分は，各申立人の本籍及び住所が異なる場合はそれぞれ記入してください。　☆の部分は，申立人が15歳未満の場合に記入してください。

子の氏（1/2）

◆子の氏の変更許可申立書の記入例 ❷

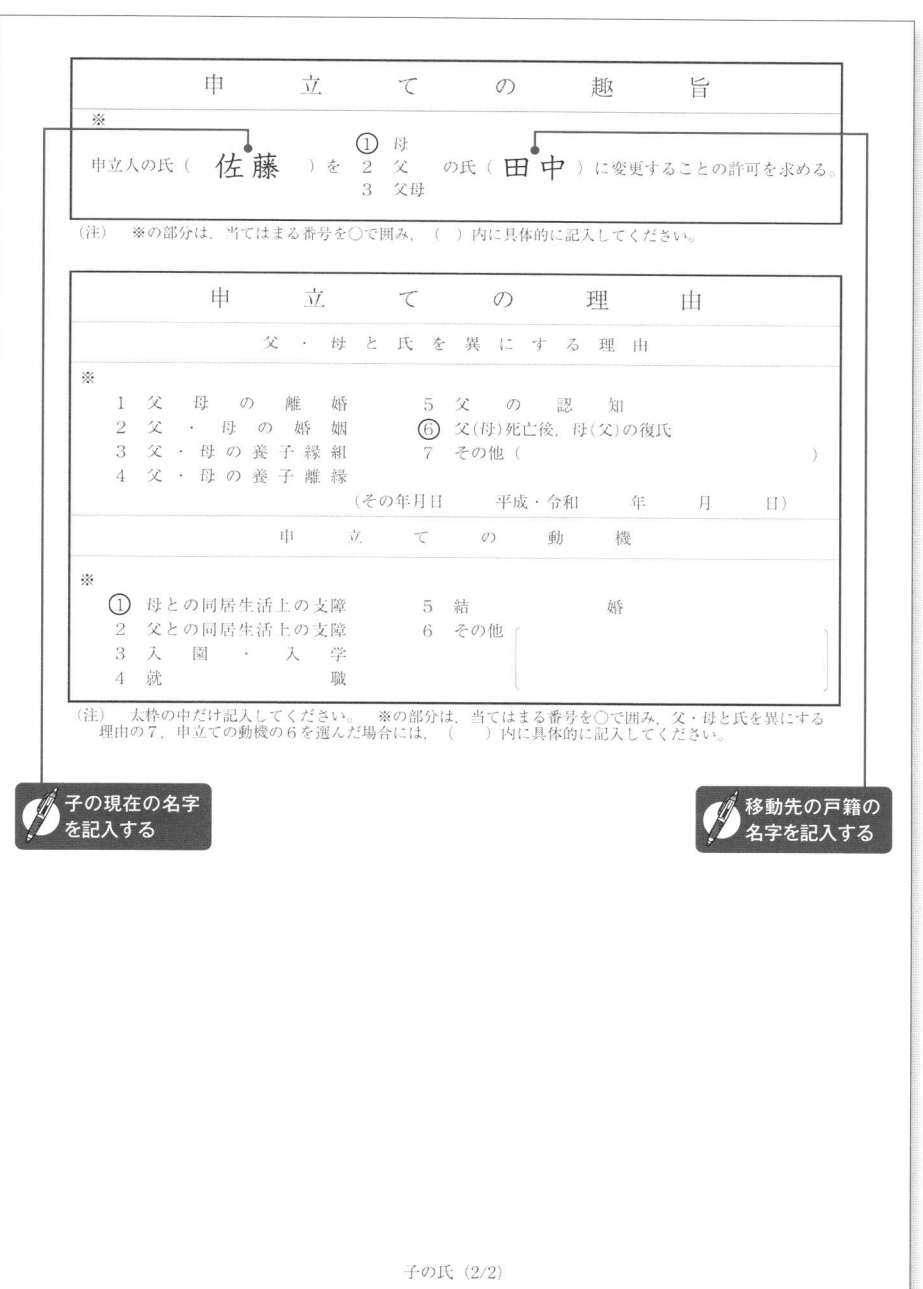

申　立　て　の　趣　旨
※ 申立人の氏（ 佐藤 ）を ①母 2 父 3 父母 の氏（ 田中 ）に変更することの許可を求める。

（注）　※の部分は，当てはまる番号を○で囲み，（　）内に具体的に記入してください。

申　立　て　の　理　由	
父・母と氏を異にする理由	
※	
1 父母の離婚	5 父の認知
2 父・母の婚姻	⑥ 父(母)死亡後，母(父)の復氏
3 父・母の養子縁組	7 その他（　　　）
4 父・母の養子離縁	
（その年月日　平成・令和　年　月　日）	
申立ての動機	
※	
① 母との同居生活上の支障	5 結婚
2 父との同居生活上の支障	6 その他（　　　）
3 入園・入学	
4 就職	

（注）　太枠の中だけ記入してください。　※の部分は，当てはまる番号を○で囲み，父・母と氏を異にする理由の7，申立ての動機の6を選んだ場合には，（　　）内に具体的に記入してください。

子の現在の名字を記入する

移動先の戸籍の名字を記入する

子の氏（2/2）

◆入籍届の記入例

入　籍　届

令和○○年○○月○○日　届出

東京都豊島区　長殿

受理　令和　年　月　日 第　号			発送　令和　年　月　日			
送付　令和　年　月　日 第　号			長印			
書類調査	戸籍記載	記載調査	附　票	住民票	通　知	

(1)	(よみかた) 入籍する人の氏名 (変更前の氏名)	さとう　すすむ 氏 佐藤　名 進　平成○○年○○月○○日生
(2)	住所 (住民登録をしているところ)	東京都新宿区新小川町10丁目 29 番地 番(○) 1 号
		世帯主の氏名　田中幸子
(3)	本籍 (変更前の本籍)	東京都豊島区長崎7丁目　50 番地 番(○)
		筆頭者の氏名　佐藤　勇
(4)	入籍の事由	□父 □養父 ☑母 □養母 □父母 □養父母 の氏を称する入籍　□父 □養父 □母 □養母 □父母 □養父母 と同籍する入籍
		□従前の氏を称する入籍（従前の氏を改めた年月日　年　月　日）
(5)	入籍する戸籍または新しい本籍	☑すでにある戸籍に入る　□父または母の新戸籍に入る　□新しい戸籍をつくる
		東京都新宿区 新小川町10丁目 29 番地 番(○)　(よみかた) たなか いさお 筆頭者の氏名 田中　勲
(6)	父母の氏名 父母との続き柄	父　佐藤　勇　母　田中幸子　続き柄　長 ☑男 □女
	その他	
	届出人署名押印	印

字訂正 字加入 字削除

届出印

> 入籍する人（子）が15歳未満の場合は、親権者が届出人になる

届出人

（入籍する人が十五歳未満のときの届出人または配偶者とともに届け出るときの配偶者が書いてください。届出人となる未成年後見人が３人以上のときは、ここに書くことができない未成年後見人について、その他欄又は別紙（様式任意。届出人全員の契印が必要）に書いてください。）

資格	親権者（□父 □養父）□未成年後見人 □配偶者	親権者（□母 □養母）□未成年後見人
住所	(2) と同じ　番地 番　号	(2) と同じ　番地 番　号
本籍	(5) と同じ　番地 番　筆頭者の氏名	(5) と同じ　番地 番　筆頭者の氏名
署名押印	印	田中幸子　印
生年月日	年　月　日	昭和○○年　○○月　○○日

住定年月日　・　・

日中連絡のとれるところ
電話（ 03 ）0000-0000
(自宅)　勤務先　呼出（　方）

子の氏の変更許可申立書（➡166・167ページ）を提出後、家庭裁判所から交付される許可の「審判書」を併せて提出します

Column

事実婚、婚外子の相続手続き

事実婚に相続権はない

婚姻届を提出せずに夫婦同様の暮らしをしている「事実婚」のカップルが増えています。もし、どちらかが亡くなったとき、相続はどうなるのでしょう。

事実婚の場合、残されたパートナーに法律上の相続権は一切ありません。故人には法定相続人となる配偶者がいない、という前提で相続財産の分割が決定されます。そのため、事実婚のカップルが共に築き上げてきた財産であっても、故人の相続人の手に渡ってしまいます。

事実婚のパートナーに確かな財産を残しておきたいなら、生前に贈与したり、遺言により遺贈をするなど、あらかじめ「その時」に備えた対策を講じておくのが望ましいといえます。

なお、故人に法定相続人が存在しない場合、最終的に相続財産は国庫に帰属します。このとき、残されたパートナーが「特別縁故者」として財産の「分与請求」の審判申し立てをすれば、相続財産の全部または一部が与えられる可能性があります。

婚外子も相続は同等に

結婚していない男女の間に生まれた非嫡出子（婚外子）の遺産相続は、その子の父親が認知するかどうかが重要です。父親が認知届を提出することにより、親子関係が成立します。認知がないと、法律上の親子ではなく相続もできません。

認知を拒否された場合、婚外子やその親権者は、家裁に認知を求める調停を申し立てることができます。認知を争う裁判に発展すると、DNA親子鑑定が実施されるケースもあります。

なお、認知を受けている婚外子には、実子と同じ相続権があります。従来、民法では婚外子の相続割合が実子の2分の1とされてきました。しかし、2013（平成25）年に最高裁がこれを違憲とする判断を下し、その後の法改正でこの規定は削除されたのです。婚外子の相続分も、実子と同等になりました（➡108ページ）。

プラスα 特別縁故者として遺産を受け取った場合も相続税の申告が必要となる。その際、「配偶者に対する相続税額の軽減」制度は適用されない。

15

姻族関係を終了したいとき

戸籍や名字を元に戻しても、配偶者の親族との親戚関係はそのまま続きます。配偶者側との縁を解消したいときは、姻族関係終了届を役所へ提出します。

姻族（いんぞく）とは、配偶者の血族のことで、婚姻によって親族になった者同士をいいます。妻の立場から見れば、夫の両親（義理の父・母）や兄弟姉妹が姻族になります。民法では、３親等までの姻族を親族の範囲に含めています。

配偶者が死亡すると、婚姻関係も解消されます。ただ、配偶者の姻族との親戚関係はそのまま続きます。**復氏届**（ふくうじ）（ 164ページ）を提出し、新しい戸籍を作り旧姓に戻っても、その関係は変わりません。ここは、関係が自動的に消滅する離婚と大きく異なる点です。

残された配偶者が故人の親族との縁を切りたいと望む場合は、本籍地または住所地の市区町村役場へ**姻族関係終了届**を提出します。このとき、家庭裁判所の許可や姻族の同意は必要なく、自らの意思で決めることができます。届け出の期限はありません。配偶者の死亡届（ 18ページ）が受理された後はいつでも手続きできます。

戸籍も別にしたいときはさらに復氏届の提出が必要

姻族関係終了届が受理されても、戸籍はそのままの状態になっています。戸籍を別にしたいときは、さらに復氏届を提出しなければなりません。両者は別々の手続きです。

また、故人との間の子供を同じ戸籍に入れたいときも、**子の氏の変更許可申立書**（ 164ページ）を家裁へ提出する手続きを踏む必要があります。

なお、姻族関係が終了した後も、結婚中に使用していた姓と戸籍をそのまま継続して使うことも可能です。

姻族関係が終了しても、遺産の相続権を失うことはありません。配偶者の父母（子の祖父母）の死後に相続が発生した場合も、子は法定相続人（または代襲（だいしゅう）相続人）としての権利が継承されます。

◆姻族関係終了届の記入例

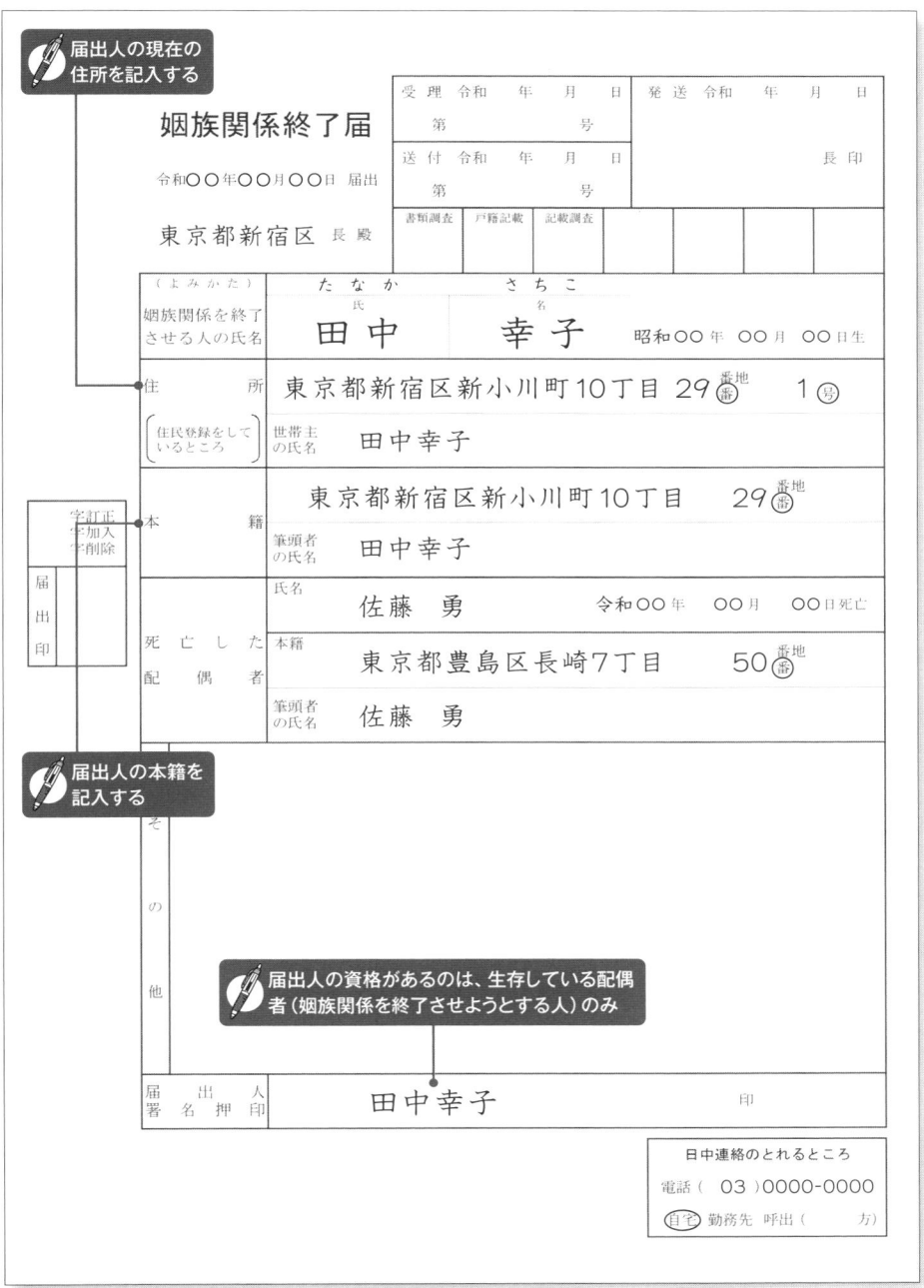

届出人の現在の住所を記入する

姻族関係終了届

令和〇〇年〇〇月〇〇日 届出

東京都新宿区 長 殿

受理 令和 年 月 日 第 号	発送 令和 年 月 日
送付 令和 年 月 日 第 号	長 印
書類調査 / 戸籍記載 / 記載調査	

（よみかた）	たなか さちこ	
姻族関係を終了させる人の氏名	氏 田中 名 幸子	昭和〇〇年 〇〇月 〇〇日生
住所（住民登録をしているところ）	東京都新宿区新小川町10丁目 29番地/番 1号	
	世帯主の氏名 田中幸子	
本籍	東京都新宿区新小川町10丁目 29番地/番	
	筆頭者の氏名 田中幸子	
死亡した配偶者	氏名 佐藤 勇	令和〇〇年 〇〇月 〇〇日死亡
	本籍 東京都豊島区長崎7丁目 50番地/番	
	筆頭者の氏名 佐藤 勇	
その他		
届出人署名押印	田中幸子	印

字訂正 字加入 字削除

届出印

届出人の本籍を記入する

届出人の資格があるのは、生存している配偶者（姻族関係を終了させようとする人）のみ

日中連絡のとれるところ
電話（ 03 ）0000-0000
自宅 勤務先 呼出（ 方）

プラスα 姻族関係終了届を出すことができるのは残された配偶者のみで、死亡者の親族が手続きをすることはできない。姻族関係を終了した場合、配偶者血族の扶養義務もなくなる。

Column

子供がいない夫婦の財産

預金や住宅・家財道具などの財産の多くは、夫婦が協力して築いた「共有財産」です。子供がいない夫婦の場合、夫が「自分が死んだときは、全財産を妻に相続させたい」と望んでいるなら、それなりの事前対策が必要です。

法定相続に従った場合

亡くなった時点で法定相続人が妻だけなら、被相続人である夫の配偶者（配偶者相続人）として全ての遺産を受け継ぐことができます。しかし夫の親や兄弟姉妹（血族相続人）が存在し、法定相続分を主張されると、法律で決まっている以上どうにもなりません。

夫の親がまだ生きていれば、相続割合は妻に3分の2、親に3分の1となります。両親は既に亡くなり兄弟姉妹がいるときは、妻が4分の3、兄弟姉妹が4分の1を相続します。兄弟姉妹も亡くなっているときは、その子（夫の甥・姪）が代わりに相続します（代襲相続）。

配偶者に全て渡すと遺言を

会ったこともないような法定相続人と連絡を取り、遺産分割協議書に全員の署名・押印をもらうところまで事を運ぶのは、大変な作業です。こうした場合、法的に有効な遺言書で「遺産は全て妻に相続させる」と書き残しておけば、かなり問題を回避できます。

遺言書があっても、夫の親には、最低限の相続財産を確保する権利である遺留分として、法定相続分の2分の1は認められています（兄弟姉妹には遺留分は認められていません）。相続開始後、夫の親から遺留分侵害額請求をされると、遺留分だけは渡さなければなりません。

しかし、遺言書に「遺産は全て妻に相続させる」と書き残しておくことで、親の感情にうったえかけ、相続の放棄をしてもらう可能性を高くすることができます。

配偶者同士が、お互いに同じ内容の遺言書を作成すれば、より安心です。

第4章

相続と各種名義変更の手続き

1 金融機関への届出

預貯金は相続財産なので、金融機関でも相続手続きをする必要があります。多くの書類を準備しなければならないので、その時間を見込んでおきましょう。

預貯金は、被相続人が亡くなった時点で相続財産となります。遺産分割で相続することになった人、遺言で贈られることになった人（受遺者）は、口座のある金融機関で相続手続きをする必要があります。

預金の相続で踏む4つの手順

預金相続が完了するまでの流れは、どの金融機関もだいたい同じで、次の４つの手順を踏みます。

❶相続発生の連絡

まず、口座の名義人（被相続人）が亡くなった事実を、取引金融機関に知らせます。連絡を受けた金融機関は、預金の相続方法について説明してくれるはずです。金融機関は口座を凍結しますが、相続預金の払戻制度（⬇41ページ）を利用すれば、口座凍結後でも上限で１５０万円を引き出せます。

❷必要書類の準備

必要になる書類は、**遺言書**（⬇132ページ）があるかないか、**遺産分割協議書**（⬇152ページ）があるかないか、家庭裁判所による**調停調書**（⬇156ページ）や審判書があるかないか――など相続のケースや内容によって異なります。

戸籍謄本一つとっても、被相続人の出生から死亡までの連続したものが必要になったり、相続人全員分が必要になったりと、ケースにより様々です。用意にある程度の時間を見込んでおきましょう。

❸書類の提出

準備した書類と併せて、金融機関所定の書式に依頼内容を記入のうえ、窓口へ提出します。「相続手続依頼書」など金融機関専用の手続き書類には、多くのケースで相続人全員の直筆署名と実印の押印を要求されます。

❹払い戻しなどの手続き

書類の手続きが問題なく終わると、金融機関での払い戻しが可能になります。通常は、払戻金や通

金融機関での相続手続きの流れ

相続発生の連絡

相続のケースに応じて、具体的な手続き方法や必要書類の案内がある。連絡を受けた時点で、故人（被相続人）の口座は相続手続き完了まで凍結される。ただし、遺産分割前の相続預金払戻制度を利用すれば、一定額を引き落とすことは可能。

▼

必要書類の準備

遺言書や遺産分割協議書がある場合とない場合、家庭裁判所の調停調書・審判書がある場合など、相続のケースや内容によって、準備する書類も違ってくる。

必要書類の収集にかかる時間を、あらかじめ見込んでおく。

▼

書類の提出

準備した書類を、金融機関の窓口へ提出する。併せて、金融機関所定の書式に依頼内容を記入する。

相続人全員の直筆署名と実印の押印が求められるケースが多い。

▼

払い戻しなどの手続き

▼

有価証券の相続手続きの場合
口座移管の手続き

相続人名義の口座へ株式など相続資産を移管する。口座を持っていない場合は、新たに開設する。株式などを処分する予定でも、移管を済ませる必要がある。

帳・証書を手にするまで数日のタイムラグがあります。

有価証券の相続では口座移管の手続きをする

主に証券会社で行うことになる株式や投資信託、国債など有価証券の相続は、銀行などの預貯金口座の相続手続きと基本的に同様です。ただし、有価証券特有のプロセスも存在します。

故人（被相続人）の口座がある証券会社に、相続人名義の口座を用意しておく必要があります。なければ、新たに開設しましょう。手続きの最終段階で、被相続人の口座から株式など相続資産を移管する管理口座の役目を果たします。株式を処分する予定があっても、移管した後にあらためて売却手続きをすることになります。

プラスα 預貯金の相続手続きを始める前に、どの金融機関にいくらの預貯金があるか確認しておきたい。金融機関では「預金残高証明書」を発行してくれるので、それを利用してもよい。

2 生命保険の保険金を受け取る手続き

被相続人が個人で生命保険に加入していたら、受取人が保険金の請求をします。保険金の請求権は3年以内とされているので、なるべく早く手続きしましょう。

生命保険には、個人で契約する生命保険会社の「生命保険」や郵便局で取り扱う「簡易保険」（かんぽ生命）、勤務先で加入する「団体生命保険」などがあります。故人（被相続人）がどの生命保険に加入し、だれが受取人になっているかの確認から始めます。なお、団体生命保険は受取人が会社になっているケースがあるので、勤務先の担当者に確認してみましょう。

保険証券を探して契約内容を確認する

生命保険や簡易保険に加入していた場合、受取人に指定されている人が死亡保険金の請求をします。保険金は、受取人が請求手続きをしないかぎり支払われることはありません。

そのために、まず保険証券を探して契約内容を確かめます。保険証券が見つからないときは、保険会社に連絡して誰が受取人かを確認してもらいましょう。

支払い事由の発生日から3年が経過すると、時効により保険金請求の権利が消滅します。ただ、実際には請求に応じてくれる保険会社もあるようです。後になって保険証券が見つかったときは、念のため保険会社に問い合わせてみるとよいでしょう。

死亡保険金の受取人が指定されていれば相続財産とはならず、受取人が単独で取得する権利を持っています。したがって、遺産分割の対象には入りません。ただし、相続税法上は**みなし相続財産**（↓188ページ）とされ、額によっては相続税の課税対象になる点に注意が必要です。

保険会社に連絡して保険金を受け取る

死亡保険金を受け取る手続きは、保険会社によって細かな違いはありますが、基本的には次の手順を

死亡保険金を受け取るための流れ

保険金受け取り事由の発生を保険会社へ通知

保険証券を用意し、証券記号番号、被保険者名、死亡日時、死亡原因、入退院の有無などを連絡する。

▼

いわゆるネット生保以外は、保険会社の担当者が直接訪問して届けるケースが多い。

必要書類一式を入手

受取人が必要事項を記入のうえ、必要な書類を準備し、担当者に渡すか保険会社窓口へ持参する。

▼

必要書類の提出

保険会社は、提出された書類を精査し、支払いの可否を判断する。

場合によっては、確認や照会のためあらためて受取人に連絡を取る。

▼

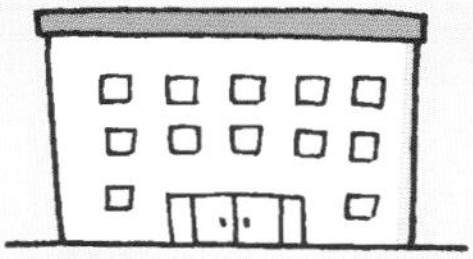

保険会社が提出書類を受理

支払いが決定すると、保険会社は指定の受取人口座へ保険金を送金する。

原則として、提出書類を保険会社が受理してから5営業日以内に支払いが完了する。

受取人には「支払い明細書」が郵送されてくるので、内容を確認する。

▼

死亡保険金の受け取り

踏みます。

❶死亡保険金受け取り事由の発生を、受取人が保険会社へ通知
❷生命保険会社から必要な手続き書類一式が届く
❸受取人が必要書類を提出
❹保険会社が提出書類を確認
❺死亡保険金を受け取る

❸の段階で必要になる書類は、以下のようなものです。

▼保険会社指定の死亡保険金請求書
▼保険証券
▼死亡診断書または死体検案書
▼（事故や災害の場合）保険会社が用意・指定する事実確認書類
▼住民票や戸籍謄（抄）本など被保険者の死亡事実が分かる公的書類
▼受取人の本人確認書類、戸籍抄本、印鑑証明など

プラスα 医療保険の給付金を死後に受け取った場合、受取人が被相続人になっていれば相続財産となるが、被相続人以外であれば受取人固有の財産とされ相続税もかからない。

3

不動産の名義を変更する手続き

被相続人が所有者だった不動産の名義は、相続人に移しましょう。期限は3年以内ですが、できるだけすみやかに手続きを済ませましょう。

土地や建物などの不動産を相続することになったら、名義変更の手続きをしましょう。いわゆる**相続登記**（所有権の移転）です。

これまで相続登記には期限がありませんでした。しかし、２０２４（令和６）年4月から相続登記の義務化が始まります。

相続によって不動産を得た相続人は3年以内（所有権を知った日、もしくは遺産分割協議が成立した日から）に相続登記をしなければなりません（義務化前に不動産を得た場合は２０２７年3月まで）。怠った場合には10万円以下の過料が科されることもあります。

遺言か遺産分割かで提出書類に違い

相続登記は、その不動産の所有を管轄する法務局（またはその支局、出張所）に申請します。相続が**遺言書**（↓132ページ）によるものか**遺産分割協議**（↓150ページ）によるものかで、提出する書類が異なります。主に次のものです。

▼登記申請書
▼被相続人の出生から死亡までが分かる戸籍謄本、住民票除票
▼不動産の固定資産評価証明書
▼（遺言の場合）不動産を取得する相続人の戸籍謄本と住民票、および遺言書
▼（遺産分割協議の場合）不動産を取得する相続人の住民票、相続人全員の戸籍謄本、および遺産分割協議書と相続人全員の印鑑証明書
▼相続関係説明図

なお、法定相続情報一覧図（↓44ページ）を提出すれば、被相続人の戸籍謄本や住民票除票、相続人の戸籍謄本の提出は不要です。

登記申請書は法務局のホームページから書式と記載例をダウンロードできます。固定資産評価証明書は、市町村役場に交付申請書を提出して入手します。

◆固定資産評価証明書交付申請書の記入例

固定資産（土地・家屋・償却資産）評価証明書交付申請書

※太枠の中に必要事項を記入（該当する□にV）してください。

申請日	令和　〇〇 年〇〇月〇〇日

東京都渋谷区長 あて

窓口へ来られた方（申請者）	
（住所）	東京都渋谷区代々木6丁目69番2号
（ふりがな）	さとう　かずこ
（氏名）	佐藤 和子　　自署または記名押印
（生年月日）	昭和〇〇 年　〇〇 月　〇〇 日　（電話番号）（03）0000－0000
（証明が必要な方との関係）	本人

同居されていない親族の方や、代理の方が申請するときは、代理権限授与通知書または委任状が必要です。

窓口へ来られた方は、運転免許証、健康保険証、住民基本台帳カード、パスポート、納税通知書、従業員証などの本人であることを確認できるものをご提示ください。

どなたの証明書が必要ですか（1月1日現在の所有者）		
（住所または所在地）	☑ 同上	
（ふりがな）	さとう　まさる	法人の場合のみ代表者印を押印してください。
（氏名または法人名・代表者氏名）	□ 同上　佐藤　勝	印
（生年月日）	昭和〇〇 年　〇〇 月　〇〇 日	

（注意事項）

1　当該年の1月1日現在の状況を証明しますので、所有権移転等により、当該年の1月1日現在の状況と異なる場合は、その旨が確認できる書類をご提示ください。

2　証明書を速やかに発行できるよう、物件の所在地は**登記簿上の所在地番**を記載し、家屋の場合は家屋番号も併せて記載してください。

※　申請物件を特定できない場合、発行できないこともありますので、ご承知おきください。

どの証明書が必要ですか

	必要な資産	物件の所在地（**登記簿上の所在地番**）（償却資産の場合は町名以下について記載する必要はありません。）	家屋番号または資産の種類	必要年度	通数
1	☑土地 □家屋 □償却資産	（区名）渋谷 区 （町名）代々木6 丁目 69 ㊂番 番地		〇〇 年度	1 通
2	□土地 ☑家屋 □償却資産	（区名）渋谷 区 （町名）代々木6 丁目 69 ㊂番 番地	69-2	〇〇 年度	1 通
3	□土地 □家屋 □償却資産	（区名） 区 （町名） 丁目 番 番地		年度	通
4	□土地 □家屋 □償却資産	（区名） 区 （町名） 丁目 番 番地		年度	通
5	□土地 □家屋 □償却資産	（区名） 区 （町名） 丁目 番 番地		年度	通
必要な付記事項		□ 税額（公課証明）　□共有者氏名　□ 建築年　□ 滅失している旨　□ その他（　）			

何にお使いになりますか

☑ 登記申請　□相続・贈与　□訴訟　□官公庁提出　□売買　□融資　□資産管理　□ その他（　）

※職員記入欄　記入しないでください。

発行　確認　交付

住所　住所　住所

氏名　氏名　氏名

資産　所在　番号　年度　通数

付記　付記　付記

以下は記入しないでください

	通数	件数 無料	件数 有料	手数料	税証番号
土地					第　4－
家屋					第　5－
償却資産					第　6－
合計					

本人確認	運転免許証・健康保険証・住基カード・パスポート・納税通知書 従業員証・在留カード・その他（　）	決裁	公印審査（取扱責任者／文書主任）
その他確認書類	□売買契約書 □訴訟委任状 □借地非訟事件・強制競売申立書 □代位原因書面 □登記簿謄本 □媒介契約書 □委任状 □賃貸借契約書 □戸籍謄本 □その他（　）		

発行　確認　交付

「登記申請」にチェックを入れる

様式や記載事項は市区町村によって異なります

プラスα　2023年4月から、相続で得た土地を手放し、国庫に帰属させる制度も新設された。制度の利用には様々な条件があるので、まずは法務局に相談しよう。

◆登記申請書の作成例

登 記 申 請 書

登記の目的　　所有権移転

原　　　因　　令和○○年○月○日相続

> 被相続人が死亡した日と、相続であることを明記する

相　続　人　　（被相続人　佐藤　勝）

> 被相続人の氏名を記入する

東京都渋谷区代々木６丁目69番２号

佐藤和子　　〔印〕

連絡先の電話番号03－0000－0000

添 付 情 報　　登記原因証明情報　住所証明情報

令和○○年○月○日申請　東京法務局○○出張所

課 税 価 格　　金0,000万0,000円

> 土地と建物の価格を合計した金額を記載する。1000円未満は切り捨てる

登録免許税　　金00万0,000円

> 課税価格の0.4%の金額になる。100円未満は切り捨てる

不動産の表示

所　　　在　　渋谷区代々木６丁目

地　　　番　　69番２号

地　　　目　　宅地

地　　　積　　150平方メートル

所　　　在　　渋谷区代々木６丁目69番

家 屋 番 号　　69番２号

種　　　類　　居宅

構　　　造　　木造瓦葺き平屋建

床　面　積　　70平方メートル

◆相続関係説明図（遺言による相続の場合）の作成例

被相続人　佐藤　勝　相続関係説明図

住所　東京都渋谷区代々木
　　　６丁目69番２号
死亡　令和○○年○月○日
（被相続人）
佐藤　勝

住所　東京都豊島区長崎
　　　７丁目50番３号
出生　昭和○○年○月○日
（相続人）
妻　佐藤和子

住所　東京都豊島区長崎
　　　７丁目50番３号
出生　昭和○○年○月○日
長男　佐藤　勇

住所　茨城県水戸市中央
　　　３丁目11番42号
出生　昭和○○年○月○日
長女　山本節子

遺言による相続の場合は、相続する者のみ「相続人」と明記する。なお、遺産分割による相続の場合、相続する者に「相続」、相続しない者には「分割」と明記する

プラスα　相続関係説明図は、被相続人と相続人の関係を図に表したもの。これを提出すれば、登記の調査終了後に戸籍謄本などの原本が返却される。

4 故人の事業を引き継ぐ手続き

故人の事業を引き継ぐ場合、事業の税務申告をする義務が生じます。
事業を引き継ぐにせよ、引き継がず廃業するにせよ、それぞれ手続きが必要です。

故人（被相続人）が自営業者や会社経営者だった場合、誰がその事業を引き継ぐか（**事業承継**）は、相続人にとって大きな問題です。故人の事業を引き継ぐと所得税の確定申告義務が生じます。一方、引き継がずに廃業する際にも届け出が必要です。

また、事業が会社組織（法人）の場合は、経営権や株式の問題が絡んできます。会社をたたむにしても、残務整理にあたる清算人を選任して清算手続きを取らなければなりません。未経験者の手に余るケースが多いため、税理士など専門家への依頼が現実的です。

廃業でも事業承継でも税務上の手続きは必須

故人が個人事業主だった場合、相続人が事業を引き継がないと決めたら、納税地の税務署へ廃業を届け出る必要があります。また、事業を引き継ぐ場合は、同じ業種・屋号を使って同様の商品・サービスを扱うにしても、承継者はあらためて開業に伴う税務上の手続きをしなければなりません。

いずれにしても、相続の開始を知った日から1カ月以内に、**個人事業の開業・廃業等届出書**にその旨を記入して必ず提出します。なお、相続により事業を引き継いだら死後4カ月以内に、承継した相続人が故人に代わって所得税を申告・納税する**準確定申告**（➡90ページ）を済ます必要があります。

青色申告のメリットと希望する場合の手続き

個人事業の確定申告には、**白色申告**と**青色申告**があります。白色申告は、経費を大まかに計算すればよく、煩わしい経理業務が必要ありません。その代わりに税務上のメリットも少ない申告方法です。ただし、2014（平成26）年からは簡単な帳簿の記帳と5～7年間の帳簿の保存が白色申告者にも義務付けられました。

それに対し青色申告は、正確な記帳が面倒ですが、白色申告に比べて次のようなメリットや特典があります（代表的な例）。

▼青色申告特別控除

複式簿記で記帳して貸借対照表を作成し、損益計算書と併せて確定申告書に添付のうえ提出すれば、55万円（電子申告または電子帳簿保存で65万円）の控除が認められます。それ以外の青色申告者には、10万円の控除があります。

▼青色事業者専従者給与

生計を一にする15歳以上の親族で、事業に専従している者に支払った給与は、必要経費に算入できます。

▼純損失の繰り越しと繰り戻し

その年の所得が赤字になったら、赤字金額を翌年以降3年間にわたり繰り越して各年分の所得金額から控除できます。また、前年に繰り戻して前年分の所得税の還付を受けることもできます。

通常、新たに事業を始めて青色申告の申請をする場合、1月15日までに開業したときはその年の3月15日までに、1月16日以降は開業日から2カ月以内に**所得税の青色申告承認申請書**を、納税地の税務署へ提出します。

ただし相続による事業承継では、被相続人が白色申告者だった場合は業務開始日から2カ月以内に、被相続人が青色申告者の場合は準確定申告の提出期限である死後4カ月以内に「青色申告承認申請書」を提出するなど、ケースにより期限日が異なります。

青色申告承認申請書の提出期限 ※相続による事業承継の場合

区分	提出期限
被相続人が白色申告者の場合 （その年の1月16日以後に業務を承継した場合）	業務を承継した日から2カ月以内
被相続人が青色申告者の場合 （死亡の日がその年の1月1日から8月31日）	死亡の日から4カ月以内
被相続人が青色申告者の場合 （死亡の日がその年の9月1日から10月31日）	その年の12月31日
被相続人が青色申告者の場合 （死亡の日がその年の11月1日から12月31日）	翌年の2月15日

◆個人事業の開業・廃業等届出書の記入例

事業を引き継ぐ人について記入する

マイナンバーを記入する

個人事業を引き継ぐ場合は「開業」を選択する

税務署受付印

個人事業の開業・廃業等届出書

○○　税務署長

令和　○○年　○○月　○○日提出

納税地	☑住所地・○居所地・○事業所等（該当するものを選択してください。） （〒 170－0000 ） 東京都豊島区長崎7丁目50番3号 （TEL　03－0000－0000）		
上記以外の住所地・事業所等	納税地以外に住所地・事業所等がある場合は記載します。 （〒　－　） （TEL　－　－　）		
フリガナ	サトウ　イサム	生年月日	○大正 ☑昭和　○○年　○月　○日生 ○平成 ○令和
氏名	佐藤　勇		
個人番号	1 2 3 4 5 6 7 8 9 0 1 2		
職業	会社員	フリガナ 屋号	

個人事業の開廃業等について次のとおり届けます。

届出の区分	☑開業（事業の引継ぎを受けた場合は、受けた先の住所・氏名を記載します。） 住所　豊島区○○町○丁目○番○号　氏名　佐藤　勝 事務所・事業所の（○新設・○増設・○移転・○廃止） ○廃業（事由） （事業の引継ぎ（譲渡）による場合は、引き継いだ（譲渡した）先の住所・氏名を記載します。） 住所　　氏名		
所得の種類	○不動産所得・○山林所得・○事業（農業）所得〔廃業の場合……○全部・○一部（　）〕		
開業・廃業等日	開業や廃業、事務所・事業所の新増設等のあった日	○○年　○○月　○○日	
事業所等を新増設、移転、廃止した場合	新増設、移転後の所在地	（電話）	
	移転・廃止前の所在地		
廃業の事由が法人の設立に伴うものである場合	設立法人名		代表者名
	法人納税地		設立登記　年　月　日
開業・廃業に伴う届出書の提出の有無	「青色申告承認申請書」又は「青色申告の取りやめ届出書」	☑有・○無	
	消費税に関する「課税事業者選択届出書」又は「事業廃止届出書」	○有・☑無	
事業の概要（できるだけ具体的に記載します。）	アパート経営		

給与等の支払の状況	従事員数	給与の定め方	税額の有無	その他参考事項
区分				
専従者	人		○有・○無	
使用人			○有・○無	
			○有・○無	
計				
源泉所得税の納期の特例の承認に関する申請書の提出の有無			○有・○無	給与支払を開始する年月日　年　月　日

関与税理士

（TEL　－　－　）

税務署整理欄	整理番号	関係部門連絡	A	B	C	番号確認	身元確認
	0						□済 □未済
	源泉用紙交付	通信日付印の年月日	確認	確認書類 個人番号カード／通知カード・運転免許証 その他（　）			
		年　月　日					

◆所得税の青色申告承認申請書の記入例

事業を引き継ぐ人について記入する

税務署受付印

所得税の青色申告承認申請書

○○ 税務署長

令和
○○ 年 ○○ 月 ○○ 日提出

納税地	✓住所地・○居所地・○事業所等（該当するものを選択してください。） （〒 170－0000 ） 東京都豊島区長崎7丁目50番3号 （TEL 03－0000－0000 ）
上記以外の住所地・事業所等	納税地以外に住所地・事業所等がある場合は記載します。 （〒 － ） （TEL － － ）
フリガナ	サトウ イサム
氏名	佐藤 勇
生年月日	○大正 ✓昭和 ○平成 ○令和 ○○年○○月○○日生
職業	
フリガナ / 屋号	

アパート・マンション経営は「不動産所得」になる

令和＿＿年分以後の所得税の申告は、青色申告書によりたいので申請します。

1 事業所又は所得の基因となる資産の名称及びその所在地（事業所又は資産の異なるごとに記載します。）

名称 メゾン○○ 所在地 豊島区○○町○丁目○番○号

名称＿＿＿＿ 所在地＿＿＿＿

2 所得の種類（該当する事項を選択してください。）

○事業所得 ・✓不動産所得 ・○山林所得

3 いままでに青色申告承認の取消しを受けたこと又は取りやめをしたことの有無

(1) ○有（○取消し・○取りやめ） ＿年＿月＿日 (2) ✓無

4 本年1月16日以後新たに業務を開始した場合、その開始した年月日 ○○年○○月○○日

5 相続による事業承継の有無

(1) ✓有 相続開始年月日 ○○年○○月○○日 被相続人の氏名 佐藤 勝 (2) ○無

6 その他参考事項

(1) 簿記方式（青色申告のための簿記の方法のうち、該当するものを選択してください。）

✓複式簿記・○簡易簿記・○その他（ ）

(2) 備付帳簿名（青色申告のため備付ける帳簿名を選択してください。）

✓現金出納帳・○売掛帳・○買掛帳・○経費帳・✓固定資産台帳・○預金出納帳・○手形記入帳
○債権債務記入帳・✓総勘定元帳・○仕訳帳・○入金伝票・○出金伝票・○振替伝票・○現金式簡易帳簿・○その他

(3) その他

関与税理士

（TEL － － ）

税務署整理欄	整理番号	関係部門連絡	A	B	C		
	0						
	通信日付印の年月日	確認					
	年 月 日						

使っている全ての帳簿にチェックを入れる

Column

自動車の相続手続き

故人（被相続人）名義の自動車は相続財産になり、故人から相続人に所有者の名義を変更する必要があります。

遺言書に指定があればその相続人が、遺産分割の場合は遺産分割協議で相続する人を決めてから名義を変更します。複数の相続人で共同名義にする場合は名義人全員の印鑑証明書や委任状などが必要になります。

廃車でも名義変更が必要

遺産として残された車に乗る人がおらず、第三者への譲渡や売却、あるいは廃車にする場合でも、いったんは相続人への名義変更が必要になります。

自動車の名義を変更するには、住所を管轄する運輸支局または自動車検査登録事務所に「移転登録申請書」を提出します。申請書は運輸支局や自動車検査登録事務所で配布されているほか、国土交通省のホームページからもダウンロードできます。提出の際には次のものを用意します。

▼遺産分割協議書または遺言書、遺産分割に関する調停調書など

▼戸籍謄本・戸籍の全部事項証明書または法定相続情報一覧図（被相続人の死亡と相続人全員の関係が証明できるもの）

▼相続人の印鑑証明書と印鑑

▼自動車検査証（車検証）

▼自動車保管場所証明書（車庫証明）

▼手数料納付書（５００円の登録印紙を貼付）

被相続人と同じ場所で使用する場合、車庫証明は不要です。

軽、バイク、自転車のケース

軽自動車の名義変更は軽自動車検査協会で行います。

自転車や自動二輪、原付も、中古車として販売価値がある場合は遺産分割協議書に記載します。原付は市区町村役場で、小型二輪や軽二輪は管轄の運輸支局や自動車検査登録事務所で、相続人名義への移転登録手続きが行えます。

自転車は相続する人の名義で防犯登録をし直しましょう。

第5章

相続税の申告・納付手続き

1

相続財産を評価する

相続税手続きの第一歩は、相続税がかかる財産とかからない財産の区別です。財産の「評価」が基礎控除額を超えると、相続税の申告・納税が必要になります。

故人（被相続人）が残した財産にいくらの金銭的価値があるか相続税独自の決まりに基づいた計算によって算出することを、財産の**評価**といいます。財産の種類により、評価の方法も異なります。

この評価により、相続税のかかる財産と相続税のかからない財産を区別し、相続税の課税対象になる財産（**課税価格**）を確定させる必要があります。

相続税の課税対象となる主な財産

相続税の課税対象となる主な財産は、次の通りです。

▼相続や遺贈により取得した財産

故人が亡くなったときに所有していた、いわば「本来の相続財産」です。現金、預貯金、有価証券、宝石、土地、家屋などに加え、特許権や著作権なども含まれます。

▼みなし相続財産

被相続人の死亡により相続が発生した財産です。生命保険の保険金（➡176ページ）や死亡退職金などが相当します。

▼生前贈与財産

被相続人から死亡前3年以内（2024年以降、7年以内）に暦年課税により生前贈与された財産と、相続時精算課税の適用を受ける贈与財産（➡109ページ）。

相続税の課税対象とならない主な財産

一方、次のようなものは相続税の課税対象にはなりません。

▼祭祀財産

墓地や墓石、仏壇、仏具など祖先を祭るための財産を指します。

▼心身障害者扶養共済制度に基づく給付金を受ける権利

▼各種団体、公益法人、NPOなどへの寄付

▼生命保険の保険金および死亡退職金の非課税限度額

生命保険の保険金と死亡退職金

相続税がかかる財産・かからない財産の例

相続税がかかる財産の例	相続や遺贈により取得した財産 	故人（被相続人）が死亡時点で所有していた現金、預貯金、有価証券、宝石、土地、家屋、特許権や著作権など
	みなし相続財産	被相続人の死亡により支払われる生命保険の死亡保険金や死亡退職金、生命保険契約に関する権利
	生前贈与財産 	被相続人から死亡前3年以内（2024年以降、7年以内）に暦年課税により生前贈与された財産、相続時精算課税の適用を受ける贈与財産
かからない財産の例	祭祀財産 	墓地や墓石、仏壇、仏具など祖先を祭るための財産
	寄付金	国、地方自治体、公益法人、NPOなどへ寄付した財産
	生命保険・死亡退職金	相続人が受け取った金額のうち「500万円×法定相続人の数」までは非課税
控除	債務 	未払いの税金、借入金など
	葬儀費用	通夜や葬儀にかかった費用、葬儀社への支払いなど

には「500万円×法定相続人の数」の非課税限度額が設定されており、限度を超えた分が課税対象になります。

基礎控除額以内なら相続税の申告は不要

相続税には、**基礎控除額**という非課税枠があります。相続財産の評価額の合計が控除額以下なら相続税は発生しないので、申告と納税は必要ありません。

基礎控除額は、**3000万円＋（600万円×法定相続人の数）**で算出します。相続人が1人なら3600万円、2人なら4200万円が基礎控除額になります。

この枠を超える相続財産があれば、相続税額を算出し、申告書を作成して決められた納税手続きを踏みます。

プラスα 財産のうち、土地や建物といった不動産は、国税庁が公表する相続税路線価（土地が面した道路の価値）に土地の面積をかけて評価される。

2 相続税を計算する

相続財産の評価額が決まったら、次は相続税がいくらになるかの計算です。さまざまな税額控除も用意されているので、当てはまるものは利用しましょう。

相続財産の評価額を算出したら、続いて相続税がいくらかかるかを計算してみましょう。

まず、法定相続人ごとに**課税価格**を算出します。相続財産、みなし相続財産、生前贈与財産を合計し、そこから債務や葬儀費用を差し引きます。各人の課税価格を合計した額から**基礎控除額**（➡189ページ）を差し引くと、**課税遺産総額**が確定します。相続税はこの部分にかかります。

課税遺産総額を法定相続分に応じて分け、各相続人の相続分に相続税の税率速算表を参考にして税率をかけ、相続税額を合計します。合計額が出たら、各人の課税価格の比率で按分（あんぶん）します。各相続人が、控除される金額を差し引いて納税額を算出します。

税額控除を利用すれば課税額を減らせる

税額控除が適用されると、税額が軽減されます。

▼配偶者の税額軽減
遺産の課税価格が1億6000万円まで、もしくは法定相続分以内なら相続税はかからない。

▼贈与税額控除
亡くなる前3年以内（2024年から7年以内）に贈与（➡109ページ）により納めた贈与税の相当額を相続税から差し引く。

▼未成年者の税額控除
相続人が未成年者のときは、相続税の額から一定金額を差し引く。

▼障害者の税額控除
85歳になるまで障害者控除を適用する。

▼相次相続控除
10年以内に同一財産で相続があり、前回の相続で相続税を納めていたときは、一定額を差し引く。

▼外国税額控除
外国で相続税相当の税金を納めたとき、相当分を国内で納める相続税から差し引く。

相続税額の計算方法

■相続人ごとに課税価格を算出

各相続人の課税価格 ＝

相続財産 ＋ みなし相続財産 ＋ 生前贈与財産 － 債務・葬儀費用

- 相続財産：現金、預貯金、有価証券、宝石、土地、家屋など
- みなし相続財産：生命保険の保険金、死亡退職金など
- 生前贈与財産：相続開始前3年（2024年から7年）以内に被相続人から生前贈与された財産、相続時精算課税の適用を受ける贈与財産

■課税遺産総額を算出

課税遺産総額（相続税がかかる金額） ＝ 各相続人の課税価格の合計額 － 基礎控除額（3000万円+(600万円×法定相続人の数)）

▼

課税遺産総額を法定相続分に応じて分け、相続人ごとの相続分を算出する

▼

各相続人の相続分に税率（※速算表を参照）をかけ、税額を合計する（＝相続税の総額）

▼

相続税の総額を、各人の課税価格の比率で按分する

▼

各相続人が、控除される金額を差し引いて納税額を算出する

■相続税の速算表

法定相続分に応ずる取得金額	税率	控除額
1000万円以下	10%	——
3000万円以下	15%	50万円
5000万円以下	20%	200万円
1億円以下	30%	700万円
2億円以下	40%	1700万円
3億円以下	45%	2700万円
6億円以下	50%	4200万円
6億円超	55%	7200万円

プラスα 未成年者の税額控除は10万円×（18歳－その相続人の年齢）となる。障害者の税額控除は相続人が一般障害者か特別障害者かで異なる。

3

相続税を納付する

課税遺産総額が基礎控除額を超えた場合、相続税の申告・納付が必要です。一括納付が原則で、意図的な申告漏れや財産隠しには制裁金が科されます。

各相続人の**課税価格**（相続税の課税対象になる財産）の合計額から**基礎控除額**（⬇189ページ）を引いた**課税遺産総額**（⬇190ページ）の値がプラスになれば、相続税の納税義務が発生します。故人（被相続人）の死亡を知った日（相続の開始を知った日）の翌日から10カ月以内に、税額を算出し、申告書を作成して相続税の申告と納付をしなければなりません。

申告書の提出先は、故人の死亡時の住所地を管轄する税務署です。相続人の住所地ではない点に注意が必要です。用紙は税務署の窓口に用意してあるほか、国税庁のホームページからもダウンロードできます。

申告書の作成は税理士への依頼が現実的

申告書の書式は第1表から第15表まであり、さらに付表も加わります。添付された手引書を参考に、自分に該当する表だけを選んで記入します。他にも用意しなければならない書類が多いため、税理士などの専門家に依頼するほうが確実といえるでしょう。

原則として、全ての相続人が連帯して1通の申告書を作成し、全員が記名したうえで提出します。どうしても連絡が取れない相続人がいるような場合は、別々に申告書を作成・提出しても認められます。

相続税は期限内に現金で一括納付が原則

相続税は、期限内に現金で一括納付が原則です。期限を過ぎると、翌日から**延滞税**が発生します。

遺産に土地や建物が多い相続ケースでは、提出期限の10カ月のうちに必要な納税資金の手当ても考えなければなりません。資金が期限内に調達できず一括納付が困難な場合は、分割して納める**延納**に

相続税の申告書の作成順序

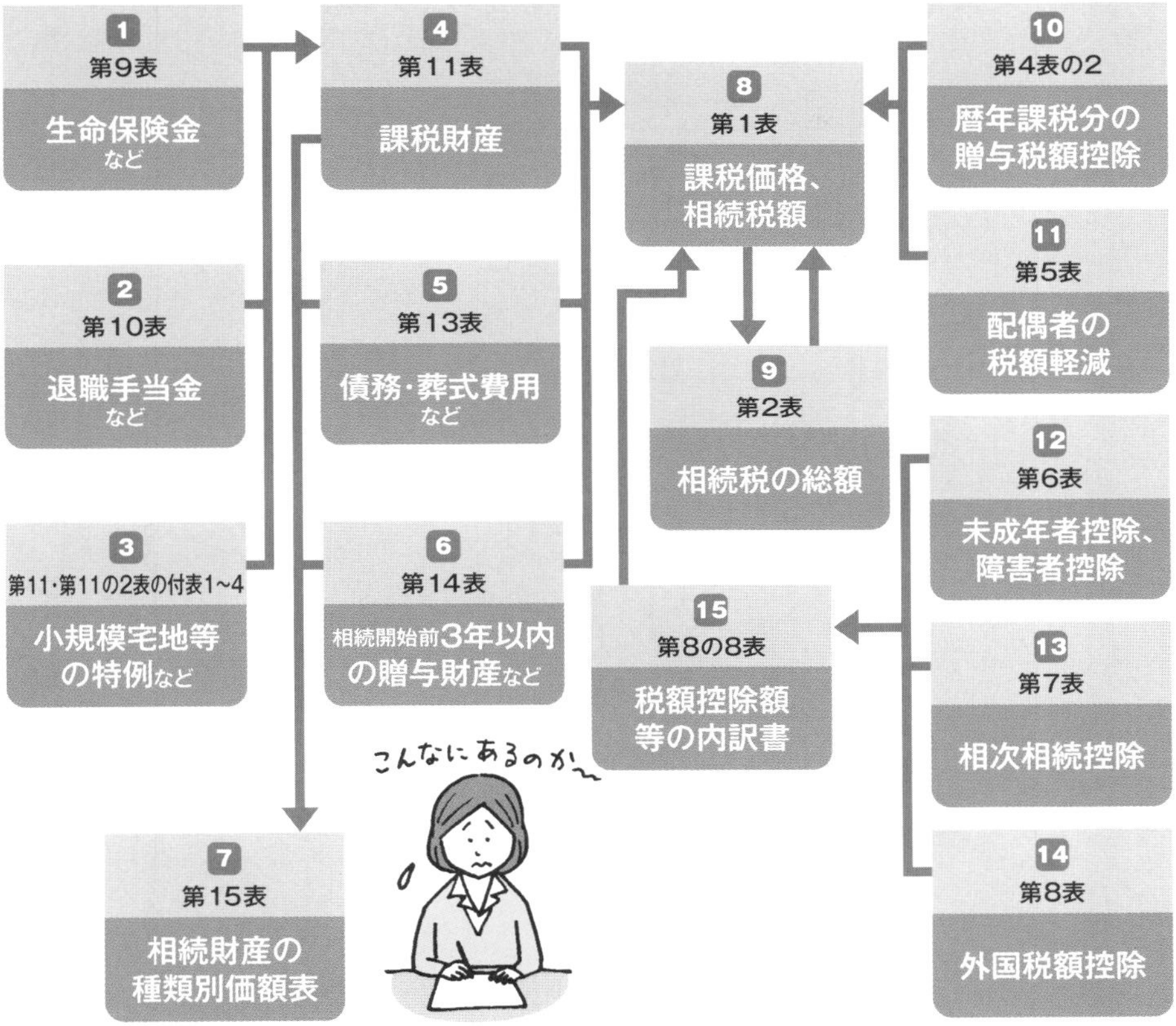

※ 自分に該当する表だけを選んで記入する

したり、それさえ難しいときは**物納**を検討します（⬇196ページ）。

申告後に、納税額が納めるべき相続税より少なかったと気づいたときは、提出した申告書に記載した課税価格や税額を訂正するための**修正申告**をあらためて提出します。税務署に指摘を受けてから修正すると、延滞税に加えて**過少申告加算税**がかかります。

なお、意図的な財産隠しが発覚すると、過少申告加算税より厳しい**重加算税**が科されます。また、理由がなく期限を過ぎても申告しないでいると、**無申告加算税**の対象になります。

一方、納税額が多すぎたときは、課税価格や税額を正確に直す**更正の請求**ができ、過払いの還付が可能です。請求の期限は申告期限から5年以内です。

◆相続税の申告書（第1表）の記入例

故人が死亡した日（相続開始の日）の年齢を記入する

相続開始の日における年齢を記入する

法定相続人の数を忘れずに記入する

相続税の申告書　修正　FD3563

○○　税務署長
令和○○年○○月○○日 提出

相続開始年月日 令和○○年○○月○○日

※申告期限延長日　年　月　日

○フリガナは、必ず記入してください。

	各人の合計	財産を取得した人
フリガナ	（被相続人）サトウ　マサル	サトウ　カズコ
氏名	佐藤　勝	佐藤　和子
個人番号又は法人番号		↓個人番号の記載に当たっては、左端を空欄としここから記入してください。 123456789012
生年月日	昭和○○年　○○月　○○日（年齢　○○歳）	昭和○○年　○○月　○○日（年齢　○○歳）
住所（電話番号）	東京都渋谷区代々木 6丁目69番2号	〒150-0000 東京都渋谷区代々木6丁目69番2号 （03 － 0000 － 0000）
被相続人との続柄・職業		妻・なし
取得原因	該当する取得原因を○で囲みます。	（相続）・遺贈・相続時精算課税に係る贈与
※整理番号		

参考として記載している場合　（参考）

区分	項目	番号	各人の合計	財産を取得した人
課税価格の計算	取得財産の価額（第11表③）	①	127450000円	105100000円
	相続時精算課税適用財産の価額（第11の2表1⑦）	②		
	債務及び葬式費用の金額（第13表3⑦）	③	3000000	3000000
	純資産価額（①+②-③）（赤字のときは0）	④	124450000	102100000
	純資産価額に加算される暦年課税分の贈与財産価額（第14表1④）	⑤		
	課税価格（④+⑤）（1,000円未満切捨て）	⑥	124450000 Ⓐ	102100000
各人の算出税額の計算	法定相続人の数 3人　遺産に係る基礎控除額		48000000円 Ⓑ	左の欄には、第2表の②欄の⑩の人数及び⑥の金額を記入します。
	相続税の総額	⑦	10378600	左の欄には、第2表の⑧欄の金額を記入します。
	一般の場合（⑩の場合を除く） あん分割合（各人の⑥/Ⓐ）	⑧	1.00	0.82
	算出税額	⑨	10378600円	8510452円
		⑩		
		⑪		
各人の納付・還付税額の計算	税額控除 暦年課税分の贈与税額控除額（第4表の2㉕）	⑫		
	配偶者の税額軽減額（第5表㋥又は㋭）	⑬	8510452	8510452
	⑫・⑬以外の税額控除額（第8の8表1⑤）	⑭		
	計	⑮	8510452	8510452
	差引税額（⑨+⑪-⑮）又は（⑩+⑪-⑮）（赤字のときは0）	⑯	1868148	0
	相続時精算課税分の贈与税額控除額（第11の2表1⑧）	⑰	00	00
	医療法人持分税額控除額（第8の4表2B）	⑱		
	小計（⑯-⑰-⑱）（黒字のときは100円未満切捨て）	⑲	1868100	0
	納税猶予税額（第8の8表2⑧）	⑳	00	00
	申告納税額（⑲-⑳） 申告期限までに納付すべき税額	㉑	1868100	00
	還付される税額	㉒	△	△
この申告書が修正申告書である場合	この修正前の 小計	㉓		
	納税猶予税額	㉔	00	00
	申告納税額（還付の場合は、頭に△を記載）	㉕		
	小計の増加額（⑲-㉓）	㉖		
	この申告により納付すべき税額又は還付される税額（還付の場合は、頭に△を記載）（㉑又は㉒）-㉕	㉗		

※税務署整理欄　申告区分　年分　グループ番号　補完番号　名簿番号　申告年月日　関与区分　書面添付　検算　管理補完　確認

作成税理士の事務所所在地・署名・電話番号　税理士法書面提出 30条 33条の2

この申告が修正申告である場合の異動の内容等

※税務署整理欄　通信日付印 年月日　（確認）

○この申告書は機械で読み取りますので、黒ボールペンで記入してください。また、申告書と添付資料を一緒にとじないでください。

※の項目は記入する必要がありません。

第1表（令和5年1月分以降用）

←この申告書で「提出しない人」である場合（参考として記載している場合）は、……○で囲んでください（その人の分は申告書とは取り扱いません。）。

（注）⑲欄の金額が赤字……は、⑲欄の左端に△を付してください。なお、この場合で、⑲欄の金額のうちに贈与税の外国税額控除額（第1表⑨）があるときの㉒欄の金額については、「相続税の申告のしかた」を参照してください。

（資4－20－1－1－A4統一）第1表（令5.7）

◆相続税の総額の計算書（第2表）の記入例

法定相続分を記入する

相続税の総額の計算書

被相続人	佐藤　勝

第2表（令和5年1月分以降用）

○この表を修正申告書の第2表として使用するときは、㋑欄には修正申告書第1表の㋺欄の⑥Ⓐ……記入し、㋭欄には修正申告書第3表の1の㋺欄の⑥Ⓐの金額を記入します。

この表は、第1表及び第3表の「相続税の総額」の計算のために使用します。
なお、被相続人から相続、遺贈や相続時精算課税に係る贈与によって財産を取得した人のうちに農業相続人がいない場合は、この表の㋭欄及び㋬欄並びに⑨欄から⑪欄までは記入する必要がありません。

① 課税価格の合計額		② 遺産に係る基礎控除額	③ 課税遺産総額	
㋑（第1表⑥Ⓐ）	124,450,000 円	3,000万円＋（600万円×㋺ 3 人）＝㋩ 4,800 万円	㊁（㋑－㋩）	76,450,000 円
㋭（第3表⑥Ⓐ）	,000	㋺の人数及び㋩の金額を第1表Ⓑへ転記します。	㋬（㋭－㋩）	,000

④ 法定相続人（（注）1参照） 氏名	被相続人との続柄	⑤ 左の法定相続人に応じた法定相続分	第1表の「相続税の総額⑦」の計算 ⑥ 法定相続分に応ずる取得金額（㊁×⑤）（1,000円未満切捨て）	⑦ 相続税の総額の基となる税額（下の「速算表」で計算します。）	第3表の「相続税の総額⑦」の計算 ⑨ 法定相続分に応ずる取得金額（㋬×⑤）（1,000円未満切捨て）	⑩ 相続税の総額の基となる税額（下の「速算表」で計算します。）
佐藤和子	妻	1/2	38,225,000 円	5,645,000 円	,000 円	円
佐藤　勇	長男	1/4	19,112,000	2,366,800	,000	
山本節子	長女	1/4	19,112,000	2,366,800	,000	
			,000		,000	
			,000		,000	
			,000		,000	
			,000		,000	
			,000		,000	
			,000		,000	
法定相続人の数	Ⓐ 3 人	合計 1	⑧ 相続税の総額（⑦の合計額）（100円未満切捨て）	10,378,600	⑪ 相続税の総額（⑩の合計額）（100円未満切捨て）	00

法定相続分の合計が1になるか確認する

（注）1　④欄の記入に当たっては、被相続人に養子がある場合や相続の放棄があった場合には、「相続税の申告のしかた」をご覧ください。
2　⑧欄の金額を第1表⑦欄へ転記します。財産を取得した人のうちに農業相続人がいる場合は、⑧欄の金額を第1表⑦欄へ転記するとともに、⑪欄の金額を第3表⑦欄へ転記します。

相続税の速算表

法定相続分に応ずる取得金額	10,000千円以下	30,000千円以下	50,000千円以下	100,000千円以下	200,000千円以下	300,000千円以下	600,000千円以下	600,000千円超
税率	10%	15%	20%	30%	40%	45%	50%	55%
控除額	－千円	500千円	2,000千円	7,000千円	17,000千円	27,000千円	42,000千円	72,000千円

この速算表の使用方法は、次のとおりです。
⑥欄の金額×税率－控除額＝⑦欄の税額　　⑨欄の金額×税率－控除額＝⑩欄の税額
例えば、⑥欄の金額30,000千円に対する税額（⑦欄）は、30,000千円×15%－500千円＝4,000千円です。

○連帯納付義務について
相続税の納税については、各相続人等が相続、遺贈や相続時精算課税に係る贈与により受けた利益の価額を限度として、お互いに連帯して納付しなければならない義務があります。

第2表（令5.7）

第5章 相続税の申告・納付手続き

4 相続税を一括納付できない場合

現金による相続税の一括払いが難しいとき、分割払いの「延納」が利用できます。延納も困難なときには、例外的に「物納」が認められる場合があります。

相続税は、原則として相続の開始を知った日（被相続人が亡くなった日）の翌日から10カ月以内に現金で一括納付しなければなりません。しかし、それが難しい場合には、一定の要件を満たせば分割払いが可能な延納や、相続財産の現物を納める物納が認められることがあります。申告期限までに申請書を所轄の税務署へ提出すると、3カ月以内に許可するか却下するかの判断が下されます。

相続税を年払いの分割で納付する「延納」

延納は、相続税の一括納付が困難な場合に、納付を困難とする金額を限度として、年払いの分割で納付する制度です。延納の申請には、次の要件を全て満たしている必要があります。

▼相続税額が10万円を超えている
▼一括納付することが困難な金額の範囲内である
▼延納税額および利子税の額に相当する担保を提供する（ただし延納税額が１００万円以下で、延納期間が３年以下であれば提供の必要なし）
▼延納申請期限までに「相続税延納申請書」および「担保提供関係書類」を提出する

担保は遺産だけでなく、相続人固有の財産や第三者の財産でもかまいません。ただし、差し押さえや所有権の帰属争いがあるものは不適格とされます。

延納が認められる期間は、相続した遺産に占める不動産などの価額の割合に応じ、最高で20年間です。なお、延納の期間中は利子税がかかります。

延納さえ困難な場合に例外的に認められる「物納」

物納は、延納によっても納税できない場合に限り認められます。許可を受けるには、次の要件を全

相続税の納付方法

原則 期限内に現金による一括納付

▼ 期限内に現金で相続税の一括納付が困難な場合

特例 延納による分割納付

- 相続税額が10万円を超えている
- 一括納付することが困難な金額の範囲内である
- 延納税額および利子税の額に相当する担保を提供する（ただし延納税額が100万円以下で、延納期間が3年以下であれば提供の必要なし）
- 延納申請期限までに「相続税延納申請書」および「担保提供関係書類」を提出する

▼ 延納によっても納税できない場合

例外 物納

- 延納でも相続税を現金で納入することが困難な金額の範囲内である
- 物納しようとする財産が、日本国内にあること
- 物納に充てようとする財産が、適格な財産である
- 物納申請期限までに「相続税物納申請書」および「物納手続関係書類」を提出する

て満たしている必要があります。

▼延納でも相続税を現金で納入することが困難な金額の範囲内である

▼物納しようとする財産が、日本国内にあること

▼物納に充てようとする財産が、適格な財産である

▼物納申請期限までに「相続税物納申請書」および「物納手続関係書類」を提出する

なお、延納の許可を受けた後に延納による納付が困難となった場合、一定要件の下で延納から物納へ変更できます（**特定物納制度**）。また、物納の許可を受けた後に、現金による納付が可能になったときは、1年以内に限り物納を撤回することもできます。その場合、税務署へ「物納撤回申請書」の提出が必要です。

プラスα 延納によって発生する利子税は、相続財産のうち不動産や株式などが占める割合や、延納期間によって変化するが、原則年 3.6 ～ 6.0％である。

◆相続税延納申請書の記入例

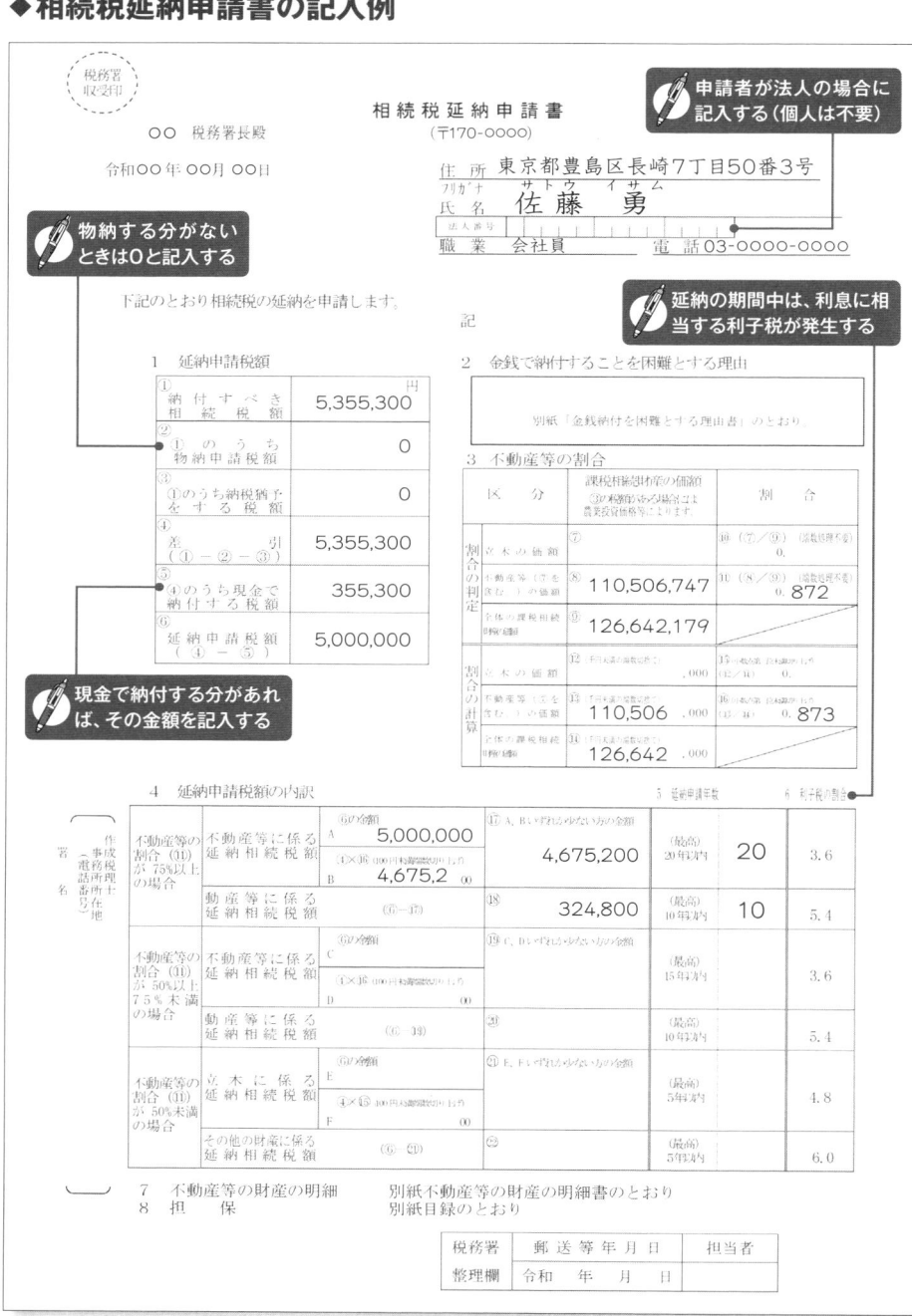

税務署収受印

相続税延納申請書

〇〇　税務署長殿

令和〇〇年〇〇月〇〇日

（〒170-0000）

住　所　東京都豊島区長崎7丁目50番3号

フリガナ　サトウ　イサム

氏　名　佐藤　勇

法人番号

職　業　会社員　　電　話　03-0000-0000

申請者が法人の場合に記入する（個人は不要）

物納する分がないときは0と記入する

下記のとおり相続税の延納を申請します。

記

延納の期間中は、利息に相当する利子税が発生する

1　延納申請税額

① 納付すべき相続税額	5,355,300 円
② ①のうち物納申請税額	0
③ ①のうち納税猶予をする税額	0
④ 差引（①－②－③）	5,355,300
⑤ ④のうち現金で納付する税額	355,300
⑥ 延納申請税額（④－⑤）	5,000,000

現金で納付する分があれば、その金額を記入する

2　金銭で納付することを困難とする理由

別紙「金銭納付を困難とする理由書」のとおり。

3　不動産等の割合

区分		課税相続財産の価額（③の税額がある場合には農業投資価格等によります。）	割合
割合の判定	立木の価額	⑦	⑩（⑦／⑨）（端数処理不要） 0.
	不動産等（⑦を含む。）の価額	⑧ 110,506,747	⑪（⑧／⑨）（端数処理不要） 0.872
	全体の課税相続財産の価額	⑨ 126,642,179	（斜線）
割合の計算	立木の価額	⑫（千円未満の端数切捨て） ,000	⑮（小数点第3位未満の端数切り上げ）（⑫／⑭） 0.
	不動産等（⑦を含む。）の価額	⑬（千円未満の端数切捨て） 110,506 ,000	⑯（小数点第3位未満の端数切り上げ）（⑬／⑭） 0.873
	全体の課税相続財産の価額	⑭（千円未満の端数切捨て） 126,642 ,000	（斜線）

4　延納申請税額の内訳　　5　延納申請年数　　6　利子税の割合

区分			4 延納申請税額の内訳	5 延納申請年数		6 利子税の割合
不動産等の割合（⑪）が75%以上の場合	不動産等に係る延納相続税額	⑥の金額 A 5,000,000 / ④×⑯（100円未満の端数切り上げ） B 4,675,2 00	⑰ A、Bいずれか少ない方の金額 4,675,200	（最高）20年以内	20	3.6
	動産等に係る延納相続税額	（⑥－⑰）	⑱ 324,800	（最高）10年以内	10	5.4
不動産等の割合（⑪）が50%以上75%未満の場合	不動産等に係る延納相続税額	⑥の金額 C / ④×⑯（100円未満の端数切り上げ） D 00	⑲ C、Dいずれか少ない方の金額	（最高）15年以内		3.6
	動産等に係る延納相続税額	（⑥－⑲）	⑳	（最高）10年以内		5.4
不動産等の割合（⑪）が50%未満の場合	立木に係る延納相続税額	⑥の金額 E / ④×⑮（100円未満の端数切り上げ） F 00	㉑ E、Fいずれか少ない方の金額	（最高）5年以内		4.8
	その他の財産に係る延納相続税額	（⑥－㉑）	㉒	（最高）5年以内		6.0

（税理士署名　事務所所在地　作成税理士　電話番号）

7　不動産等の財産の明細　　別紙不動産等の財産の明細書のとおり

8　担　　保　　別紙目録のとおり

税務署整理欄	郵送等年月日	担当者
	令和　年　月　日	

◆相続税物納申請書の記入例

相 続 税 物 納 申 請 書

税務署収受印

〇〇 税務署長殿
令和〇〇年 〇〇月 〇〇日

(〒 170－0000)

住 所 東京都豊島区長崎7丁目50番3号

フリガナ サトウ イサム
氏 名 佐藤 勇

法人番号

職 業 会社員　電 話 03-0000-0000

申請者が法人の場合に記入する(個人は不要)

下記のとおり相続税の物納を申請します。

記

1 物納申請税額

① 相 続 税 額		1,090,300 円
同上のうち	②現金で納付する税額	0
	③延納を求めようとする税額	0
	④納税猶予を受ける税額	0
	⑤物納を求めようとする税額 (①－(②+③+④))	1,090,300

2 延納によっても金銭で納付することを困難とする理由

(物納ができるのは、延納によっても金銭で納付することが困難な範囲に限ります。)

別紙「金銭納付を困難とする理由書」のとおり。

3 物納に充てようとする財産

別紙目録のとおり。

4 物納財産の順位によらない場合等の事由

~~別紙「物納劣後財産等を物納に充てる理由書」のとおり。~~

※ 該当がない場合は、二重線で抹消してください。

5 その他参考事項

右の欄の該当の箇所を○で囲み住所氏名及び年月日を記入してください。	(被相続人)、遺贈者	(住所)	東京都渋谷区代々木6丁目69番2号
		(氏名)	佐藤 勝
	(相続開始)、遺贈年月日		令和〇〇年 〇〇月 〇〇日
	申告(期限内、期限後、修正)、更正、決定年月日		令和〇〇年 〇〇月 〇〇日
	納期限		令和〇〇年 〇〇月 〇〇日
納税地の指定を受けた場合のその指定された納税地			
物納申請の却下に係る再申請である場合は、当該却下に係る「相続税物納却下通知書」の日付及び番号			第 号 令和 年 月 日
物納申請財産が非上場株式である場合は、非上場株式に係る法人の物納許可申請の日前2年間に終了した事業年度の法人税申告書の提出先及び提出日			① 税務署 令和 年 月 日 ② 税務署 令和 年 月 日

(作成税理士 事務所所在地 電話番号 署名)

被相続人について記入する

税務署整理欄	郵送等年月日	担当者
	令和 年 月 日	

第5章 相続税の申告・納付手続き

● 監修者紹介

伊藤 綾子（いとう あやこ）

特定社会保険労務士。

1975年生まれ。大手都市銀行連結対象子会社での経理職等を経て、2004年、社会保険労務士試験に合格。05年、伊藤社会保険労務士事務所を設立。企業の人事・労務管理コンサルティング、個別労働相談、社会保険・労働保険に関する諸手続き、公的年金に関する相談・諸手続きなど、企業のみならず、個人の相談にも幅広く対応している。

著書に、葬儀・相続の手続きから保険・年金の受け取り方までを解説した『夫が死ぬ前に妻が知っておく67のこと』（かんき出版）のほか、『社長！そのやり方では訴えられます』（経済界）等がある。

● イラスト：中村知史

● 編集協力：球形工房

● 企画編集：成美堂出版編集部

本書に関する正誤等の最新情報は、下記のURLをご覧ください。
https://www.seibidoshuppan.co.jp/support/

※上記アドレスに掲載されていない箇所で、正誤についてお気づきの場合は、書名・発行日・質問事項・氏名・住所・FAX番号を明記の上、成美堂出版まで**郵送**または**FAX**でお問い合わせください。お電話でのお問い合わせは、お受けできません。
※**本書の正誤に関するご質問以外にはお答えできません**。また相続の相談などは行っておりません。
※ 内容によっては、ご質問をいただいてから回答をさし上げるまでお時間をいただくこともございます。

知っておきたい
身近な人が亡くなった後の手続き・届出・相続がわかる本

監　修　伊藤綾子（いとうあやこ）
発行者　深見公子
発行所　成美堂出版
〒162-8445　東京都新宿区新小川町1-7
電話(03)5206-8151　FAX(03)5206-8159
印　刷　株式会社フクイン

ISBN978-4-415-33395-3
落丁・乱丁などの不良本はお取り替えします
定価はカバーに表示してあります